„Schonung für die Mörder?"

Die justizielle Behandlung der NS-Völkermordverbrechen
und ihre Bedeutung für die Gesellschaft und die Rechtskultur
in Deutschland - Das Beispiel der Sinti und Roma

Dokumentation einer Tagung
in der Evangelischen Akademie Bad Boll am 20./21. Mai 1992
und neue Prozesse

„Schonung für die Mörder?"

Die justizielle Behandlung der NS-Völkermordverbrechen
und ihre Bedeutung für die Gesellschaft und die Rechtskultur in Deutschland -
Das Beispiel der Sinti und Roma

Dokumentation einer Tagung in der Evangelischen Akademie Bad Boll am 20./21. Mai 1992
und neue Prozesse

Herausgeber:
Herbert Heuß, Arnold Roßberg für den Zentralrat Deutscher Sinti und Roma
Evangelische Akademie Bad Boll
Herausgeber der Schriftenreihe: Romani Rose

Schriftenreihe des Zentralrats Deutscher Sinti und Roma: (Hrsg.: Romani Rose)

Bd. 1: Romani Rose, Bürgerrechte für Sinti und Roma - Das Buch zum Rassismus in Deutschland, (red. bearbeitet von Fritz Greußing und Silvia Gsänger), Heidelberg, 1987

Bd. 2: Helmut Simon, Gutachten zur Verfassungswidrigkeit der Minderheitenkennzeichnung in der öffentlichen Berichterstattung, Heidelberg 1993

Bd. 3: Minderheitenschutz für Sinti und Roma im Rahmen des Europarates, der KSZE und der UNO, deutsch und engl., Heidelberg 1994

Bd. 4: Diskriminierungsverbot in Rundfunk- und Pressegesetzen, Dokumentation der ersten Medientagung des Zentralrats Deutscher Sinti und Roma, Heidelberg 1995

Bd. 5: Theo van Boven, Gutachten zu öffentlich-rechtlichen Verträgen für den Minderheitenschutz der deutschen Sinti und Roma, deutsch und engl., Heidelberg, 1998

Bd. 6: Diskriminierungsverbot und Freiheit der Medien, Dokumentation der zweiten Medientagung des Zentralrats Deutscher Sinti und Roma, deutsch und engl., Berlin 2009

Bd. 7: Gleichberechtigte Teilhabe für Sinti und Roma - Rahmenstrategie der europäischen Union für die Verbesserung der Lage von Roma in Europa, deutsch und engl., Heidelberg, 2012

Bd. 8: Verbot rassistisch diskriminierender Wahlkämpfe - Eine Bestandsaufnahme zur Auseinandersetzung über die NPD-Wahlplakate gegen Sinti und Roma 2013, Heidelberg, 2013

Bd. 9: Schonung für die Mörder? - Die justizielle Behandlung der NS-Völkermordverbrechen und ihre Bedeutung für die Gesellschaft und die Rechtskultur in Deutschland - Das Beispiel der Sinti und Roma, Herausgeber: Herbert Heuß, Arnold Roßberg, Evangelische Akademie Bad Boll, Heidelberg, 2015

© Zentralrat Deutscher Sinti und Roma, Heidelberg 2015
http://zentralrat.sintiundroma.de/
Redaktion: Arnold Roßberg
Herstellung: Neumann Druck, Heidelberg

Die Erstellung dieser Dokumentation wurde mit Mitteln der Beauftragten der
Bundesregierung für Kultur und Medien gefördert.

Inhaltsverzeichnis

„Schonung für die Mörder"
Die justizielle Behandlung der NS-Völkermordverbrechen und ihre Bedeutung für die Gesellschaft und die Rechtskultur in Deutschland - Das Beispiel der Sinti und Roma
Dokumentation einer Tagung in der Evangelischen Akademie Bad Boll am 20./21. Mai 1992[1]

Grußwort der Akademie Bad Boll 7

Nachrufe für Heiner Lichtenstein, Alfred Streim und Axel Azzola 9

Vorwort Romani Rose
Beschreibung des gesamten Projekts 13

Martin Pfeiffer, Studienleiter der Evangelischen Akademie Bad Boll (1992)
„Einführung und Bewertung der Konferenz" 19

Romani Rose, Vorsitzender des Zentralrats Deutscher Sinti und Roma
„Einführung zur Tagungsthematik 1992 in Bad Boll" 25

Herbert Heuß, Wissenschaftlicher Leiter des Zentralrats
Deutscher Sinti und Roma
„Verleugneter Völkermord? Ursachen und Konsequenzen" - Eine kritische Darstellung und Bewertung von Ermittlungsverfahren zu NS-Verbrechen an den Sinti und Roma 30

Alfred Streim, Leitender Oberstaatsanwalt, Zentrale Stelle der Landesjustizverwaltungen zur Aufklärung von NS-Verbrechen, Ludwigsburg (1992)
"Die Arbeit der Zentralen Stelle der Landesjustizverwaltungen zur Aufklärung nationalsozialistischer Verbrechen" 45

---

[1] Die Beiträge von Axel Azzola, Alfred Streim, Betty-Ellen Shave und Rolf Peter Henkel konnten nicht nachträglich nochmals autorisiert werden, da die Autoren zwischenzeitlich verstorben bzw. nicht mehr erreichbar waren. Etwaige Übertragungsfehler von der damaligen Aufnahme der Konferenz sind von der Redaktion zu verantworten.

Betty-Ellen Shave, Senior Litigation Counsel, US-Department of Justice -
Office of Special Investigations (OSI), Washington (1992)
„Verfolgung der NS-Täter durch Justizbehörden in den USA -
Erfahrungen und Einschätzungen aus der Arbeit des OSI
(US-Department of Justice - Office of Special Investigations)".................. 66

Axel Azzola, Prof. Dr., TH Darmstadt, Öffentliches Recht (1992)
„Schuld erinnern - Recht aufrichten, Überlegungen zur Bedeutung
der Verfahren gegen NS-Täter für die Bildung rechtsstaatlichen
Bewusstseins und Verhaltens im Blick auf die aktuellen Entwicklungen
in Deutschland und in Europa" 78

Rolf-Peter Henkel, Journalist, Frankfurter Rundschau, Stuttgart (1992)
„Der Schwammberger-Prozess in Stuttgart - Medienreaktion als Symptom" 85

Arnold Roßberg, Justitiar des Zentralrats Deutscher Sinti und Roma
„Die Aufarbeitung des NS-Völkermordes an den Sinti und Roma -
Ermittlungsverfahren gegen die Täter und Anmerkungen zu dem Prozess
beim Landgericht Siegen über das sog. ‚Zigeunerlager' Auschwitz-Birkenau" 94

Wolfgang Bock, Prof. Dr., Studienreferent an der Bundesakademie für
Sicherheitspolitik; 1992: Wiss. Mitarbeiter in der Forschungsstätte
der Evangelischen Studiengemeinschaft (FESt), Heidelberg
„Behandlung der NS-Verbrechen durch die Justiz der ehemaligen DDR" 114

Zuzana Pivcová, Wiss. Mitarbeiterin beim Militärarchiv
der (damaligen) CSFR, Prag (1992)
„Aufklärung und strafrechtliche Verfolgung von NS-Verbrechen in
bzw. mit Hilfe der CSFR" 126

Ewald Bendel, Ministerialdirektor, Bundesministerium der Justiz (1992)
Beitrag zur Podiumsdiskussion „Schuld erinnern - Recht aufrichten" 133

Anhang

Bad Boll-Appell vom 29. Juni 1992 und Presseberichterstattung
zur Tagung 1992 (Auszug) 138

Der Fall Pery Broad 1959-1993 143

Verfahren gegen Michael Scheftner 1989/1991
(Auszugsweise Dokumentation) 182

Ermittlungen in Argentinien 1992 220

Aktuelles Verfahren gegen Hans L., 2013/2014
(Auszugsweise Dokumentation) 223

Presse 2014: DER SPIEGEL: „Die Schande nach Auschwitz" u.a. 250

Verurteilung des „Buchhalters von Auschwitz" Oskar Gröning 2015 266

Chronologie des Völkermordes an den Sinti und Roma 271

Fotos 281

Grußwort Evangelische Akademie Bad Boll

„Die Unfähigkeit zu trauern", die Alexander und Margarete Mitscherlich 1967 der bundesdeutschen Gesellschaft attestieren mussten, sie existiert, wenn es um den nationalsozialistischen Völkermord an den Sinti und Roma geht, in weiten Teilen der Gesellschaft leider bis zum heutigen Tag.

Auch die Justiz hat dieses Verbrechen über 40 Jahre verdrängt und vergessen. Erst 1987 im Siegener Prozess gegen den SS-Rottenführer und KZ-Aufseher im sogenannten „Zigeunerlager" in Auschwitz-Birkenau Ernst-August König wurde dieser Völkermord dann endlich Gegenstand eines eigenständigen Verfahrens vor einem bundesdeutschen Gericht.

Dass es dazu nach über 40 Jahren endlich gekommen ist, verdankt sich maßgeblich den intensiven Bemühungen des 1982 gegründeten Zentralrats Deutscher Sinti und Roma. Die Evangelische Akademie Bad Boll hat diese Bemühungen, den Mord an den Sinti und Roma nicht zu vergessen, die Schuldigen zu benennen und die menschenverachtende rassistische Ideologie hinter diesen Morden aufzudecken in mehreren Tagungen unterstützt. Denn für die Arbeit einer Evangelischen Akademie kann es keine andere Grundlage geben als die tiefe Überzeugung von der unendlichen Würde eines jeden Menschen, die ihm von Gott gegeben ist. Dies bedeutet ganz selbstverständlich, mit daran zu arbeiten, dass Diskriminierungen zu einem Ende kommen. Und darum alle menschenverachtenden Ideologien wie Rassismus, Antisemitismus und eben auch der Antiziganismus als solche zu benennen sind.

Gerade dieser rassistische Antiziganismus als Motivation für den Völkermord an den Sinti und Roma ist nach 1945 geleugnet worden. Man verweigerte damit den überlebenden Sinti und Roma nicht nur den Anspruch auf „Wiedergutmachung", sondern tradierte das antiziganistische Denken, indem man das Verbrechen nicht als das benannte, was es war: ein Völkermord. Stattdessen wurde der Mord stillschweigend geradezu legitimiert und die Minderheit mit traditionellen Stereotypen als „Zigeuner" gebrandmarkt. Und mit diesem Stigma müssen Roma in ganz Europa auch heute noch leben. Nicht nur in Ost- und Südosteuropa, auch in Westeuropa und Deutschland werden den Roma bis heute die Menschenrechte verweigert. Sie gelten der Mehrheitsgesellschaft als „soziale Randgruppe". Eine Integration in die Gesellschaft wird ihnen vielfach verwehrt. Ihre

Kultur und ihre Lebensweise gelten als fremd. Und wo sie vor Diskriminierungen fliehen, da lässt man sie nirgendwo einen Ort finden, an dem sie ohne Angst vor neuer Diskriminierung leben können.

Roma aus Südosteuropa sind im Herbst 2015 die Flüchtlinge, die auch in einer neuen „Willkommenskultur" für Flüchtlinge eben nicht willkommen sind. Die schnell wieder dorthin zurück sollen, wo sie her gekommen sind. Obwohl sie mitnichten aus wirtschaftlichen Gründen aus ihren Heimatorten fliehen, sondern weil sie dort auf menschenunwürdige Weise an den Rand geschoben werden. „Romalager" wird dann plötzlich wieder ein Begriff, den man an Stammtischen, ja sogar in Wahlkampfreden in den Mund nimmt.

Grund genug, all die Punkte zu benennen, die dazu führen, dass Roma und damit oft genug auch die in Deutschland seit Generationen wohnenden und lebenden Sinti zum Thema in den Tagungen der Evangelischen Akademie Bad Boll zu machen. Und dazu gehört eben auch die verdrängte und vergessene Aufarbeitung der Verbrechensgeschichte. Die vorliegende Dokumentation erinnert an eine solche Tagung vor 23 Jahren in Bad Boll. Ein kleiner Baustein in den Bemühungen, aufzuklären und aufzuarbeiten. Aufzuklären über die schrecklichen Folgen eines tiefsitzenden europäischen Antiziganismus. Und aufzuarbeiten, was versäumt wurde, um den Überlebenden, ihren Kindern und Kindeskindern gerecht zu werden und künftig auch in ihnen den Menschen und Mitmenschen zu sehen. Den Nächsten. Nicht den Fremden!

Dem Zentralrat und dem Dokumentationszentrum der Deutschen Sinti und Roma sowie ganz besonders den langjährigen Mitarbeitern der Einrichtungen, die vor 23 Jahren die damalige Tagung wesentlich mit vorbereitet und nun diese Dokumentation erstellt haben, sei herzlich gedankt.

Der Dokumentation wünschen wir viele interessierte Leserinnen und Leser. Damit endlich diese Geschichte nicht als verdrängte Geschichte weiterlebt, sondern erinnert wird und somit ein gutes und gelingendes Zusammenleben von Sinti, Roma, Nichtsinti und Nichtroma werden kann.

Für die Evangelische Akademie Bad Boll

Prof. Dr. Jörg Hübner	Pfarrer Wolfgang Mayer-Ernst
Geschäftsführender Direktor	Studienleiter Recht und Politik

Nachruf

Wir trauern um Heiner Lichtenstein

Der Zentralrat Deutscher Sinti und Roma und die Herausgeber dieser Dokumentation trauern um Heiner Lichtenstein, der mit seinen vielfältigen journalistischen Arbeiten - insbesondere als Angehöriger der Hörfunkredaktion des WDR - zu den profiliertesten und wichtigsten Medienvertretern bei der Aufarbeitung der Folgen des Nationalsozialismus gehörte.

Heiner Lichtenstein, der am 4. Juli 2010 starb, hat die Bürgerrechtsarbeit der deutschen Sinti und Roma immer sehr aufmerksam und solidarisch begleitet. Sein Engagement hat in der Bundesrepublik Deutschland entscheidend dazu beigetragen, dass über die Verbrechen der Nationalsozialisten und die Verfahren gegen die Täter öffentlich berichtet wurde, und er hat die späte juristische Aufarbeitung des Völkermordes an den Sinti und Roma kritisch kommentiert.

Heiner Lichtenstein moderierte am 21. Mai 1992 auf der hier dokumentierten Tagung „Die justizielle Behandlung von NS-Völkermordverbrechen und ihre Bedeutung für Gesellschaft und Rechtskultur in Deutschland" in Bad Boll die Podiumsdiskussion mit Vertretern aus Politik und Justiz, bei der erstmals auch die Verfahren, die die Morde an Sinti und Roma zum Gegenstand hatten, erörtert wurden. Er brachte dabei seine umfangreichen Erfahrungen aus seiner jahrzehntelangen Beobachtung von NS-Prozessen ein. Er berichtete über alle großen Prozesse zu Auschwitz, Mauthausen und Majdanek, ebenso wie über Barbie, den früheren Gestapo-Chef von Lyon, der in Frankreich vor Gericht stand.

Heiner Lichtenstein hat früh auf die notwendige Entschädigung für Zwangsarbeiter aufmerksam gemacht.

Mit dem Tode von Heiner Lichtenstein verlor Deutschland eine der bedeutendsten Stimmen, die auf die fortdauernde Gefahr von Rassismus und Extremismus hinwies.

Romani Rose
Zentralrat Deutscher Sinti und Roma

Nachruf

In Trauer um Alfred Streim

Viel zu früh im Alter von 64 Jahren verstarb Alfred Streim am 17. August 1996 in Heilbronn.

Mit ihm haben wir einen der engagiertesten Juristen und Verfechter einer konsequenten Aufarbeitung der NS-Verbrechen verloren.

Alfred Streim wurde im Jahre 1963 *zur Zentralen Stelle der Landesjustizverwaltung zur Aufklärung nationalsozialistischer Verbrechen in Ludwigsburg* abgeordnet und war dort seit 1966 als Abteilungsleiter tätig. Zunächst ab 1975 als Oberstaatsanwalt wurde er stellvertretender Leiter der Behörde und folgte im Jahre 1984 Adalbert Rückerl als Leiter der Zentralen Stelle. Alfred Streim führte während seiner dreißig Dienstjahre in Ludwigsburg mehrere Tausend Ermittlungsverfahren gegen mutmaßliche Täter in der Zeit des Nationalsozialismus durch. Die Ergebnisse seiner Vorermittlungsverfahren trugen insbesondere auch zur Enttarnung von SS-Tätern des Vernichtungslagers Majdanek bei, wofür er eine hohe Auszeichnung erhielt.

Trotz dieser Ermittlungserfolge gehörte er immer wieder auch zu den Kritikern in der Frage der Strafverfolgung von Verbrechen der SS und der Wehrmacht, wie er es auch in dem hier veröffentlichten Vortrag auf der Konferenz *„Die justizielle Behandlung der NS-Völkermordverbrechen und ihre Bedeutung für die Gesellschaft und die Rechtskultur in Deutschland"* im Mai 1992 in Bad Boll zum Ausdruck brachte.

Alfred Streim hat sich um das Ansehen der Justiz in der Bundesrepublik Deutschland sehr verdient gemacht.

Die Herausgeber

Nachruf

In Trauer um Axel Azzola

Prof. Dr. Axel Azzola verstarb am 6. November 2007 in Berlin. Als Mitglied der jüdischen Gemeinde in Oldenburg wurde er am 12. November 2007 auf dem alten jüdischen Friedhof in Aurich begraben.

Mit dem engagierten Beitrag *„Schuld erinnern - Recht aufrichten", Überlegungen zur Bedeutung der Verfahren gegen NS-Täter für die Bildung rechtsstaatlichen Bewusstseins und Verhaltens im Blick auf die aktuellen Entwicklungen in Deutschland und in Europa"* nahm er als Vertreter des Präsidenten des Zentralrats der Juden in Deutschland an unserer Tagung in Bad Boll am 20.-21. Mai 1992 teil.

In den 1990er Jahren war er Vorsitzender des neu eingerichteten Schieds- und Satzungsgerichtes des Zentralrates der Juden in Deutschland.

Als Professor in Darmstadt arbeitete er insbesondere im Bereich des Verfassungsrechts mit sozialwissenschaftlichem Schwerpunkt und gab gemeinsam mit Richard Bäumlin 1984 bzw. 1989 die ersten beiden Auflagen des Alternativkommentars zum Grundgesetz heraus. In den 1980er Jahren engagierte er sich gegen den Bau der Startbahn West. In der SPD-PDS-Koalition in Mecklenburg-Vorpommern bekleidete er unter der Gesundheits- und Sozialministerin Martina Bunge (PDS) die Position des Staatssekretärs.

Mit Axel Azzola haben wir einen solidarischen und sehr profilierten Akteur für Rechtstaatlichkeit und Gerechtigkeit verloren.

Die Herausgeber

Vorwort
von Romani Rose[2]

Wir haben unsere nachfolgende Dokumentation - bewusst als Frage – mit dem Untertitel „Schonung für die Mörder?" versehen. Mit diesem Projekt wollen wir die Initiativen des Zentralrats zur Durchführung von Ermittlungs- und Strafverfahren in der Zeit von 1982 bis zum Ende der 1990er Jahre gegen die Täter und Organisatoren des nationalsozialistischen Völkermords an den Sinti und Roma darstellen. Hintergrund für diese Bestandsaufnahme sind die seit 2013 in Deutschland wieder neu eingeleiteten Strafverfahren gegen 30 ehemalige SS-Wachmänner von Auschwitz, die - inzwischen meist um die 90 Jahre alt - bislang unbehelligt in Deutschland bzw. im Ausland lebten: ein Vorgang, der in den Medien unterschiedlich bewertet wird.

Dokumentiert werden sollen in einem ersten Band zunächst die Stellungnahmen und Beiträge auf der Internationalen Konferenz *Die justizielle Behandlung der NS-Völkermordverbrechen und ihre Bedeutung für Gesellschaft und Rechtskultur in Deutschland,* die das Dokumentations- und Kulturzentrum und der Zentralrat Deutscher Sinti und Roma vom 20. bis 21. Mai 1992 in Kooperation mit der Evangelischen Akademie Bad Boll durchführte (unter Beteiligung von Vertretern des US-Justizministeriums, der Israelischen Polizei und der Zentralen Stelle für NS-Verbrechen in Ludwigsburg). Die damaligen Vorträge sollen zugleich die Folie für eine Art Nachfolgekonferenz zum gleichen Thema bilden, die für Anfang 2016 wiederum in der Evangelischen Akademie Bad Boll geplant ist. Dazu wollen wir - soweit möglich - die Referenten der ersten Tagung aus dem Jahr 1992 erneut einladen. Leider sind Alfred Streim, Axel Azzola und Heiner Lichtenstein zwischenzeitlich verstorben.

Diese geplante (Folge-)Konferenz soll sich insbesondere an Justiz, Ministerien, Behörden, Medien, Kirchen und Minderheiten-Organisationen richten und vor allem der Frage nachgehen, ob die unzureichende justizielle Aufarbeitung der Nazi-Verbrechen Auswirkungen auf die aktuelle Situation der Sinti und Roma in

---

[2] Romani Rose ist seit 1982 Vorsitzender des Zentralrats und des Dokumentations- und Kulturzentrums Deutscher Sinti und Roma in Heidelberg.

Deutschland hat. Dabei soll auch diskutiert werden, inwieweit die gesellschaftliche Beurteilung der wiedererstarkten Neonazi-Gruppen durch die umstrittene Form der justiziellen Aufarbeitung der NS-Völkermordverbrechen beeinflusst wurde - bis hin zur Bewertung der „NSU"-Terroristen und ihres Unterstützer-Umfelds.

In einem geplanten zweiten Band zu dieser Dokumentation wollen wir dann die mehr als dreißig von der Bürgerrechtsbewegung bzw. dem Zentralrat Deutscher Sinti und Roma veranlassten Ermittlungsverfahren und die Nebenklage im Auschwitz-Prozess gegen Ernst August König beim Landgericht Siegen (1987 bis 1991) dokumentieren. Auch die Verfahren gegen die Angehörigen aus dem Reichssicherheitshauptamt (RSHA), gegen die schon unmittelbar nach Kriegsende von Überlebenden der Konzentrationslager Strafanzeigen gestellt und Ermittlungsverfahren beantragt wurden, sollen behandelt werden. Insbesondere die Tatsache, dass lediglich im Fall von Ernst August König eine Verurteilung wegen Mordes erfolgte, in allen anderen Fällen jedoch keine oder nur unzureichende Ermittlungen durch die Justiz geführt und die Verfahren mit zum Teil diskriminierenden Begründungen eingestellt wurden - die Beschuldigten somit straffrei blieben –, bedarf der genaueren Betrachtung. Untersucht werden sollen auch die gesellschaftlichen und rechtspolitischen Folgen: sowohl für die Überlebenden des Völkermords und ihre Familien wie auch hinsichtlich der Haltung der Gesellschaft gegenüber der Minderheit der Sinti und Roma.

Mit Blick auf die nach 2013 neu eingeleiteten Strafverfahren ist kritisch zu fragen, aus welchen Gründen und mit welchen Erfolgsaussichten solche Verfahren erst siebzig Jahre nach den Mordtaten durchgeführt werden. Weshalb wurden Ermittlungsverfahren wegen Beihilfe zum Mord nicht schon früher konsequent betrieben und die Täter zur Rechenschaft gezogen? Es ist mir bis heute unbegreiflich, dass das Landgericht Kassel den Angeklagten Michael Scheftner 1991 in einem Schnellverfahren freisprechen konnte, obwohl dieser zugegeben hatte, im Jahr 1942 bei der Erschießung von 30 Roma-Angehörigen - Männer, Frauen und Kindern - auf dem Trittbrett des Lasters der SS-Einsatzgruppe mitgefahren zu sein, auf dessen Ladefläche die Opfer zum Erschießungsplatz in den Wald gebracht wurden.

Wir sind mit dem Simon-Wiesenthal-Zentrum der Meinung, dass das hohe Alter der Verbrecher eine strafrechtliche Verfolgung nicht verhindern darf. Sie haben auch kein Mitleid mit ihren Opfern gehabt, die damals oft noch älter waren, als sie heute selbst sind, wie es Efraim Zuroff, der Leiter des Wiesenthal-Zentrums in Israel feststellte. Es geht hier um Gerechtigkeit.

Gestatten Sie mir noch einige persönliche Anmerkungen zum justiziellen Umgang mit den NS-Tätern in der bundesdeutschen Nachkriegsgesellschaft, denn diese Problematik hatte auch für meine Angehörigen nach 1945 besondere Bedeutung.

Nachdem unsere Familie 13 Personen in den Konzentrationslagern der Nazis verloren hatte, starteten mein Vater Oskar Rose und mein Onkel Vinzenz Rose schon wenige Jahre nach Kriegsende eine Initiative, um die Verantwortlichen für die Planung, Organisation und Durchführung des Völkermords an den Sinti und Roma festnehmen und strafrechtlich zur Verantwortung ziehen zu lassen. Sie mussten damals feststellen, dass viele der NS-Beamten, die unmittelbar an den Deportationen der Sinti- und Roma-Familien beteiligt gewesen waren, nach dem Krieg wieder in ihren alten Stellungen beschäftigt waren. Mein Onkel und mein Vater gründeten 1948 die Organisation Verband und Interessengemeinschaft rassisch Verfolgter nicht-jüdischen Glaubens deutscher Staatsbürger e. V. und erstatteten bereits im Juli 1948 Strafanzeige gegen Dr. Robert Ritter, den vormaligen Leiter der „Rassenhygienischen Forschungsstelle", die eine wichtige Rolle bei der Vorbereitung des Völkermords an den Sinti und Roma gespielt hatte und eng mit dem Reichssicherheitshauptamt (RSHA) verbunden gewesen war. Ritter und seine Mitarbeiter bzw. Mitarbeiterinnen - unter anderem Eva Justin und Sophie Ehrhardt - waren insbesondere verantwortlich für die von Heinrich Himmler angeordnete Totalerfassung der Minderheit nach rassenbiologischen Kriterien und die Erstellung der 24.000 sogenannten Rassegutachten, die eine entscheidende Grundlage für die Festnahme und Deportation der Sinti- und Roma-Familien in die Konzentrations- und Vernichtungslager bildeten. Die Anzeige richtete sich auch gegen die SS-Angehörigen des sogenannten „Zigeunerreferats" im RSHA - darunter Josef Eichberger, Hans Maly, Wilhelm Supp und Leo Karsten –, die die Deportationen organisiert und die sogenannten Todeslisten geführt hatten. Meine Familie beauftragte sogar ein Detektiv-Büro in Heidelberg, um den Aufenthalt und die neue Stellung dieser NS-Täter zu ermitteln.

Am 21. August 1948 schrieb mein Onkel Vinzenz nach der von ihm initiierten Strafanzeige an den „Staatskommissar für rassisch, religiös und politisch Verfolgte", Dr. Auerbach, in München:

„Sehr geehrter Herr Staatskommissar!

Mit Schreiben vom 9.7.48 sowie Postkarte vom 19.7.48 habe ich diese Angelegenheit bereits vorgetragen. Bis heute habe ich auf meine Schreiben noch keinerlei Nachricht erhalten.

Meine Bitte an Sie, Herr Staatskommissar, geht dahin, mir doch, wenn möglich umgehend, mitzuteilen, ob Dr. Ritter verhaftet worden ist oder nicht. Verneinendenfalls bitte ich um Nachricht, warum die Verhaftung nicht durchgeführt wurde.

Sehr geehrter Herr Staatskommissar! Sie werden verstehen, dass ich ein großes Interesse daran habe, diesen Mann unschädlich zu wissen, denn er war ja die Triebfeder, aufgrund derer viele ungezählte Menschen den Tod fanden, darunter aus meiner Familie allein 13."

Dr. Robert Ritter, der zu dieser Zeit in Frankfurt lebte und in leitender Stellung im dortigen Gesundheitsamt arbeitete, blieb ebenso unbehelligt wie alle seine Mitarbeiter und die früheren SS-Angehörigen aus dem RSHA, die später in der sogenannten „Landfahrer-Zentrale" beim Bayerischen Landeskriminalamt beschäftigt wurden. Die von den Staatsanwaltschaften mit zum Teil rassistischen Begründungen eingestellten Ermittlungsverfahren werden in den folgenden Beiträgen ausführlich dokumentiert.

Besonders skandalös war die im Jahre 1960 erfolgte Einstellung des Ermittlungsverfahrens gegen Paul Werner, der als SS-Oberführer (dies entsprach dem unteren Generalsrang) seinerzeit zur Spitze des RSHA gehört hatte. Ihm unterstand einige Jahre lang auch das sogenannte „Zigeunerreferat", er gehörte somit zu den Haupttätern des Völkermords an den Sinti und Roma. Nach 1949 war er bis zu seiner Pensionierung als Ministerialrat im baden-württembergischen Innenministerium beschäftigt.

Die Staatsanwaltschaft Stuttgart stellte im Jahre 1960 das Verfahren gegen Werner - dem Beteiligung an Deportationen und Mordaktionen vorgeworfen wurde - ein und begründete dies damit, diese „Maßnahmen gegen die Zigeuner" seien nach der „ständigen Rechtsprechung des BGH nicht aus rassischen Gründen" erfolgt. Konkret wurde dabei auf das rassistische Urteil des BGH aus dem Jahre 1956 Bezug genommen, das nun dazu diente, einen der großen Nazi-Verbrecher von seiner Schuld freizusprechen.

Am 7. Januar 1956 hatten die Richter des Bundesgerichtshofs ein Grundsatzurteil zur Ablehnung der Entschädigung von NS-verfolgten Sinti und Roma gefällt und erklärt, die „Zigeuner" seien von den Nationalsozialisten zu Recht als „artfremd" behandelt worden. Die obersten Richter verwiesen dazu auf Kommentarliteratur aus der NS-Zeit. Weiter führte der BGH aus: „Sie [die Zigeuner] neigen, wie die Erfahrung zeigt, zur Kriminalität, besonders zu Diebstählen und Betrügereien, es fehlen ihnen vielfach die sittlichen Antriebe der Achtung von fremdem Eigentum, weil ihnen wie primitiven Urmenschen ein ungehemmter Okkupationstrieb zu eigen ist." Diese „Volksgruppe" sei von der Bevölkerung daher allgemein als „Landplage" empfunden worden (BGH IV ZR 211/55 S. 8 und 9 in RZW 56; 113, Nr. 27). Diese Rechtsprechung prägte über viele Jahre das gesamte Entschädigungsrecht für die Überlebenden der Sinti und Roma.

Wir haben es sehr begrüßt, dass nach dem „Rosenburg-Symposium" zur Aufarbeitung der NS-Vergangenheit innerhalb der Justiz im Oktober 2014 dem Zentralrat Deutscher Sinti und Roma die Möglichkeit gegeben wurde, auf einer Veranstaltung im Bundesgerichtshof in Karlsruhe zu diesem Teil der Geschichte Stellung zu nehmen. Die anwesenden Richter und Bundesanwälte waren besonders schockiert über das im Jahre 1956 gefällte Urteil. Die Präsidentin des BGH, Bettina Limperg, sagte zu, unser Dokumentationszentrum in Heidelberg zu besuchen und ein Gespräch zu der gesamten Thematik zu führen. Bei ihrem Besuch am 12. März 2015 und in einer anschließenden öffentlichen Erklärung distanzierte sich die BGH-Präsidentin nochmals mit klaren Worten von diesem Urteil. Sie sagte, man könne sich für dieses Urteil nur schämen, es sei eine unvertretbare Rechtsprechung, die man auch nicht schönreden dürfe. Wir haben diese - nicht unbedingt selbstverständliche - Erklärung der BGH-Präsidentin als ein außerordentlich wichtiges Zeichen dafür gewürdigt, dass die heutige Justiz sich ihrer historischen Verantwortung stellt und solchen Formen von Diskriminierung und Ausgrenzung eine deutliche Absage erteilt.

Einführung und Bewertung der Konferenz durch den Tagungsleiter Martin Pfeiffer[3]

Einführung:

Zu fragen wäre: Wer sind die Mitbürgerinnen und Mitbürger, die sich den aufgeworfenen Themen wirklich stellen, auch ihrer eigenen Betroffenheit oder Mitbetroffenheit durch diese Vorgänge des Völkermordes in der Zeit des NS in Deutschland? Inwieweit haben sie sich diesen Fragen wirklich gestellt?

Ich erinnere mich zurück an die Jahre, als zunächst ich alleine und dann mit Andreas Freudenberg zusammen, der jetzt im Dokumentationszentrum deutscher Sinti und Roma arbeitet und der ja einige Jahre hier als Kollege im Referat Politik und Recht tätig gewesen ist, das Thema in verschiedenen Variationen (Fachtagungen und Kamingespräche) mit deutschen und internationalen Experten diskutiert habe. Sensibilität für diese Thematik zu haben, heißt aber auch, nach den Ursachen zu fragen, die hinter solchen Entwicklungen im und nach dem Nationalsozialismus stehen. Das werden wir bei dieser Tagung nicht tun können, aber es wird gesamtgesellschaftlich zu bearbeiten sein. Themen, die ich aufgegriffen habe: Justiz in und nach dem Nationalsozialismus, Medizin in und nach dem Nationalsozialismus und in diesem Kontext die spezifischen Fragen, die den von Vielen lange geleugneten Völkermord an den Sinti und Roma betreffen und betrafen. Es hat Jahre gedauert, bis ich sagen konnte: Jetzt ist - was diese Thematik angeht - die Aufgabe der Evangelischen Akademie Bad Boll erfüllt.

Aktuell hat sich die deutsche Richterakademie entschlossen, dieses Thema in den Katalog der regelmäßigen und verbindlichen Themen aufzunehmen. Es hat dazu noch des Anstoßes durch den damaligen Bundesminister der Justiz, Jürgen Schmude, bedurft, der dem zuständigen Bundesland schließlich drohte,

---

[3] Martin Pfeiffer (Kirchenrat i.R.) war von April 1977 bis Ende Juni 1992 offiziell und noch bis Ende 1993 kommissarisch Leiter des Referats Politik und Recht der Evangelischen Akademie Bad Boll.

„und wenn ihr nicht im nächsten Jahr dieses Thema anbietet als dafür zuständiges Bundesland, dann übernimmt das Bundesministerium der Justiz die Initiative", obwohl das verfassungsrechtlich eigentlich gar nicht stimmig gewesen wäre.

Der Justizminister unseres Bundeslandes Baden-Württemberg, Dr. Helmut Ohnewald, sandte uns zu dieser Tagung das folgende Grußwort:

„Zur Eröffnung der Tagung, die dem Thema der Bedeutung der justiziellen Behandlung der NS-Völkermordverbrechen für die Rechtskultur in Deutschland gewidmet ist, übermittle ich als Justizminister des Landes herzliche Grüße. Wie ich bereits anlässlich der Eröffnung der Ausstellung „Justiz und NS" im Januar 1992 in Freiburg betont habe, wurden durch die Einrichtung der Zentralen Stelle der Landesjustizverwaltungen im baden-württembergischen Ludwigsburg die Grundlagen für eine systematische Aufklärung und Verfolgung von NS-Verbrechen geschaffen. In den zurückliegenden Jahren konnten so zahlreiche schwerste NS-Verbrechen geahndet, wenngleich auch nicht gesühnt werden. Ich erinnere in diesem Zusammenhang insbesondere an den Lemberg- und Tarnopol-Prozess in Stuttgart und als aktuelles Beispiel an das Strafverfahren gegen einen aus Argentinien ausgelieferten Angeklagten. [Der Schwammberger-Prozess ist, wie wir alle wissen, vorgestern zu Ende gegangen]. Die Behandlung und Vertiefung der weiterführenden Frage, welche Bedeutung diesem Strafverfahren für die Gesellschaft und das Rechtsbewusstsein der Bürger zukommt, eröffnet gewiss ein weites Feld für Diskussionen, denen ich nicht vorgreifen will.

Aus meiner Sicht möchte ich aber hervorheben, dass die Bewältigung des nationalsozialistischen Unrechts - und ähnliches gilt für die Bewältigung des SED-Unrechts in den neuen Bundesländern - nicht nur und ausschließlich Aufgabe der Strafjustiz sein kann, deren grundsätzlicher Auftrag auf die Verfolgung und Ahndung von Straftaten als solche beschränkt ist. Welche Folgerungen sich aus diesen Strafprozessen für das Rechts- und Geschichtsbewusstsein der Gesellschaft einerseits und für ein besseres Verständnis im Umgang mit anderen Völkern und Volksgruppen andererseits ergeben, wird sicherlich Gegenstand der Diskussion sein, deren Ergebnis ich mit Interesse entgegensehe. Deshalb bedaure ich sehr, wegen einer schon länger geplanten Auslandsreise an der Veranstaltung nicht teilnehmen zu können. Den Veranstaltern- und Tagungsteilnehmern übermittle ich meine besten Wünsche für ein gutes Gelingen".

Einführung

Wir werden Herrn Minister Dr. Ohnewald die Ergebnisse dieser Veranstaltung übermitteln, und ich werde mich auch in Ihrem Namen für diese guten Wünsche und das Grußwort bei ihm bedanken.

Wir werden noch ein Stück weiter zu fragen haben, als es in diesem Grußwort zum Ausdruck gekommen ist. Es wird, wie ich eingangs andeutete, auch um die Frage unserer eigenen Betroffenheiten und Mitbetroffenheiten gehen und um die Frage, ob wir uns ein geschärftes Bewusstsein verschaffen im Hinblick auf aktuelle Entwicklungen, die zu mancherlei Besorgnis Anlass geben können, ja müssen. Ich denke, dies ist wichtig. Wenn aus Geschichte überhaupt gelernt werden kann, dann im Hinblick darauf, dass wir offene Augen haben für sich auch erst in Konturen abzeichnende gefährliche Entwicklungen. Offene Augen! Es muss gesellschaftliche Aufgabe sein, sich auch und gerade diesen Fragen zu stellen. Nicht zuletzt im Hinblick auf Entwicklungen in der jungen Generation in den neuen Bundesländern. Perspektiven sind gefragt. Von diesen jungen Menschen und für sie, aber auch für uns alle.

Bewertung am Schluss der Konferenz:

„SCHULD ERINNERN - RECHT AUFRICHTEN" war das Thema für diesen Vormittag. Ich finde gut, dass nicht irgendwelche Philosophismen im Hinblick auf diese beiden Kernbegriffe versucht worden sind, sondern Schuld sehr konkret erinnert wurde; dass auch deutlich wurde, dass zu dieser Schuld die Versäumnisse der Nachkriegszeit gehören, der zweiten und der dritten Generation, die Versäumnisse des Gesetzgebers, der Behörden, der Justiz, der Gesellschaft insgesamt.

Ich hätte mich gefreut, wenn es uns gelungen wäre, zum Thema „Recht aufrichten" noch ein wenig konkreter zu werden, als es Axel Azzolas Andeutungen im Hinblick auf Erfordernisse dieser Art hergegeben haben. Es fehlten uns dazu natürlich auch mindestens die Ansprechpartner von der parlamentarischen Seite. Ich denke, wir sollten es nicht bei einem Bedauern darüber belassen, dass sie - aus welchen Gründen immer - heute nicht mit in diesem Podium saßen. Es gibt tatsächlich vorletzte und letzte Gelegenheiten; denn zum „Recht aufrichten" gehört natürlich auch die Behebung von erkannten Defiziten in noch so bewährten

Grundgesetzen und schließlich gesamtdeutschen Verfassungen. Wir werden an diesem Thema dranbleiben; ich maße mir sogar an, dies über meinen Amtswechsel (ab 1. Juli d.J. Beauftragter der Ev. Landeskirchen in Baden und Württemberg bei Landtag und Landesregierung) hinaus zu tun im Spätherbst dieses Jahres. Ich hoffe, dass die gemeinsame Verfassungskommission, die seit einem Jahr hierher eingeladen ist, da nicht aus Termingründen ein weiteres Mal in wesentlichen Teilen kneift, sondern dass diese Erörterung hier tatsächlich stattfindet. (Leider haben dann die Unions-Mitglieder der Kommission kurzfristig erneut abgesagt!)

Da wird einiges zu sagen sein zu diesen Fragen. Aber das betrifft natürlich auch Aufgaben de lege ferenda, d.h. also gesetzgeberische Aufgaben im Hinblick auf das ganz praktische materielle Recht.

Insgesamt sind's plus/minus zehn Tagungen zu dieser Thematik, die seit Ende der 1970er Jahre unter der Verantwortung des Referats Politik und Recht hier in Bad Boll stattgefunden haben, übrigens unter dankenswerter Kooperation teilweise auch der Organisationen der Richterschaft und der Anwaltschaft - ich möchte das an dieser Stelle ausdrücklich betonen.

Ich habe auch Grund, mich zu bedanken bei der Arbeitsgemeinschaft Sozialdemokratischer Juristinnen und Juristen, weil dies die letzte Gelegenheit dazu ist. Sie hat diese Arbeit sehr wesentlich mitgetragen. Ich habe mich auch zu bedanken bei den Organisationen der - ich sag's jetzt so pauschal mit Blick auf die abgelaufene Zeit - Opfer der nationalsozialistischen Gewaltverbrechen. Dazu gehören auch die hier repräsentierten Zentralräte und ihre assoziierten Organisationen. Ich habe aus persönlichen Gründen besonderen Anlass, mich schließlich zu bedanken bei den Kolleginnen und Kollegen, bei den Freunden vom Dokumentations- und Kulturzentrum Deutscher Sinti und Roma. Vieles von dem, was ich im Lauf der Zeit gelernt habe, habe ich den Kontakten dorthin zu verdanken.

Ich denke, es genügt nicht, dieser Gesellschaft ihre ‚Unfähigkeit zu trauern' zu bescheinigen, ihre Unfähigkeit, aus der Vergangenheit zu lernen, zu attestieren. Es kommt auch darauf an, sich die Ursachen solcher Unfähigkeit klarzumachen und etwas zur Behebung dieser Ursachen zu tun.

Die Evangelische Akademie Bad Boll und ich als einer unter vielen Mitarbeitern waren bemüht, im Rahmen ihrer Möglichkeiten an dieser Behebung ein klein wenig mitzuarbeiten, Gewissen zu schärfen, unbequem zu bleiben, große oder auch nur kleine Steine auf Zehen fallen zu lassen. Unbequem zu sein und doch darauf zu achten, dass Leute, denen die Steine auf die Zehen fielen, dadurch nicht gehunfähig wurden, weil sich nämlich sonst nichts mehr bewegt.

Zur Qualität des politischen Diskurses, zu dem, was mit einem oft missbrauchten, aber von mir jetzt wirklich im eigentlichen Sinne gemeinten Wort, nämlich wahrhafte „Streitkultur" ausmacht, gehört eben auch dies, dass ich Leute, die ich für einen kritischen, strittigen, ja polemischen Diskurs zu gewinnen versuche, so aus diesem Diskurs herausgehen lasse, dass sie ihr Gesicht behalten. Ich denke, daran sollten wir denken bei allen notwendigen Auseinandersetzungen und bei aller notwendigen Schärfe, ohne die es auch heute leider meistens nicht geht.

Romani Rose

Die justizielle Behandlung von NS-Völkermordverbrechen und ihre Bedeutung für Gesellschaft und Rechtskultur in Deutschland

Einführung in die Tagungsthematik

Wenn wir uns auf dieser Tagung mit NS-Prozessen in der Bundesrepublik Deutschland befassen und speziell mit den Prozessen, in denen Verbrechen an Sinti und Roma angeklagt wurden, werden zwei grundsätzliche Fragen angesprochen. Einerseits, inwieweit diese Prozesse sich auf die Situation unserer Minderheit in Deutschland auswirkten, und zum anderen, welche Bedeutung diese Verfahren für die bundesdeutsche Gesellschaft generell hatten und bis heute haben.

Der Völkermord an Sinti und Roma war von der Öffentlichkeit und ebenso von der Justiz fast vier Jahrzehnte lang systematisch vergessen worden. Es gab wohl eine Reihe von Ermittlungsverfahren, in denen auch Verbrechen an Sinti und Roma angeklagt waren. Bis zum Siegener Prozess gegen den SS-Mann und Blockführer in Auschwitz-Birkenau, Ernst-August König, war jedoch der Völkermord selbst, sein Ausmaß und seine Systematik, niemals Gegenstand eines eigenständigen Verfahrens gewesen.

Der in Siegen geführte Prozess war dabei in mancher Hinsicht leider auch beispielhaft für die Vorgehensweise der Justiz. Bereits 1956 lagen erste belastende Aussagen gegen den Beschuldigten vor. Das Ermittlungsverfahren jedoch konnte bei der Staatsanwaltschaft in Frankfurt über 25 Jahre unbearbeitet liegen, ohne dass der SS-Mann vor Gericht gestellt wurde. Dass dieser Prozess überhaupt stattfand - und die deutsche Justiz den Völkermord an Sinti und Roma darin erstmals grundsätzlich verhandelte –, ist auch auf die Arbeit des Zentralrats Deutscher Sinti und Roma zurückzuführen.

Derartige Verfahren zu betreiben, bedeutet für uns, dass wir die Täter, auch wenn sie heute alt sind, mit ihrer persönlichen Verantwortung und ihrer Schuld konfrontieren wollen. Es bedeutet aber zugleich, heute in Deutschland zu demonstrieren, dass Verbrechen an unserer Minderheit nicht vergessen werden dürfen und geahndet werden müssen. Ich zitiere an dieser Stelle Simon Wiesenthal, der sagte: „Die Mörder haben kein Recht, in Ruhe zu sterben. Ihre Schuld muss auch vor einem Gericht in einem rechtsstaatlichen Verfahren festgestellt werden."

Bevor wir auf die Prozesse selbst eingehen, ist es unabdingbar, nochmals die unvorstellbare Dimension der NS-Völkermordverbrechen zu umreißen, auch um die Schwierigkeiten in den Verfahren besser zu verstehen. Über 500.000 Angehörige unserer Minderheit sind dem Nationalsozialismus zum Opfer gefallen, und es gibt in Europa kaum ein Konzentrations- oder Vernichtungslager, in dem nicht auch Sinti und Roma ermordet wurden. Die historische Einmaligkeit der NS-Mordverbrechen besteht darin, dass Sinti und Roma ebenso wie Juden allein aufgrund ihrer bloßen biologischen Existenz einem geplanten, systematisch und fabrikmäßig ausgeführten Vernichtungsprogramm zum Opfer fielen.

Von Beginn des Dritten Reiches an war unsere Minderheit parallel mit den Juden ausgegrenzt und entrechtet worden, ausgeschlossen aus Berufsverbänden und schon 1935 mit den Nürnberger Rassegesetzen ausgegrenzt aus der sogenannten Volksgemeinschaft. Diese Ausgrenzung wurde über eine Vielzahl von Erlassen, Schnellbriefen und Befehlen organisiert, die nahezu alle Bereiche des täglichen Lebens betrafen. 1938 erfolgte Himmlers „Grunderlass zur Regelung der Zigeunerfrage", mit dem „aus dem Wesen dieser Rasse" heraus eine „endgültige Lösung der Zigeunerfrage" in Angriff genommen werden sollte. Alle Behörden des Dritten Reiches wurden mit diesem Erlass zusammengeschaltet, um die in Deutschland lebenden Sinti und Roma total zu erfassen und so die Unterlagen für den Völkermord bereitzustellen.

Bereits 1939 entschied die SS-Führung auf einer Konferenz, dass alle Juden und „Zigeuner" ins besetzte Polen deportiert werden sollten. Im Mai 1940 erfolgte die erste familienweise Deportation deutscher Sinti und Roma in das dort eingerichtete „Generalgouvernement", auf direkten Befehls Himmlers und organisiert vom „Reichssicherheitshauptamtes" (RSHA). Mit Himmlers sogenanntem Auschwitz-Erlass, der sich im Dezember 1992 zum fünfzigsten Mal jährt, wurde schließlich die Vernichtung der Sinti und Roma in Europa endgültig beschlossen und vollzogen. Über die Abteilung V des RSHA und unter der Leitung des Gaswagenspezialisten und späteren Einsatzgruppenleiters Arthur Nebe wurden bis 1944 über 30.000 Sinti und Roma in Deutschland und Österreich erfasst und zur Deportation in die Vernichtungslager bestimmt. Die meisten wurden in Auschwitz-Birkenau ermordet.

Sinti und Roma wurden in großer Zahl zu Objekten medizinischer Versuche gemacht. Ebenso skrupellose wie barbarische SS-Mediziner quälten und ermordeten Sinti und Roma in Meerwasser-, Fieber- oder Senfgasversuchen. Jeder Beschreibung entziehen sich die unmenschlichen Versuche, die Mengele an Sinti und Roma, vor allem an Kindern, in Auschwitz-Birkenau vorgenommen hat.

Zum Teil wurden die beteiligten Ärzte von den Militärgerichten der Alliierten verurteilt, in der Heimat jedoch waren sie kaum einer Strafverfolgung ausgesetzt. Der für die Senfgasversuche an Sinti und Roma im KZ Natzweiler verantwortliche Arzt, Helmuth Rühl, war nach 1945 jahrzehntelang Amtsarzt in Bonn. Das Verfahren gegen ihn wurde nicht fortgeführt, weil er angeblich verhandlungsunfähig gewesen sei. Rühl praktizierte gleichwohl in seiner Bonner Praxis.

Ziel der NS-Politik in den besetzten Ländern war die Internierung der Sinti und Roma und ihre anschließende Deportation in die Vernichtungslager oder aber ihre direkte Ermordung, dies vor allem durch die „Einsatzgruppen" von SS und SD sowie durch die Wehrmacht hinter der Ostfront.

Aus Westeuropa wurden Sinti und Roma in das Vernichtungslager Auschwitz-Birkenau deportiert, so aus den Niederlanden und Belgien bzw. Nordfrankreich. In Frankreich waren Sinti und Roma teils schon vor der deutschen Besetzung in Lagern festgesetzt worden, so dass die Nazis bei der Verfolgung direkt auf die Listen der französischen Polizei zurückgreifen konnten. In Italien wurden die dort lebenden Sinti und Roma unter Mussolini ebenfalls in Lagern interniert. Viele wurden ab 1943, als große Teile des Landes von der deutschen Wehrmacht besetzt wurden, zur Sklavenarbeit nach Deutschland verschleppt.

In Jugoslawien waren die Roma nach dem Einmarsch der deutschen Wehrmacht extremer Verfolgung ausgesetzt, sowohl durch die Wehrmacht und die deutsche Zivilverwaltung als auch durch die wegen ihrer Grausamkeit berüchtigten kroatischen „USTASCHA". Die deutsche Wehrmacht hat sich an der rücksichtslosen Vernichtung der Roma beteiligt. Für Serbien erklärte die deutsche Verwaltung 1942 in einem Bericht an Berlin: „Im Interesse der Befriedigung wurde durch die deutsche Verwaltung die Judenfrage ebenso wie die Zigeunerfrage liquidiert. Serbien, einziges Land, in dem die Judenfrage und Zigeunerfrage gelöst."

In Rumänien erklärte der Führer der faschistischen Regierung Antonescu, dass die Zigeunerfrage genauso bedeutsam sei wie die „Judenfrage". Gefordert sei die „Ausmerzung" aller nationalen Minderheiten in Rumänien. In der Folge wurden Zehntausende Roma und Juden aus Rumänien in die besetzte Sowjetunion deportiert; die meisten kamen um.

Im nationalsozialistisch besetzten Polen wurden sowohl die dorthin deportierten deutschen Sinti als auch die einheimischen Roma systematisch verfolgt und in Ghettos oder Konzentrationslagern inhaftiert. Viele Sinti und Roma wurden von deutschen Kommandos direkt vor Ort ermordet: Eine polnische Untersuchungskommission konnte nach dem Krieg über 180 Orte identifizieren, in denen Sinti und Roma von den Besatzern erschossen oder auf andere Weise umgebracht wurden.

In der Sowjetunion waren die schon erwähnten „Einsatzgruppen" die ausführenden Organe für den Völkermord. Sie waren direkt dem Chef des RSHA, Reinhard Heydrich, unterstellt. Die „Einsatzgruppen" durchkämmten die rückwärtigen Gebiete der Front gezielt nach Roma und Juden, um sie im Wald oder anderen abgelegenen Stellen zu ermorden. Bis heute kennt niemand die Zahl der Massengräber. An diesen unvorstellbaren Verbrechen war von Anfang an auch die Wehrmacht beteiligt.

Vor deutschen Gerichten wurden seit Gründung der Bundesrepublik Deutschland Verfahren durchgeführt, die sich mit allen Bereichen der nationalsozialistischen Verbrechen auseinandersetzten: mit den Morden in den Konzentrations- und Vernichtungslagern, den medizinischen Verbrechen, den Mordaktionen der „Einsatzgruppen". Ebenso gab es Prozesse, die versuchten, die Verantwortlichen für die Planung und Organisation des Völkermordes im RSHA zur Rechenschaft zu ziehen. Bei all diesen Prozessen waren Sinti und Roma als Opfer ebenso betroffen wie Juden. In den Urteilen jedoch wurde der Völkermord an Sinti und Roma nicht oder nur am Rande erwähnt. Auch die Nürnberger Kriegsverbrecherprozesse haben den Völkermord an Sinti und Roma zwar mit unter die Anklage gestellt, jedoch spielte dieser Verbrechenskomplex in den Verhandlungen eine ganz untergeordnete Rolle.

Neben allen strafrechtlichen Überlegungen, denen wir uns in den nächsten Tagen widmen werden, neben allen politischen Konsequenzen, die wir für unsere Arbeit daraus ziehen können, bleibt für den Zentraltat Deutscher Sinti und Roma die Verpflichtung, die Geschichte der NS-Verbrechen an Sinti und Roma in Deutschland und in Europa wachzuhalten und für die nachkommenden Generationen zu dokumentieren.

Herbert Heuß[4]

Verleugneter Völkermord? Ursachen und Konsequenzen. Eine kritische Darstellung und Bewertung von Ermittlungsverfahren zu NS-Verbrechen an Sinti und Roma.

> *„Mit allem Nachdruck nimmt das nationalsozialistische Rechtssystem für sich in Anspruch, endgültig die Kluft überbrückt zu haben, die in der liberalen Ära die Sphären von Recht und Moral voneinander getrennt hatte. Recht und Moral sind von nun an ein und dasselbe. An welcher Wirklichkeit haben wir diesen Anspruch zu messen? Die nationalsozialistische Rechtsordnung setzt Gleichartigkeit der Rasse an die Stelle von Gleichheit und gibt damit die Vorstellung von mit gleichen Fähigkeiten ausgestatteten und gleichermaßen zu Rechten und Pflichten fähigen Menschen preis."*
>
> Otto Kirchheimer,
> Die Rechtsordnung des Nationalsozialismus, 1941

Die Lektüre von Verfahrensakten aus den ersten vier Jahrzehnten der BRD, die die Aufklärung von NS-Verbrechen an Sinti und Roma zum Gegenstand haben, wirft neben vielem anderen die Frage auf, wem oder wessen die Ergebnisse dieser Verfahren geschuldet sind:

Einer Heuchelei in den Verfahren?

Dem Nicht-Wissen über Deportationen/Vernichtung?

Wissen gab es doch wohl, besonders aus den Entschädigungsverfahren, in denen eine Vielzahl von Augenzeugenberichten über die Verbrechen enthalten ist.

Oder gab es in den Ermittlungsverfahren eine unmittelbare Leugnung dieses Wissens?

---

[4] Herbert Heuß war 1992 Wissenschaftlicher Leiter des Dokumentations- und Kulturzentrums Deutscher Sinti und Roma in Heidelberg; heute arbeitet er in dieser Funktion beim Zentralrat Deutscher Sinti und Roma.

Zwei Ebenen werden zu betrachten sein:

1. Die gesellschaftliche Verdrängung des NS überhaupt in der BRD und die Rolle, die der Justiz hierbei zukommt, und

2. innerhalb dieses Komplexes die Verdrängung/Leugnung oder Rechtfertigung der NS-Verbrechen, die an den Sinti und Roma verübt wurden.

Die Frage ist zunächst, welchen Beitrag die Justiz überhaupt zur Aufarbeitung von NS-Verbrechen leisten kann. Im Folgenden will ich zunächst einige generelle Anmerkungen machen, um dann exemplarisch auf zwei Ermittlungsverfahren gegen Angehörige der sogenannten „Rassenhygienischen Forschungsstelle" einzugehen.

I.

Charakteristisch für das moderne Recht ist bekanntlich die Trennung von Recht und Moral. Diese Trennung ermöglicht es dem einzelnen und damit natürlich der Gesellschaft, sich schwerwiegende moralische Fragen und daraus resultierende Konflikte vom Leibe zu halten. Die Verweisung einer so hochmoralischen Problematik wie der NS-Verbrechen in die Sphäre des Rechts zielt also auch auf eine Entlastung des moralischen Gewissens des einzelnen und in der Folge auch auf die Schonung von gesellschaftlichen Institutionen, deren Funktionieren in Frage gestellt wäre, wenn etwa ihre Beteiligung an den Verbrechen thematisiert worden wäre.

Die Trennung von Recht und Moral führt zwangsläufig zu einer moralischen Abkühlung der Sache. Das historisch Unerhörte und Neue des systematisch betriebenen Völkermordes wird in den Prozessen in kleine, portionierte Formen gebracht, um überhaupt verhandelt werden zu können. Gegenüber der historischen und moralischen Beurteilung wird eine Vielzahl von Restriktionen eingebaut.

An dieser Stelle müssen wir festhalten, dass diese Beschränkungen sowohl in den Strafprozessen wie auch in den Entschädigungsverfahren wirksam wurden - die Frage der Entschädigung wurde ja bekanntlich auch dem Recht zur Beantwortung zugeschoben. Wurde allerdings in den Strafverfahren der rechtsstaatliche

Schuldnachweis für die Angeklagten gefordert, so bedeutete die Verrechtlichung in der Entschädigung, daß hier mit einem Male die Opfer beweispflichtig wurden. Auch hier ist also eine moralische Entlastung der Gesellschaft festzustellen, und zwar zu Lasten der Opfer des NS.

Eine Kritik an den NS-Verfahren kann dennoch nicht moralisch begründet werden. Überhaupt kann „Gerechtigkeit" in NS-Verfahren nicht hergestellt werden, denn wie sollten einzelne Täter für das unvorstellbare Ausmaß der Massenmorde bestraft werden? Eine höhere Strafe als lebenslängliche Haft kennt unser Strafrecht nicht, und diese Strafe steht auf einfachen Mord ebenso wie auf tausendfachen.

Der Holocaust war in der BRD bis zum Frankfurter Auschwitz-Prozess weder öffentliches Thema, noch wurde die Dokumentation der Verbrechen als Aufgabe der zeitgeschichtlichen Forschung wahrgenommen. Die erste von einem deutschen Wissenschaftler publizierte Arbeit erschien 1960, Wolfgang Schefflers „Judenverfolgung im Dritten Reich".

Der genannten Entlastung der BRD entsprach von Anfang an eine Sichtweise, die den Nationalsozialismus nicht als Ergebnis deutscher Geschichte und deutscher Politik verstand, sondern als etwas, das dem deutschen Volk gleichsam widerfahren war. Kurt Schumacher zum Beispiel erklärte in seiner Rede zur Konstituierung des Deutschen Bundestags 1949: Die Hitlerbarbarei habe durch den Mord an den Juden das deutsche Volk entehrt. D.h. die Täter waren irgendwelche anderen. Es wird hier bereits eine Tendenz zur Verallgemeinerung deutlich, zu einer Gesamterklärung des NS und des Holocaust, die die Verantwortung ablöst von den Personen und sie reduziert auf die letzten Täter in einer langen Kette.

Über die NS-Verfahren wurde immer die Täterfrage gestellt, wie sie jetzt in der zeitgeschichtlichen Diskussion wieder aufgegriffen wird. Daraus folgt für die Justiz und deren Rolle in der BRD ihre besondere Funktion, nämlich einerseits mit den Tätern und ihren Beweggründen unmittelbar konfrontiert zu sein, und andererseits den gesellschaftlichen Exkulpierungsversuchen genauso zu verfallen oder ausgesetzt zu sein. Der Tagungsbeitrag von Alfred Streim, der leitende Oberstaatsanwalt der Zentralen Stelle zur Verfolgung von NS-Verbrechen in Ludwigsburg, zeigt mehr als deutlich, wie sehr politische Vorgaben die Aufgabe der Justiz, nämlich NS-Täter zu verfolgen und bei entsprechendem Tatverdacht eine Hauptverhandlung durchzuführen, behindert und strukturell eingeschränkt haben. So machte die Änderung der Strafprozessordnung und die Festlegung der Kriterien für Mord durch den Bundesgerichtshof die gesellschaftliche Aufgabe der Justiz, die Distanzierung von den Tätern, dort unmöglich, wo Schreibtischtäter, Hauptverantwortliche der Verbrechen, nicht mehr wegen Mordes angeklagt werden konnten.

Was hätte denn die konkrete strafrechtliche Verfolgung von NS-Tätern und Helfern für die BRD der 40er und 50er Jahre bedeutet? Zumindest doch, dass ein sehr großer Teil der staatlichen Verwaltung lahmgelegt worden wäre, denn - wie wir heute wissen, und damals wohl auch schon: in die staatlich organisierte Vernichtung von Juden, Sinti und Roma und den vielen anderen Gruppen waren nahezu alle Institutionen, Behörden, Ämter usw. involviert. An der Zwangssterilisation beispielsweise waren Gesundheitsämter und Fürsorgestellen ebenso beteiligt wie die jeweiligen Krankenhäuser, und im Innenministerium gab es eine entsprechende Abteilung zur Beurteilung dieser Fälle. Bei der Deportation in die Vernichtungslager waren nicht nur die dem Reichssicherheitshauptamt (RSHA)[5] unterstellten Gestapo- und Kripo-Ämter beteiligt, sondern ebenso die Nationalsozialistische Volkswohlfahrt, die Kirchen, Standesämter und Einwohnermeldeämter, die Reichsbahn und das Rote Kreuz, und die Sicherstellung der Vermögen und der Wohnungen der verschleppten Menschen wurde ordentlich durch die Finanzbehörden und die staatliche Treuhand bearbeitet. Alle Beteiligten wussten, dass diese Menschen Objekte von „Judenaktionen" bzw. „Zigeuneraktionen" waren. Selbst die Blockwarte und Hausverwalter waren sich über die Deportation im Klaren, wenn sie beim RSHA in Berlin etwa Mietforderungen stellten für die leerstehenden Wohnungen.

---

[5] Himmler wurde am 17.6.1936 zum Chef der deutschen Polizei (ChdDtPol) im Innenministerium ernannt. Am 26.6.1936 wurde von ihm Kripo und Gestapo in die Sicherheitspolizei (Sipo) eingereiht. Diese Sicherheitspolizei (staatlich) und der Sicherheitsdienst (SD) (Parteieinrichtung) wurde durch Erlaß vom 27.9.1939 im RSHA zusammengefaßt (unter Heydrich). Das RSHA unterstand Himmler als Chef der deutschen Polizei (ChdDtPol) und war gleichzeitig ein Hauptamt der SS unter Himmler als Reichsführer SS (RF-SS). Die Beamten der Kripo im RKPA (Amt V) wurden im November 1939 mit den entsprechenden Rängen in die SS übernommen. Damit unterstanden sie auch dem Militärstrafgesetz. Die umfassende Zuständigkeit des RSHA wurde auf das „Heimatkriegsgebiet" ausgedehnt, und zwar für die gesamte Sipo (Gestapo und Kripo) einschließlich SD durch Erlass des RF-SS + ChdDtPol. vom 9.4.1940 und für die Ordnungspolizei (Schupo und Gendarmerie) einschl. Hilfsverbände durch Erlass vom 5.8.1942.

Die kriminologische Betrachtung der Täter zeigt auf, dass der NS und die Vernichtung eben nicht ein transpersonales Ereignis war. Die Täter fügten sich ein in eine ideologische Folie, die des Rassismus und der NS-Rassenlehre, auf deren Grundlage ein „vorauseilender Gehorsam" entstand, jenes „dem Führer entgegenarbeiten", besonders auf mittlerer Vollzugsebene. Dazu gehörten

– Autoritätsgläubigkeit

– Karriere (ein nicht zu unterschätzendes Motiv), und das

– Härteideal der NS-Rassenlehre.

Als Täter wurden in der bundesdeutschen Justiz letztlich nur die direkt Handelnden zur Kenntnis genommen. Die Kategorie „Schreibtischtäter" existierte zwar, führte jedoch zu keiner Verurteilung aufgrund der oben genannten Einschränkungen der Verfolgungsmöglichkeiten. Hier wirkte jene gesellschaftliche Exkulpierung, denn sonst hätten die Verfahren einen ganz anderen Umfang annehmen und die staatlichen Behörden selbst zum Gegenstand von Ermittlungen machen müssen.

Unmittelbarer Täter, das war zum Beispiel Ernst-August König, SS-Blockführer im Vernichtungslager Auschwitz-Birkenau, über den im Verlauf der Tagung noch ausführlich zu hören sein wird.

II.

Ich möchte jetzt exemplarisch zwei Karrieren aufzeigen, die eher den Schreibtischen zuzuordnen sind, nämlich die Karrieren zweier Mitarbeiter der „Rassenhygienischen und bevölkerungsbiologischen Forschungsstelle" beim Reichsgesundheitsamt (RGA), deren Leiter Dr. Dr. Robert Ritter, und dessen leitende Mitarbeiterin, Dr. Sophie Ehrhardt. Beide Karrieren kreuzten in der BRD die Justiz, Robert Ritter schon 1948, Sophie Ehrhardt erst 1962 und dann wieder 1981.

Robert Ritter, geboren am 14.5.1901 in Aachen, war zweifellos ein engagierter und kompetenter Fachmann, der dann für weitere Aufgaben auch regelmäßig empfohlen wird, selbst von der SS, die ansonsten ja durchaus auch konkurrierende Ämter hatte: „Der in Aussicht genommene Leiter [für die Schaffung eines Kriminalbiologischen Institutes beim RKPA] Dr. R. Ritter ist wohl die nach dieser Richtung hin befähigtste Persönlichkeit", so das Schreiben der „Einsatzstelle Süd-Ost des RuSHA-SS" an den „Chef des RuSHA-SS", Hofmann, vom 4.8.1941. Hofmann war zuvor von SS-Obersturmbannführer Paul Werner um Stellungnahme gebeten worden.

Für Robert Ritter bedeutete das Ende des Dritten Reiches tatsächlich einen Karriereknick. Im Dritten Reich hatte er eine Stellung mit weitreichenden Kompetenzen inne, er arbeitete direkt dem RSHA zu, seine Forschungsstelle war finanziell und personell sehr gut ausgestattet gewesen. Nicht nur das Innenministerium, auch das Reichssicherheitshauptamt und die Deutsche Forschungsgemeinschaft finanzierten diese Forschungsstelle, deren Aufgabe es war, alle Sinti/Roma im Reichsgebiet zu erfassen und dem RSHA zu melden. Die Forschungsstelle arbeitete unter hohem Druck, um „für die zu erwartenden einschneidenden Maßnahmen die notwendigen Unterlagen bereitstellen zu können", so Ritter in seinem Arbeitsbericht aus dem Jahr 1939/40. Ritters Forschungsstelle entschied über Leben und Tod der von ihr erfassten Menschen, Mitarbeiter der Forschungsstelle arbeiteten zur Verfolgung von Juden, Sinti und Roma selbst in Ghettos und Konzentrationslagern, und Ritter korrespondierte persönlich über das RSHA mit dem Vernichtungslager Auschwitz-Birkenau.

Nach dem Krieg wurde Ritter in Frankfurt Leiter der dortigen Familienberatungsstelle, im Gegensatz zu anderen Rassentheoretikern und -praktikern des Dritten Reichs war er nicht in einem der neuen alten Institute für Anthropologie etc. untergetaucht. Auch das ist in gewisser Weise bemerkenswert, da Ritter stets auf die Wissenschaftlichkeit seiner Arbeiten verwies. Offenkundig war er aber selbst für die anderen Rassentheoretiker, die die Lehrstühle wieder besetzten, wegen seiner Nähe zum RSHA und seiner unmittelbaren Funktion in der Vorbereitung, Durchführung und Legitimation des Völkermordes zu heiß.

Das Erste Ermittlungsverfahren (55 Js 5582/48) wegen Körperverletzung und Beihilfe zum Mord erfolgte nach einer Strafanzeige durch Sinti, darunter Oskar Rose u.a. Es wurde „mangels Beweise" am 28. August 1950 eingestellt.

Bemerkenswert, weil symptomatisch für die zukünftige Haltung der Justiz, ist die Einstellungsverfügung, in der sich die Staatsanwaltschaft weitestgehend die Sichtweise von Ritter zu Eigen macht und ihn vollständig rehabilitiert. Die Kehrseite war entsprechend die Disqualifizierung und Diffamierung der überlebenden Sinti als Zeugen.

In der Einstellungsverfügung von Oberstaatsanwalt Dr. Kosterlitz heißt es:

„Im übrigen bezeichnet er [Ritter] die von den einzelnen Zeugen gegebenen Darstellungen über Misshandlungen als Phantasieprodukt (...). Zur Erklärung gibt der Beschuldigte an, dass namentlich die asozialen Elemente der Zigeuner zu jeder Unwahrheit der Darstellung bereit und in der Lage seien, wenn es sich darum handele, Rache zu üben." Völlig irrig habe sich in „Zigeunerkreisen" trotz seiner auf rein wissenschaftlichen Aufgaben beschränkten Tätigkeit der irrige Glaube festgesetzt, daß er - der Beschuldigte - an dem schrecklichen Schicksal schuldig sei, das Tausenden von „Zigeunern" durch Zwangssterilisation, insbesondere aber durch Verbringen in KZs und schließlich in den Tod, zugestoßen sei. Vielfach seien die „Zigeuner auf Grund ihrer niedrigen Bildungsstufe - meist Analphabeten" - nicht in der Lage, zwischen wirklich Erlebtem und Phantasie zu unterscheiden, nämlich dann, wenn sie von dem gekennzeichneten Motiv der Rache geleitet seien. (S. 9)

Und weiter:

„Nicht zuletzt hat auch die Überprüfung der vom Beschuldigten überreichten Schriften und Bücher aus der Nazizeit ergeben, dass er in der Tat dort wissenschaftliche Gedankengänge vertreten hat, die in keiner Weise als ausgesprochen nazistisch angesprochen werden können. Der Umstand, dass der Beschuldigte bei seinen Darlegungen, die er auch heute noch als seine wissenschaftliche Überzeugung vorträgt, nach Maßgabe von zu erlassenden Gesetzen verbrechensverhütende Maßnahmen gegenüber Asozialen und asozialen Mischlingen vorschlägt, kann in dieser Form weder als eine Identifizierung mit nazistischer Rassenideologie gewertet werden, noch als eine Proklamierung von Gewaltmaßnahmen. Der Beschuldigte strebt im übrigen ausdrücklich an, solche Eingriffe mit dem Zweck der Verbrechensverhütung auf diesen Kreis von Betroffenen zu beschränken. Dass er diese Gedankengänge de lege ferenda vorgetragen hat, ist nicht zu beanstanden. Er vertritt nicht mit Unrecht die Anschauung, dass das Gesetz zur Verhütung erbkranken Nachwuchses kein typisch nazistisches Gesetz sei (...)." (S. 12) „Jedenfalls ist festzustellen, dass die während der Nazizeit vom Beschuldigten veröffentlichten wissenschaftlichen Bücher und Abhandlungen in keiner Weise typisch nazistisches Gedankengut enthalten." (S. 13)

Zum Schnellbrief vom 29.1.43 (den Durchführungsbestimmungen zum „Auschwitz-Erlass" vom 16.12.1942) stellt die Staatsanwaltschaft fest:

„Der Beschuldigte behauptet nachdrücklichst, daß er von den Maßnahmen des Schnellbriefs ... bis Ende des Krieges nichts erfahren habe. Der Verteiler dieses Schnellbriefes weist auch sein Amt V (sic, HH) nicht auf. Selbstverständlich hat der Beschuldigte, wie er auch gar nicht bestreitet, erfahren, dass vielfach Zigeuner ins KZ gebracht wurden. Er hat Zigeuner auch in einigen Fällen im KZ untersucht. Dass es sich aber um eine ihm bekannte Planungsmaßnahme handelte, bestreitet er, insbesondere, dass er dabei beratend oder gar veranlassend mitgewirkt habe."

Dass Ritter hier lügt, ist ihm nicht zum Vorwurf zu machen, als Angeklagter darf er das. Als justiziellen Skandal aber darf man es wohl bezeichnen, wenn die Staatsanwaltschaft eine derartige Position übernimmt. Im Arbeitsbericht von Ritter aus dem Jahr 1939/40 heißt es, dass seine Forschungsstelle unter starkem Arbeitsdruck stehe, um „für die in Kürze zu erwartenden einschneidenden Maßnahmen die Unterlagen bereitstellen zu können. (...) Es wird nun alles darauf ankommen, ..., dass dann sofort einheitlich und vorbehaltlos durchgegriffen wird." (Veröffentlicht in: Informationsdienst Rassenpolitisches Amt der NSDAP, Reichsleitung, 20. April 1941 - Nr. 111 Kriegsausgabe Nr. 18). So offen wie hier findet man selten die Beteiligung der Schreibtischmörder, Ritter und seine Mitarbeiter, beschrieben und selbstverständlich betont Ritter hier im weiteren die enge Zusammenarbeit mit dem RSHA. Mit diesem Arbeitsbericht begründete Ritter die Anforderung weiterer Mittel von der Deutschen Forschungsgemeinschaft.

Dass der Verteiler des Schnellbriefes „sein (!) Amt V" nicht aufführt, ist nicht verwunderlich, es war schließlich der Absender. Dass die Staatsanwaltschaft an dieser Stelle gleichzeitig die direkte Zugehörigkeit Ritters zum RSHA formuliert, war ihr wohl kaum bewusst.

Zu den Zeugen führt die Staatsanwaltschaft aus:

„Damit erhebt sich die Hauptfrage, ob und inwieweit überhaupt den Darstellungen der Zeugen zu glauben ist. Es handelt sich um die grundsätzliche Frage, ob und inwieweit Aussagen von Zigeunern zur Grundlage richterlicher Überzeugung gemacht werden können. Dabei kann man nicht vorübergehen an der Beurteilung dieses Problems durch die Wissenschaft, und zwar auch schon in der Zeit vor 1933. (...) Zahlreiche Wissenschaftler haben lange vor 1933 die Anschauung vertreten, dass Zigeuneraussagen grundsätzlich für die richterliche Überzeugungsbildung ausscheiden müssen. Diese Beurteilung stimmt im übrigen auch mit der Auffassung des Zentralamts für Kriminal-Identifizierung und -Statistik in München überein, über welches der Zeuge Uschold mündlich und schriftlich Angaben gemacht hat. Es ist in diesem Zusammenhang auch bemerkenswert, dass die beiden Polizei-Beamten Zeiser und Wutz (...) von der Spruchkammer München anfänglich als Hauptschuldige auf Grund gleichgelagerter Beschuldigungen von Zigeunern eingestuft worden waren, in zweiter Instanz aber von diesen Vorwürfen freigesprochen worden sind." (S. 15f)

Die hier genannten Polizeibeamten waren selbst als Angehörige des RSHA an den Deportationen von Sinti und Roma beteiligt gewesen. Nach dem Krieg fanden sie Aufnahme im Bayrischen Landeskriminalamt, das die Tradition des RSHA auf der Grundlage der NS-Akten und des NS-Personals in der Bundesrepublik Deutschland weiterführte.

Diese Einstellungsverfügung prägt in bemerkenswerter Weise die zukünftigen Ermittlungen vor: in analoger Weise werden auch zukünftig die Zeugen, sofern sie belastend und Sinti sind, als generell unglaubwürdig abgewertet; und ebenso werden die Deportationen nicht als Teil einer Vernichtungspolitik, sondern als „vorbeugende Verbrechensbekämpfung" eingeordnet. Als die Massenmorde in den Vernichtungslagern nicht länger zu leugnen oder zu ignorieren waren, galten diese Verbrechen dann als Taten der Verwaltungen in den Konzentrationslagern selbst, auch hier also keine Verbindung mehr zu den Schreibtischtätern im RSHA, und schon erst recht nicht zu den Rassenhygienikern.

1990 kam es gegenüber dem Zentralrat Deutscher Sinti und Roma zu einer Entschuldigung des Hessischen Ministers der Justiz wegen dieses Ermittlungsverfahrens. Sein damaliger Staatssekretär, Volker Bouffier, erklärte, mit der Einstellung des Ermittlungsverfahrens gegen den früheren NS-Rassenforscher Robert Ritter seien „die KZ-Überlebenden Sinti und Roma beleidigt und diffamiert worden. Die seinerzeitige Feststellung der Staatsanwaltschaft, Ritters Arbeiten im Rassehygieneinstitut des Reichssicherheitshauptamtes hätten ‚in keiner Weise typisch nationalsozialistisches Gedankengut enthalten' und ‚Zigeuneraussagen müssen grundsätzlich für die richterliche Überzeugungsbildung ausscheiden', sei keinesfalls aufrechtzuerhalten und zu missbilligen". (Presseinformation des Hessischen Ministeriums der Justiz, Wiesbaden, 22. Juni 1990).

Sophie Ehrhardt, geboren am 31.10.1902 und im Herbst 1991 in Tübingen gestorben, war vom Oktober 1938 bis 31.3.1942 bei der Rassenhygienischen Forschungsstelle angestellt als eine der leitenden Mitarbeiterinnen. Danach ging sie angeblich direkt an das Rassenanthropologische Institut der Universität in Tübingen. Diese Einlassung ist nicht ganz glaubhaft, da sie, wie in einem in der Anthropologen-Zeitschrift HOMO erschienenen Artikel von Frau Ehrhardt selbst, auf rassenkundliche Untersuchungen an der Volksgruppe der Setukesen hinweist, die sie im Herbst 1942 im südlichen Estland vorgenommen hatte. Dort waren 1942 im Auftrag des Reichsministeriums für die besetzten Ostgebiete (Ostministerium) anthropologische Untersuchungen durchgeführt worden, die von der Rassenhygienischen Forschungsstelle ausgeführt wurden. Zweck der Erhebung war es, ob eine „Eindeutschung" möglich sei oder nicht.

Sophie Ehrhardt war nach der Machtübergabe an den Österreicher Adolf Hitler zunächst Assistentin in der „Anstalt für Rassenkunde, Völkerbiologie und ländlicher Soziologie" unter Leitung von Prof. Hans F. K. Günther („Rassen-Günther"). Hier lernte sie wohl, die biologischen Differenzierungen der Menschheit mit unterschiedlichen moralischen und sozialen Werturteilen zu verbinden („primitive Rassen" - „progressive Rassen").

Im RSHA-Prozess war Sophie Ehrhardt ein erstes Mal als Beschuldigte aufgetaucht:
Der Leitende Oberstaatsanwalt Kleinert hält in seinem „Vermerk" zur Einstellung des Verfahrens gegen 20 Mitarbeiter des RSHA u.a., darunter auch Sophie Ehrhardt am 20. April (sic, HH) 1963, (24 Js 429/61) fest:

„Es ist - zumindest auch im Hinblick auf Frau Dr. Justin - kein Anhalt vorhanden, daß sie (Sophie Ehrhardt, HH) Kenntnis davon hatte, dass ihre fachliche Teiltätigkeit von übergeordneten und fachlich anderen Stellen zu rechtswidrigen und strafbaren Maßnahmen gegen Zigeuner ausgewertet wurde."

Das zweite Ermittlungsverfahren gegen Sophie Ehrhardt erfolgte im Anschluss an die Besetzung des Universitätsarchivs in Tübingen durch mehrere Sinti im September 1981: Am 1. September 1981 erstattete der Verband Deutscher Sinti Strafanzeige wg. Mordes und Beihilfe zum Mord. Bereits am 29. Januar 1982 erfolgte die Einstellung des Verfahrens durch die Staatsanwaltschaft Stuttgart.

Die Begründung folgte im wesentlichen der Einstellung des oben genannten Verfahrens aus 1961 bei der StA Köln (RSHA). Tenor war hierbei, wie bei allen Einstellungsverfügungen in Verfahren wegen Verbrechen an Sinti und Roma, daß bis zum sogenannten „Auschwitz-Erlass" vom Januar 1943 (gemeint sind hier die Durchführungsbestimmungen) die Deportationen der Sinti und Roma als „Einweisungen der Zigeuner" „lediglich im Rahmen der ‚vorbeugenden Verbrechensbekämpfung' erfolgt seien, wenn sich die Betreffenden aufgrund des eigenen Verhaltens als - nach der damaligen Anschauung - ‚asozial' erwiesen hätten." So referiert die Staatsanwaltschaft Stuttgart die Verfahren in der Einstellungsverfügung gegen Sophie Ehrhardt am 29.1.1982 - und schließt an, dass entsprechend im Anschluss an die ständige Rechtsprechung des BGH bei den Entschädigungsgerichten daran festgehalten werde, daß „die vor dem sogenannten „Auschwitz-Erlass" (...) durchgeführten Maßnahmen nicht aus „rassischen Gründen" erfolgt seien." Die Grundhaltung auch der Justiz gegenüber den Verbrechen an Sinti und Roma unterschied sich 1982 nicht wesentlich von denen des Jahres 1950.

Von Seiten des Zentralrates Deutscher Sinti und Roma aus wurde die Staatsanwaltschaft Stuttgart wiederholt auf Veröffentlichungen der Rassenhygienischen Forschungsstelle aufmerksam gemacht, die den Charakter der Arbeit eindeutig klarmachen, so z.B. die „Bemerkungen zur Zigeunerfrage und Zigeunerforschung in Deutschland", die Adolf Würth 1938 veröffentlichte. Es heißt dort: „Die Zigeunerfrage ist für uns heute in erster Linie eine Rassenfrage. So wie der nationalsozialistische Staat die Judenfrage gelöst hat, so wird er auch die Zigeunerfrage grundsätzlich regeln müssen. Der Anfang ist ja schon gemacht. (...) Diese (die Mischlinge) bilden (...) die rassenbiologische Gefahr für das deutsche

Volk, die es mit allen Mitteln abzuwehren gilt." (In: Anthropologischer Anzeiger, 9. Jg, Stuttgart 1938).

Aufgrund der heftigen und öffentlichen Beschwerde des Verbands Deutscher Sinti erfolgte am 23. März 1982 die Wiederaufnahme der Ermittlungen, die wiederum am 21. November 1985 die zweite Einstellung des Ermittlungsverfahrens brachte. Darauf folgte eine erneute Beschwerde des Zentralrats Deutscher Sinti und Roma, auf die dann endlich umfassendere Ermittlungen begonnen wurden.

Über Frau Ehrhardt, die selbst alle Anschuldigungen bestritt, wurden im Laufe dieser Ermittlungen eine Reihe von Fakten bekannt, die sie dann jeweils einräumen musste, und die deutlich machten, wie weit sie in die Mordmaschinerie des Dritten Reiches involviert war : Sophie Ehrhardt lieferte nicht nur die „wissenschaftliche Bewertung von Fremdrassen" (im Reichsgebiet waren das „regelmäßig nur Juden und Zigeuner"); sie war - entgegen ihren Aussagen - mit der Erstellung von „Gutachterlichen Äußerungen" befasst, die der Totalerfassung der Sinti und Roma als Grundlage für deren Deportation dienten. Ein solches von Frau Ehrhardt unterschriebenes Gutachten konnte der Zentralrat Deutscher Sinti und Roma in den Akten der Polizeidirektion Mittelfranken, die diese Bestände bruchlos bis in die 1970er Jahre weitergeführt hatte, feststellen und der Staatsanwaltschaft anzeigen.

Und Sophie Ehrhardt war selbst als Mitarbeiterin der Rassenhygienischen Forschungsstelle in den Konzentrationslagern Sachsenhausen und Dachau und im Ghetto von Lodz, um dort Juden und „Zigeuner" rassenanthropologisch zu vermessen. Ihr späterer Vorgesetzter Prof. Gieseler in Tübingen schrieb dazu 1941: „Hervorzuheben sind Ihre [Ehrhardts] Untersuchungen an Zigeunern sowie an Juden in Litzmannstadt." Die Untersuchungen an Juden gehörten zu den grundsätzlichen Aufgaben der Rassenhygienischen Forschungsstelle:

„Um die kultur- und sozialbiologische Seite der Judenforschung aus dem starren Rahmen rein massenstatistischer Methodik herauszuheben, wurde die auf das engste zusammengehörende südwestdeutsche Judenschaft erbgeschichtlich und sippenkundlich untersucht. Die Arbeiten sind neuerdings durch Beispiele an nordostdeutschen und galizischen Juden vervollständigt worden. In eindrucksvoller Weise läßt sich der Aufstieg des Judentums an diesen Populationen verfolgen, ebenso der Vorgang des erst spärlichen, seit 50-60 Jahren aber starken

Eindringens jüdischen Blutes in den deutschen Volkskörper. Zur Zeit werden ferner anthropologische Untersuchungen an mehreren, jeweils in sich geschlossenen Judengruppen einschließlich zahlreicher Bastarde vorgenommen. Das Ziel dieser Arbeit ist, mit exakten Methoden die Verwurzelung soziologischer Erscheinungen im biologischen, d.h. also letzten Endes in den Gesetzen der Vererbung, aufzuzeigen", heißt es bei Hans Reiter, Präsident des Reichsgesundheitsamtes (Das Reichsgesundheitsamt 1933-1939. Sechs Jahre nationalsozialistische Führung, Berlin 1939, S. 358). Derselbe Reiter übrigens, der Robert Ritter in dessen Ermittlungsverfahren bereits eine Reinwaschungs-Zeugnis ausgestellt hatte.

Bemerkenswert ist hier, dass wohl das „wissenschaftliche Material", wie es Sophie Ehrhardt bezeichnete, das über Sinti/Roma, über Minderheiten in Estland usw. vorhanden ist und auch damit gearbeitet wurde und wird (so ist zumindest zu vermuten), nirgendwo jedoch das gesammelte Material über Juden aufgetaucht ist - bislang zumindest. Es ist zu unterstellen, dass dieses Material sich noch immer in den Händen der alten Rassenforscher und der neuen Humangenetiker und Anthropologen befindet. Die bislang in den einschlägigen Veröffentlichungen über die Rassenhygienische Forschungsstelle kaum gewürdigte anthropologische Erfassung von Juden belegt im Übrigen nachdrücklich den engen Zusammenhang von Rassentheorien und der Vernichtung der Juden, Sinti und Roma in Europa.

Trotz der intensiven Ermittlungen wurde das Ermittlungsverfahren gegen Sophie Ehrhardt eingestellt, weil die Ergebnisse keinen hinreichenden Nachweis für den Verdacht auf Beihilfe zum Mord ergeben hätten. Auch aufgrund der oben genannten Einschränkungen im Strafrecht konnte gegen Frau Ehrhardt keine Anklage erhoben werden. Die Ermittlungsverfahren gegen Sophie Ehrhardt führten also nicht zu einem Strafverfahren. Auch wenn hier deutliche Kritik am Ermittlungsverfahren angezeigt und geübt worden ist, so bleibt festzustellen, dass neben der justiziellen Verhandlung einiges geschehen ist.

Immerhin führten die öffentlichen Auseinandersetzungen um die Tätigkeit Sophie Ehrhardts in der Rassenhygienischen Forschungsstelle und ihre Rolle in der Nachkriegsanthropologie zu einer Parlamentarischen Anfrage des MdB Börnsen im Deutschen Bundestag, der auch auf die Entschädigungsrelevanz der NS-Unterlagen verwies (25. Nov. 1981) und dann wiederholt zu parlamentarischen Anfragen über den Verbleib der NS-Planungsunterlagen für den Völkermord.

Die Gesellschaft für Anthropologie und Humangenetik setzte eine Kommission ein, die die Vorwürfe gegen S. Ehrhardt prüfte. Die Gesellschaft verabschiedete eine Resolution, die sich strikt von der NS-Rassenideologie absetzte (Mitgliederversammlung vom 24. Sept. 1981).

Das Interessante an dem Verfahren gegen Sophie Ehrhardt war aber, daß hier die Wechselbeziehungen zwischen NS-Rassenkundlern und deren Epigonen in der BRD offenkundig und in der Öffentlichkeit bekannt wurden. Nicht nur der Rassenhygieniker und Giftgasforscher Arnold diente sich der Staatsanwaltschaft als Entlastungsfachmann an, auch Prof. Jürgens lieferte ein Gutachten, das die wissenschaftliche Normalität der Ehrhardt'schen Arbeiten bestätigen sollte. Und in der Tat war Sophie Ehrhardt wohl zu keiner Zeit irgendwie von Zweifeln an ihrer Arbeit angekränkelt. Vielmehr leugnete sie regelmäßig, irgendwie von den Verbrechen des 3. Reiches gewußt oder gar beigetragen zu haben.

In ihrem Antrag zur Auswertung der NS-Unterlagen bei der Deutschen Forschungsgemeinschaft (DFG) vom Juni 1966 schrieb Sophie Ehrhardt:

„Unter der Leitung von Herrn Dr. Robert Ritter ... sind im Laufe von 5-6 Jahren (1938-1942) anthropologische Befunde an Zigeunern gesammelt worden. (...) Es liegt mir daran hervorzuheben, dass bei dieser Arbeit eine politische Tendenz von Anfang an nicht vorlag und auch in späteren Jahren nicht verfolgt wurde. Insbesondere möchte ich betonen, daß die Untersuchungen nicht in KZ-Lagern durchgeführt wurden."

Da wurde dann doch gelogen.

Der Antrag - „auf das wärmste" befürwortet vom damaligen Institutsdirektor - ist von der DFG in voller Höhe bewilligt worden.

III.

Die Karrieren von Ritter und Ehrhardt zeigen, dass die Justiz von sich aus nicht in der Lage war, hier rechtliche Konsequenzen zu ziehen. Ursache dafür war neben anderen Faktoren sicher in besonderem Maße, dass die Völkermordverbrechen an den Sinti und Roma nicht nur nicht zur Kenntnis genommen, sondern jahrzehntelang in einer Art und Weise geleugnet oder gerechtfertigt wurden, die heute kaum mehr begreiflich scheint. Obwohl den Staatsanwaltschaften Dokumente der Beschuldigten selbst vorlagen (z.B der eindeutige, oben erwähnte Arbeitsbericht von Robert Ritter) blieben sie der im Ritter-Verfahren eingeübten Haltung treu, dass die Einweisung in die Konzentrations- und Vernichtungslager von den „Zigeunern selbst verschuldet" worden sei, „weil sie eben asozial gewesen" seien.

Das Beispiel von Sophie Ehrhardt zeigt darüber hinaus, dass auch ihr Fach, die Anthropologie, jahrzehntelang nicht willens war, sich in irgendeiner Weise mit der eigenen Geschichte auseinanderzusetzen.

Es bedurfte der Strafanzeige des Verbands Deutscher Sinti von 1981 und des wiederholten Einspruchs gegen die staatsanwaltschaftlichen Einstellungsverfügungen, um die Beteiligung von Frau Ehrhardt an den nationalsozialistischen Verbrechen aufzuzeigen, und wenn auch nicht das Strafverfahren, so doch zumindest die gesellschaftliche Diskussion in Gang zu setzen. Erst dann - mit der genauen Beobachtung der Verfahren und mit der Herstellung von Öffentlichkeit - gab es die politische, juristische und wissenschaftliche Reaktion, die zu einer Distanzierung und Sensibilisierung in diesem - moralischen - Feld führten.

Bis dahin aber konnte sich in der Bundesrepublik Deutschland am Objekt der Sinti und Roma ein Rassismus entfalten, der ungebrochen die zentralen Elemente der nationalsozialistischen Rassenlehre übernahm und fortgeführt hatte. Dieser Rassismus war nicht auf die früheren Rassenbiologischen Institute, die dann in Institute für Humangenetik umbenannt wurden, beschränkt, sondern er war selbstverständlicher Bestandteil der bundesrepublikanischen Institutionen geworden, und hier eben auch der Justiz. Eine genauere Untersuchung dieser Institutionen, insbesondere des Bayerischen Landeskriminalamtes und auch der Justiz, würde aufzeigen, dass in der Bundesrepublik Deutschland ein staatlich legitimiertes Residuum für den NS-Rassismus Bestand hatte, ein Bereich, in dem die Nazis eben doch „Recht" behalten und bekommen hatten.

Alfred Streim[6]

Die Arbeit der Zentralen Stelle der Landesjustizverwaltungen zur Aufklärung nationalsozialistischer Verbrechen

Überblick über eingeleitete und durchgeführte Verfahren gegen Täter des NS-Holocaust; Gründe und Argumentation zur Einstellung von Verfahren

Vor 47 Jahren ist das Dritte Reich zusammengebrochen, und immer noch verfolgen wir die Verbrechen dieses Systems. Schon heute spricht man von einem völligen Versagen der deutschen Justiz, nicht nur bei uns, auch im Ausland. Ich räume hierbei ein, dass ich mit dem Ergebnis, mit dem vorliegenden Ergebnis, auch nicht zufrieden bin. Aber ist dieses Versagen allein auf die deutsche Justiz zurückzuführen? Was heißt überhaupt Justiz? Ist es die Gesamtjustiz, die Ministerien, die Gerichte, die Staatsanwaltschaften? Oder sind es einzelne von denen? Oder wer ist sonst noch beteiligt? Vielleicht denken Sie an den Gesetzgeber usw.

Diese Frage ist in diesem Zusammenhang einmal zu prüfen und ich meine, dass sich hierbei dann doch irgendein anderes Ergebnis herausstellen wird.

Ich darf daran erinnern, dass seit einigen Jahren auch im Ausland ähnliche Stellen wie die Zentrale Stelle der Landesjustizverwaltungen in Ludwigsburg gegründet worden sind, die sich jetzt noch mit der Verfolgung von NS-Verbrechen befassen.

Und ich darf daran erinnern, dass diese Stellen zwischenzeitlich Schwierigkeiten haben, die auch die deutsche Justiz hat, und dass sie sich bei uns auch für manche negative Stimme entschuldigt haben. Aber wie gesagt, das soll nicht davon abweichen, dass jetzt bei der gesamten Strafverfolgung nicht wirklich Positives herausgekommen ist, so positiv, dass man sagen kann, wir haben wirklich die Vergangenheit bewältigt.

Und ich darf dabei auch noch anführen: Es hat immer einen deutschen Staat gegeben, wir werden auch nachher etwas darüber hören, dass jemand gesagt hat,

---

[6] Alfred Streim war 1992 Leitender Oberstaatsanwalt und Chef der Zentralen Stelle der Landesjustizverwaltungen zur Aufklärung von NS-Verbrechen in Ludwigsburg.

wir (die DDR, Anm. d. Verf.) sind der einzige deutsche Staat, der die NS-Vergangenheit aufgearbeitet hat. Jetzt, nachdem dieser Staat nicht mehr besteht und wir die Möglichkeit hatten, in die Akten und Unterlagen dieses Systems Einblick zu nehmen, haben wir festgestellt, dass alles Propaganda war. Dieser Staat hat genauso aufgehört mit der Strafverfolgung von NS-Verbrechen, wie es bei uns Anfang der 50er Jahre gewesen ist. Dieser Staat hat erst dann wieder angefangen, sich mit den NS-Verbrechen zu befassen, nachdem die Zentrale Stelle der Landesjustizverwaltungen gegründet war, eine große Menge von Verfahren an die Staatsanwaltschaften abgegeben wurden und diese Staatsanwaltschaften vor den Gerichten Anklage erhoben. Und der Zufall wollte es, dass immer, wenn bei uns ein Verfahren zu einem bestimmten Komplex anhängig war, merkwürdigerweise auch in der sog. DDR ein Verfahren stattfand. Man hat in der DDR nämlich Listen gehabt für verschiedene Komplexe, Listen mit Namen von etwaigen Beschuldigten. Diese hat man dann hervorgeholt, wenn wir einen Beschuldigten hatten und die Listen hat man abgearbeitet.

Die Verfolgung von NS-Verbrechen durch die deutschen Gerichte und Strafverfolgungsbehörden lief nach der Beendigung des Zweiten Weltkrieges nur langsam an. Zunächst war durch das Kontrollratsgesetz Nr. 2 des Alliierten Kontrollrates die vorübergehende Schließung aller ordentlichen Gerichte und auch Verwaltungsgerichte angeordnet. Die Wiederaufnahme der Tätigkeit erfolgte nach und nach - etwa ab Spätsommer bis Herbst 1945 - jeweils auf schriftliche Anweisungen der Militärregierungen. Die Zuständigkeit der Gerichte wurde jedoch erst mit dem Kontrollratsgesetz Nr. 4 betreffend die „Umgestaltung des deutschen Gerichtswesen" vom 30. Oktober 1945 geregelt, das am 30. November 1945 in Kraft trat. Sie erstreckte sich auf alle Zivil- und Strafsachen, bei Strafsachen unter anderem mit folgender Ausnahme: „Die Verfolgung strafbarer Handlungen, die von den Nationalsozialisten oder anderen Personen begangen wurden, und die sich gegen Staatsangehörige alliierter Nationen oder deren Eigentum richteten sowie Ahndungen wegen Versuchen zur Wiederherstellung des Naziregimes oder Wiederaufnahme der Naziorganisationen" behielten sich die Alliierten vor.

Durch Kontrollratsgesetz Nr. 10 vom 20. Dezember 1945 betreffend die „Bestrafung von Personen, die sich Kriegsverbrechen, Verbrechen gegen den Frieden oder gegen die Menschlichkeit" schuldig gemacht hatten, wurde die Zuständigkeit erweitert. Nach diesem Gesetz, das in erster Linie Rechtsgrundlage für die Strafverfolgung von NS-Verbrechen war, konnten deutsche Gerichte nunmehr auch die unter die Tatbestände des Kriegsverbrechens und des Verbrechens gegen die Menschlichkeit fallenden Handlungen ahnden, wenn - und jetzt wieder in Anlehnung an Kontrollratsgesetz (KRG) Nr. 4 die „Verbrechen von deutschen Staatsbürgern oder Staatsangehörigen gegen andere deutsche Staatsbürger oder Staatsangehörige oder [und das hat man später hinzugefügt] gegen Staatenlose begangen würden", und die Besatzungsbehörden eine Ermächtigung zu den Verfahren gegeben hatten.

Die Zuständigkeitsermächtigungen wurden in der Folgezeit in der britischen Zone generell, in der französischen und der amerikanischen von Fall zu Fall erteilt. 1950 schloss sich die französische Militärregierung der britischen an und erließ allgemeine Ermächtigungen. Eine Zusammenarbeit zwischen alliierten und deutschen Stellen fand merkwürdigerweise nicht statt. Es drängte sich m.E. die Vermutung auf, dass das nach der Besetzung des Reichsgebietes von Alliierten erlassene „Fraternisierungsverbot" zwischen den Angehörigen ihrer Streitkräfte und der deutschen Bevölkerung nunmehr analog Anwendung auf die Beziehungen zwischen den Strafverfolgungsbehörden der Militärregierungen und denen der BRD fand. Noch nicht einmal die für den Hauptkriegsverbrecherprozess in Nürnberg und die Nachfolgeprozesse verwendeten Beweisdokumente standen den deutschen Strafverfolgungsbehörden zur Verfügung, wenn man von den spärlichen Veröffentlichungen in den sog. „Blauen Bänden", dem amtlichen Wortlaut des Hauptkriegsverbrecherprozesses in deutscher Sprache, absieht. Sie wurden anfangs von den Siegermächten unter Verschluss gehalten und später von ihnen in die Archive ihrer Länder verbracht. So blieb die deutsche Justiz im Wesentlichen auf die Durchführung von Einzelverfahren, die in der Regel durch Anzeigen von Privatpersonen anhängig geworden sind, beschränkt.

Am 1. Januar 1951 trat das Kontrollratsgesetz Nr. 13 betreffend „die Gerichtsbarkeit auf den vorbehaltenen Gebieten" in Kraft, das den Zuständigkeitsausschluss deutscher Gerichte für bestimmte Straftatbestände nicht mehr regelte. Es führte die NS-Gewalttaten nicht mehr auf - auch soweit sie gegen Angehörige der alliierten Mächte begangen worden waren - und hob im Übrigen das KRG Nr. 4 auf. Das KRG Nr. 10 galt jedoch weiter.

Wenig später, nämlich am 31. August 1951, hoben die britischen und französischen Militärregierungen ihre allgemeinen Ermächtigungen zur Durchführung von Verfahren wegen NS-Verbrechen auf, und Einzelermächtigungen wurden nicht mehr erteilt. Deutsche Gerichte konnten nunmehr nur noch nach den Vorschriften des deutschen Strafgesetzbuches Recht sprechen, also nicht mehr wegen Kriegsverbrechen und Verbrechen gegen die Menschlichkeit bestrafen, was viel einfacher gewesen wäre.

Bis zu diesem Zeitpunkt waren nach deutschem Recht und aufgrund des KRG Nr. 4 rund 5.230 Personen verurteilt worden. Gegenstand dieser Verfahren waren im wesentlichen Misshandlungen und Tötungen politischer Gegner in den Jahren 1933/34 (Sie können sich erinnern, die Röhm-Affäre), Körperverletzungen mit Todesfolge, Aussageerpressung und Freiheitsberaubung durch Staatsangehörige im Rahmen deren Ermittlungen, Denunziation, Misshandlung und Tötung von Juden sowie Inbrandsetzung von Synagogen in der sog. Reichskristallnacht 1938, Misshandlungen und Tötungen von KL-Häftlingen deutscher Staatsangehörigkeit, Tötung von Geisteskranken und missgestalteten Personen, Judendeportationen von deutschen Staatsangehörigen aus dem Reich in die besetzten Gebiete sowie Verbrechen in der Endphase (z.B. Erschießung von politischen Gegnern vor dem Einmarsch der Alliierten u.a.).

Unberücksichtigt waren bei den ganzen Verfahren die Massenverbrechen in den Vernichtungslagern Auschwitz-Birkenau, Chelmno, Treblinka, Sobibor, Majdanek sowie anderen Orten und die Verbrechen der Einsatzgruppen geblieben; ihre Verfolgung, und das weiß man heute meist nicht, ich hab's vorhin erwähnt, war durch das KRG Nr. 4 und Nr. 10 ausgeschlossen gewesen, weil die Opfer überwiegend Angehörige alliierter Nationen gewesen sind.

Wenn nun auch mit dem ERG Nr. 13 und dem Fallenlassen der Ermächtigungsvoraussetzungen für die Durchführung von NS-Verfahren die Schranken für die deutsche Justiz im Wesentlichen beseitigt waren, wurde die volle Justizhoheit erst mit dem zwischen den Vereinigten Staaten, Großbritannien, Frankreich einerseits und der Bundesrepublik Deutschland andererseits am 26. Mai 1952 geschlossenen, jedoch erst am 5. Mai 1955 in Kraft getretenen „Vertrag zur Regelung aus Krieg und Besatzung entstandener Fragen" (Sie werden ihn kennen unter dem Stichwort Überleitungsvertrag) wiederhergestellt, aber mit einer

Ausnahme: Sofern „die Untersuchung wegen der angeblichen Straftat von den Strafverfolgungsbehörden der betreffenden Besatzungsmacht oder Besatzungsmächte endgültig abgeschlossen oder die Straftat in Erfüllung von Pflichten oder Leistungen von Diensten für die Besatzungsbehörden begangen worden war", blieb die deutsche Gerichtsbarkeit ausgeschlossen.

Diese Ausnahmeregelung hatte auf die später von den deutschen Strafverfolgungsbehörden geführten Prozesse eine nicht zu unterschätzende Auswirkung. Hohe NS-Funktionäre, gegen die von französischen, britischen oder amerikanischen Strafverfolgungsorganen Untersuchungen geführt worden waren, die jedoch mangels ausreichender Beweise eingestellt werden mussten, konnten wegen dieser Taten selbst dann nicht mehr vor Gericht gestellt werden, wenn nunmehr der Schuldbeweis zu erbringen war. Außerdem blieben über 1.000 mutmaßliche NS-Verbrecher außer Verfolgung, die in Frankreich in Abwesenheit, und dabei nicht selten zum Tode, verurteilt worden waren.

Trotz der weitgehenden Lockerung und schließlich der Aufhebung der Zuständigkeitsermächtigung nahmen die Ermittlungen der Staatsanwaltschaften und damit auch die rechtskräftigen Verurteilungen rapide ab, wenn man von geringfügigen Schwankungen absieht. Während die Staatsanwaltschaften zum Beispiel 1950 noch 2.495 Ermittlungsverfahren eingeleitet hatten, waren es 1957 nur noch 238; die rechtskräftigen Verurteilungen gingen in demselben Zeitraum von 809 auf 43 zurück. Man fragt sich nach der Ursache. Die Ursachen hierfür waren, ganz allgemein gesagt, tatsächliche, rechtliche und politische Gründe:

Die Verfahren wegen NS-Verbrechen waren durchweg aufgrund von Anzeigen aus der Bevölkerung - insbesondere aus dem Kreis der Verfolgten des NS-Regimes - eingeleitet worden. Viele der Verfolgten waren zwischenzeitlich emigriert. Eine systematische Verfolgung wurde von den Staatsanwaltschaften mangels Zuständigkeit nicht betrieben: Eine örtliche Zuständigkeit war in der Regel nicht gegeben, da die Verbrechen überwiegend in den seinerzeit von der Wehrmacht besetzten Gebieten begangen worden waren; eine Zuständigkeit des Wohnortes oder Ergreifungsortes der Täter lag in den meisten Fällen ebenfalls nicht vor, da deren Namen häufig unbekannt waren oder aber - sofern sie bekannt waren - man nicht wusste, ob und wo sie noch lebten. Keine Staatsanwaltschaft fühlte sich - mangels Zuständigkeit - verpflichtet, ein Verfahren einzuleiten.

Schließlich war im Jahr 1950 die Verfolgungsverjährung für alle mit einer Höchststrafe von fünf und im Jahre 1955 mit einer Höchststrafe von zehn Jahren Freiheitsentzug bedrohten Straftaten eingetreten.

Es entstand in weiten Kreisen der Eindruck, dass die NS-Verbrecher im Wesentlichen zur Rechenschaft gezogen worden seien. Bestärkt wurde er durch den Abschluss der Entnazifizierung, die teilweise Wiedereinstellung der unmittelbar nach dem Kriege aus ihren Ämtern entlassenen Beamten und Richtern, die in der NSDAP gewesen waren, die Begnadigung der von den alliierten Gerichten wegen schwerster Verbrechen verurteilten NS- und Kriegsverbrecher und nicht zuletzt durch das Bemühen um die Aufstellung deutscher Streitkräfte.

Die deutschen Politiker, die diesem Eindruck hätten entgegentreten und durch Beseitigung der gesetzlichen Schwierigkeiten den Anstoß zu einer systematischen Verfolgung hatten geben können, blieben untätig. Anstoß und Mithilfe bei der Ahndung vergangener politischer Schuld hatten seinerzeit in Wählerkreisen ihre Popularität schmälern können, wie schon der damalige Generalstaatsanwalt Bader mit Recht bemerkte. Bestätigt wird dieses zum Beispiel durch die Sitzung des Bundestages am 17. September 1952, in der eine große Anfrage der zur damaligen Koalition gehörenden „Deutschen Partei" zur „Lösung der Kriegsverbrecherfrage" - wie es hieß - behandelt wurde. Es war mehr von „Amnestie", „Schlussstrich ziehen" und von den „Opfern der alliierten Militärgerichte" die Rede als von einer Sühne der von den Verurteilten begangenen Verbrechen. Und die „Deutsche Partei" stand nicht allein mit dieser Aussage. CDU und FDP vertraten aus ähnlichen Gründen die gleiche Ansicht. Selbst, das muss ich immer wieder hervorheben, der damalige Bundeskanzler Adenauer war bemüht, die - wie er sagte - Kriegsverbrecher-Frage vom Tisch zu bekommen. Mit den ehemaligen westlichen Alliierten verhandelte er über die Entlassung der Verurteilten mit der Begründung, von diesen sei nur ein kleiner Prozentsatz wirklich schuldig, und bei Prozessen der westlichen Alliierten gegen Kriegs- und NS-Verbrecher besprach er vorab vereinzelt mit den betreffenden Regierungen den Verlauf und den Ausgang der Verhandlungen. Adenauer interessierte keine Sühne der Verbrechen der Nationalsozialisten und deren Anhänger. Für ihn war alles Vergangenheit, die im Interesse des Aufbaus der Bundesrepublik Vergangenheit bleiben musste. In seine Memoiren können Sie diese Redewendung wiederfinden.

Irgendein Widerstand in diesem Zusammenhange kam von den damaligen westlichen Alliierten nicht, zumal Adenauer ihnen gegenüber noch einen anderen Grund für seine Bemühungen vorschob: Die Bundesrepublik könne der (damals) geplanten Aufstellung einer europäischen Armee nicht zustimmen, solange sich noch ein deutscher Soldat in alliierter Haft befände oder ihm der Prozess gemacht würde. Für Adenauer gab es damals keinen NS-Verbrecher, keine SS usw. Für ihn waren alle Soldaten gewesen.

Ende der 1950er Jahre kam man schließlich zu der Einsicht, dass die bisherige Haltung in der sog. Kriegsverbrecherfrage den Tatsachen nicht gerecht wurde und zur juristischen Aufarbeitung der Vergangenheit eine überregionale Stelle errichtet werden musste. Anstoß für diesen Meinungsumschwung war der im Jahre 1958 vor dem Schwurgericht in Ulm geführte Prozess wegen Massenmordes im deutsch-litauischen Grenzgebiet, der seinerzeit durch Zufall in Gang gekommen war. Im Rahmen der Ermittlungen wurde offenkundig, dass schwerste Verbrechen aus der NS-Zeit noch nicht Gegenstand strafrechtlicher Untersuchungen gewesen sind.

Die Justizminister und -senatoren der Bundesländer sahen sich auf Anregung des Justizministeriums Baden-Württemberg veranlasst, eine „Zentrale Stelle aller Landesjustizverwaltungen zur Aufklärung von NS-Verbrechen" einzurichten. Das hört sich ganz einmütig an, so einmütig war es aber nicht. Wer die Protokolle von dieser Konferenz liest, der kann feststellen, dass es damals einen ziemlichen Krach gegeben hat, als es um die Errichtung dieser Stelle ging.

Der Zentralen Stelle der Landesjustizverwaltungen sollte die Aufgabe gestellt werden, alles erreichbare, einschlägige Informations- und Beweismaterial zu sammeln, zu sichten, noch verfolgbare Taten festzustellen, insoweit Vorermittlungsverfahren einzuleiten und diese soweit voranzutreiben, bis die Zuständigkeit einer Staatsanwaltschaft im Bundesgebiet - in der Regel aufgrund des Wohnsitzes eines der Tatbeteiligten - begründet war, der die Vorgänge dann zur Einleitung eines strafrechtlichen Ermittlungsverfahrens zugeleitet werden konnten. Außerdem sollte diese Dienststelle Koordinierungsfragen klären und die Strafverfolgungsbehörden unterstützen, etwa bei der Beschaffung von Beweismaterial.

Heute kann man verschiedentlich lesen, die Zentrale Stelle der Landesjustizverwaltungen sei nach dem Eichmann-Prozess auf Druck Israels hin gegründet worden, was natürlich völlig abwegig ist. Erst 1961 wurde Eichmann von den Israelis in Südamerika gefasst und nach Israel entführt, also fast drei Jahre nach Gründung der Dienststelle.

Am 1. Dezember 1958 nahm dann die Dienststelle ihre Tätigkeit auf.

Die Arbeit der Zentralen Stelle war nicht nur mit den üblichen Anfangsschwierigkeiten verbunden. Dauernd tauchten neue Schwierigkeiten auf. Anzuführen ist zunächst die Besetzung der Dienststelle. Der Abordnungszeitraum war in den meisten Fällen zu kurz, was auch damit zusammenhing, dass von den Staatsanwaltschaften seinerzeit niemand aus Gründen der Familientrennung, Übergehen bei der Beförderung oder anderem Interesse zeigte, nach Ludwigsburg zu gehen. Und die, die gehen mussten, verpflichteten sich nur für höchstens ein bis zwei Jahre. Bei einer Einarbeitungszeit von mindestens sechs Monaten viel zu wenig. Teilweise gaben die Kollegen auch vor dem Ablauf der Abordnungszeit auf. Sie waren der ständigen Belastung mit den furchtbaren Verbrechen nicht gewachsen oder durch Ausschluss aus dem Gesellschaftsleben von Seiten der Ludwigsburger Bevölkerung frustriert. Und das kam damals sehr oft vor.

Erst ab Mitte der 60er Jahre nahm die Bereitschaft der Kollegen zu, sich an die Zentrale Stelle abordnen zu lassen, auch für längere Zeit. Auch heute besteht diese positive Einstellung noch. Viele Staatsanwälte und Richter fragen immer wieder an, ob eine Abordnungsmöglichkeit an unsere Dienststelle besteht. Und sie besteht. Elf Stellen des höheren Dienstes sind unbesetzt. Sie können jedoch nicht besetzt werden, weil die Strafverfolgungsbehörden der alten Bundesländer wegen der Abgabe von Personal an die neuen Länder zum Aufbau der dortigen Justizbehörden sowie die Abordnungen an die Staatsanwaltschaft Berlin zur Verfolgung der Unrechtstaten des DDR-Regimes niemand entbehren können und im Übrigen der Rechnungshof von Baden-Württemberg mit nicht sachgerechten Prüfungsberichten, die wir bisher alle mit Erfolg zurückweisen konnten, darauf drängt, dass das Personal (weiter) abzubauen ist. Dieser Rechnungshof würde es am liebsten sehen, wenn die Zentrale Stelle aufgelöst werden würde. Begründung: Da kommt ja nun doch nichts mehr dabei heraus. Rückstände sind deshalb bei uns nicht zu vermeiden. Man kann sagen, die Zeit arbeitet für die Täter.

Erheblich waren auch die Beweisschwierigkeiten. An Dokumenten standen den Sachbearbeitern der Zentralen Stelle zunächst nur die Protokolle und Beweisdokumente der Nürnberger Prozesse sowie die einschlägigen Dokumente in den Archiven der Bundesrepublik zur Verfügung. Der Zugriff auf die Materialien in ausländischen Archiven war nicht möglich. Von besonderem Interesse wären die Unterlagen in den östlichen Archiven gewesen, da sich in diesen umfangreiche deutsche Dokumente befanden, die im Laufe der Kriegshandlungen als Beute angefallen waren. Offizielle Verhandlungen mit den Ostblockstaaten waren aber (teilweise, so muss ich sagen) wegen mangelnder diplomatischer Beziehungen nicht möglich, und außerdem sah es die Bundesregierung zu jener Zeit nicht für opportun an, sich darum zu bemühen, dass wir an diese Dinge herankommen. Letztlich wurden Eigeninitiativen der Zentralen Stelle von Bonner Seite verhindert. Erst im November 1964, als die Verjährung wegen Mordes im Mai 1965 drohte, erhielten wir grünes Licht zur Auswertung dieser Archive. Ganz einverstanden war man in vielen Kreisen mit dieser Entscheidung jedoch nicht. Noch 1969, als wir endlich zur Auswertung des Zentralarchivs der UdSSR nach Moskau fahren konnten, kommentierte der damalige Generalbundesanwalt Güde unsere Reise mit den Worten: „Die Russen halten die Unterlagen fast 25 Jahre zurück, und unsere Idioten fahren hin und holen sie ab."

Mit der Auswertung der Archive hatten wir jedoch noch nicht die ausgewählten Unterlagen. Es dauerte Monate, bis sie uns verfilmt oder in Ablichtung übersandt wurden.

Ähnlich schwirig war es, die Namen von Zeugen zu erhalten. Mögliche Zeugen, die den Tätern nahestanden, schwiegen im Allgemeinen oder trugen mit belanglosen Aussagen zur Aufklärung der Verbrechen nichts bei. Sie fühlten sich mitschuldig oder selbst in irgendeiner Weise mit den Tätern verbunden, und sei es nur durch die Uniform. Zeugen, die zum Kreis der Opfer gehörten oder den Opfern nahestanden, waren im Wesentlichen unbekannt. Tausende von Entschädigungs- und Strafakten mussten ausgewertet werden, Rechtshilfeersuchen waren zu stellen und Anfragen an nationale sowie internationale Institutionen zu richten, um Namen und Adressen von Zeugen zu erhalten.

Die gleichen Schwierigkeiten hatten wir natürlich bei der Suche nach den Tätern. Der Umfang dieser Arbeit dürfte sich aus unserer Personenkartei ergeben, in der etwa 1,6 Millionen Namen registriert sind.

Außer diesen Schwierigkeiten gab es noch eine ganze Reihe weiterer, deren Ausmaß von einem Außenstehenden nur dann erkannt werden dürfte, wenn er einmal in eine Vorermittlungs- bzw. Ermittlungsakte Einsicht genommen hat.

Im Jahre 1960 stand dann nach Gründung der Zentralen Stelle erstmals das Problem der Verjährung schwerster nationalsozialistischer Verbrechen an. Für Taten, die im Höchstmaß mit einer fünfzehnjährigen Freiheitsstrafe bedroht waren, nämlich Totschlag, Körperverletzung mit Todesfolge, Freiheitsberaubung mit Todesfolge usw. - trat die Verfolgungsverjährung am 8. Mai 1960 ein. Ein am 23. Mai 1960 von der Bundestagsfraktion der SPD eingebrachter Gesetzesentwurf, der eine Verschiebung des Eintritts der Verjährung um vier Jahre bewirkt hätte, war vom Bundestag abgelehnt worden. Als Begründung wurde neben dem rechtlichen Argument des Rückwirkungsverbotes gemäß Art. 103 GG unter anderem vorgetragen: Die schwersten NS-Verbrechen seien als Mord zu qualifizieren und könnten weiter verfolgt werden; im Übrigen seien die wesentlichen Verbrechenskomplexe schon von den Strafverfolgungsbehörden erfasst worden. Das war im Jahre 1960, die eigentliche Arbeit ging ja dann 1965 los, wie wir wissen.

Kurz vor Ablauf der Frist wurde der Zentralen Stelle von der Polnischen Hauptkommission zur Verfolgung von NS- und Kriegsverbrechen beim Justizministerium in Warschau - einer, wie Sie vielleicht wissen, ähnlichen Behörde wie die Zentrale Stelle - ohne Aufforderung noch Material zugeleitet (das war im Übrigen das erste Mal), das die Einleitung einer großen Anzahl von Verfahren erforderte. Unter Überwindung erheblicher Schwierigkeiten gelang es der Zentralen Stelle, die Verjährung gegen Hunderte in den Vorgängen genannten Tatverdächtigen durch die vom Gesetz hierfür geforderte richterliche Handlung unterbrechen zu lassen. Erheblich mehr derartiger Personen konnten jedoch nicht mehr verfolgt werden: Ihre Taten wurden erst nach Eintritt der Verjährung bekannt.

In der Folgezeit leitete die Zentrale Stelle wegen aller großen Verbrechenskomplexe Verfahren ein, obwohl ihr nur durchschnittlich acht bis zehn Staatsanwälte und Richter zur Verfügung standen. Nebenbei wurden die Dokumentenbestände westdeutscher Archive ausgewertet, in denen sich einschlägiges Material befand oder vermutet wurde.

Parallel zu den Vorermittlungen der Zentralen Stelle liefen einige Jahre später bei der Generalstaatsanwaltschaft bei dem Kammergericht in Berlin die Ermittlungen gegen Angehörige des Reichssicherheitshauptamtes und bald darauf gegen frühere Mitglieder des Volksgerichtshofes an. Mit der Führung der Verfahren sollte auf mehrfaches Verlangen des Generalstaatsanwalts beim Kammergericht auch die Zentrale Stelle beauftragt werden; die ständige Justizministerkonferenz lehnte dieses jedoch ab, da Berlin als Tatort angesehen wurde und folglich eine Zuständigkeit gegeben war.

Als nach den damals geltenden Vorschriften die Verjährung von NS-Mordtaten mit dem 8. Mai 1965 immer näher rückte, richtete dann die Bundesregierung im November 1964 in Übereinstimmung mit dem Deutschen Bundestag an alle Staaten einen Aufruf, bisher noch unbekanntes Material über NS-Verbrechen zur Verfügung zu stellen. Gleichzeitig beschlossen die Bundesländer nunmehr - und zwar nach sieben Jahren -, die systematische Auswertung des Materials im In- und Ausland der Zentralen Stelle zu übertragen.

Das Personal der Zentralen Stelle wurde verstärkt, jetzt auf 20 Staatsanwälte, und die Zuständigkeit wurde im Übrigen auch auf Taten mit innerdeutschem Begehungsort erweitert.

Unter dem Druck der bevorstehenden Verjährung kam die Zentrale Stelle der neuen Aufgabe nach.

Bekannterweise trat die Verjährung jedoch am 8. Mai 1965 nicht ein. Da nach einem Bericht des Bundesministers der Justiz vom Februar 1965 nicht auszuschließen war, dass noch unbekannte NS-Verbrechen oder unbekannte NS-Verbrecher nach dem 8. Mai 1965 bekannt werden könnten, beschloss der Bundestag aufgrund der Initiativen des CDU-Abgeordneten Bender und der SPD-Fraktion das „Gesetz über die Berechnung strafrechtlicher Verjährungsfristen", nach dem bei der Berechnung die Frist für Verbrechen, die mit lebenslangem Zuchthaus bedroht waren, die Zeit vom 8. Mai 1945 bis 31. Dezember 1949 außer Ansatz blieb, die Verfolgung von NS-Mordtaten demnach nicht vor dem 31. Dezember 1969 verjähren konnte. Zur Begründung der Verlängerung der Verjährungsfrist wurde angegeben, dass bis Ende 1949 durch alliierte Gesetze die Strafverfolgung von NS-Verbrechen durch die deutschen Justizorgane in den westlichen Besatzungszonen bzw. später in der Bundesrepublik beschränkt gewesen sei.

Gemäß Beschluss der Justizministerkonferenz wurde die Zentrale Stelle dann erneut verstärkt. Fünfzig Staatsanwälte und Richter sollten jetzt eine systematische Überprüfung der Dienststellen, Einheiten usw. vornehmen, die an NS-Verbrechen beteiligt gewesen sein konnten.

Durch den Zufluss der bei den Archivauswertungen der Zentralen Stelle im In- und Ausland ausgewählten Dokumente - insgesamt haben wir heute etwas über 1.000.000 - und durch die Personalverstärkung nahmen die Vorermittlungsverfahren der Zentralen Stelle sprunghaft zu, was sich dann später natürlich auch in bei den Staatsanwaltschaften anhängigen Ermittlungsverfahren bemerkbar machte. Hinzu kam noch, dass sich aus den Ermittlungen selbst Hinweise auf noch unbekannte Straftaten ergaben.

Eine restriktive Auswirkung auf die Strafverfolgung von NS-Verbrechen, die - wie der Bundesminister der Justiz am 2. Juni 1969 im Bundestag betonte - nicht gewollt und offensichtlich bei den Beratungen übersehen war, erfolgte durch die Änderung des damaligen § 50 Abs. 2 StGB. Ein befehlsmäßig handelnder Gehilfe konnte nunmehr nur noch dann bestraft werden, wenn ihm nachzuweisen war, dass seinem Tatbeitrag eigene niedrige Beweggründe zugrunde lagen oder dass ihm die grausame oder heimtückische Tatausführung im Zeitpunkt seines Handelns bekannt war.

Durch diese Änderungen wurden insbesondere die sogenannten Schreibtischtäter begünstigt. Die Verfahren gegen Angehörige des Reichssicherheitshauptamtes und gegen zahlreiche andere Angehörige sog. Oberster Reichsbehörden mussten wegen Verjährung durchweg eingestellt bzw. die Beschuldigten außer Verfolgung gesetzt werden.

Mit dieser Gesetzesänderung hat die Strafverfolgung von NS-Verbrechen einen schweren Schlag hinnehmen müssen. Und ich glaube, dieser Schlag, die Schwere dieses Schlages ist bis heute noch nicht in seinen Auswirkungen richtig erkannt worden.

Am 26. Juni beschloss der Bundestag dann das 9. Strafrechtsänderungs-Gesetz, nach dem die Verfolgung für Verbrechen, die mit einer lebenslangen Freiheitsstrafe bedroht waren, nach 30 Jahren (bisher 20 Jahren) verjährte. Für NS-Mordtaten bedeutete dieses, dass die Verjährungsfrist nunmehr bis 31. Dezember 1979 lief, soweit zwischenzeitlich keine Unterbrechung erfolgt war.

Die meisten Verfahren, die in den folgenden Jahren bei der Zentralen Stelle eingeleitet wurden, beruhten auf aus Polen eingegangenem Beweismaterial. Zum Beispiel lagen den in den Jahren 1973 bis 1978 bei der Zentralen Stelle eingeleiteten 1383 Verfahren in 895 Fällen Anzeigen der Polnischen Hauptkommission zugrunde. Der überwiegende Teil der angezeigten Straftaten war den Strafverfolgungsorganen in der Bundesrepublik nicht bekannt.

Ein weiterer Teil der Verfahren war auf das am 2. Februar 1971 zwischen der Bundesrepublik und Frankreich geschlossene, aber erst am 9. April 1975 in Kraft getretene „Abkommen über die deutsche Gerichtsbarkeit für die Verfolgung bestimmter Verbrechen" zurückzuführen, mit dem eine durch den sog. Überleitungsvertrag entstandene Verfolgungslücke geschlossen wurde. Durch den Vertrag konnten nunmehr solche Beschuldigte verfolgt werden, die in Frankreich in Abwesenheit verurteilt worden waren. Dieser Vertrag, und das muss man vielleicht auch mal betonen, war auf Initiative der Strafverfolgungsbehörde, also nicht der Politiker, zustande gekommen, an die die Zentrale Stelle ihre Verfahren wegen Judendeportationen aus Frankreich abgegeben hatte.

Mit dem Näherrücken des Jahres 1979 setzte dann im In- und Ausland die Diskussion über die Verjährung erneut ein. Seitens der östlichen Staaten wurde darüber hinaus zum wiederholten Male auf die „Konvention der Vereinten Nationen über die Nichtanwendbarkeit der gesetzlichen Verjährungsbestimmungen auf Kriegsverbrechen und Verbrechen gegen die Menschlichkeit" - beschlossen am 26. November 1968 - hingewiesen, die von der Bundesrepublik Deutschland aus verfassungsrechtlichen Gründen (denken Sie an das Rückwirkungsverbot 103 GG) nicht unterzeichnet worden war.

Nach verschiedenen, eingehenden Debatten beschloss schließlich der Bundestag am 3. Juli 1979 das 16. Strafrechtsänderungs-Gesetz, mit dem allgemein die Verjährung für Verbrechen des Mordes aufgehoben wurde. Am 17. Juli 1979 trat das Gesetz in Kraft.

In den folgenden Jahren - also von 1980 bis heute - leitete die Zentrale Stelle ca. 1000 neue Vorermittlungsverfahren ein. Nicht mitgerechnet sind ca. 28.000 eingeleitete Überprüfungs- und Vorermittlungsverfahren, die seit 1987 aufgrund der Fahndungslisten der United Nations War Crime Commission erst 1986 übergeben wurden.

Insgesamt hat die Zentrale Stelle seit Beginn ihrer Tätigkeit bis heute rund 6.600 Vorermittlungsverfahren gegen eine nicht genau feststellbare Zahl von Verdächtigen eingeleitet. Darüber hinaus fielen 77.200 Vorgänge an, in denen eine Vielzahl von Verdächtigen überprüft wurden. Hinzu kommen noch über 25.000 Einzelüberprüfungen im Wege der Amtshilfe.

Nach Abschluss der Vorermittlungsverfahren wurden die einzelnen Fälle mit einer Vielzahl von Beschuldigten an die Staatsanwaltschaften abgegeben. Gegen ca. 1.000 der in diesen Verfahren Beschuldigten wurde Anklage erhoben. Hiervon wurden 124 Angeklagte zu lebenslanger und rund 500 zu zeitiger Freiheitsstrafe verurteilt. Zwei Angeklagte stehen zurzeit vor Gericht, nachdem Schwammberger verurteilt worden ist; in 4 Fällen ist Anklage erhoben, der Termin zur Hauptverhandlung aber noch offen.

Bei einem Vergleich der Zahlen fällt der große Unterschied zwischen Verurteilungen und anderweitiger Erledigung der Verfahren auf. Die Diskrepanz wird noch größer, wenn man die seit dem 8. Mai 1945 in der Bundesrepublik bzw. in den westlichen Besatzungszonen insgesamt anhängig gewesenen Ermittlungsverfahren und die Verurteilungen in Relation setzt: Nach dem Stand vom 1. Januar 1991 richteten sich die seit Kriegsende von den Staatsanwaltschaften eingeleiteten Ermittlungen gegen insgesamt rund 102.000 Personen, von denen 6.487 rechtskräftig verurteilt wurden. Ohne Bestrafung abgeschlossen - das heißt eingestellt - wurden Verfahren gegen 87.875 Personen.

Nach diesen Zahlen dürfte verständlich sein, dass in der Öffentlichkeit immer wieder der Standpunkt vertreten wird, dass die NS-Verbrechen in der Bundesrepublik nicht mit Nachdruck verfolgt werden.

Es soll nicht in Abrede gestellt werden, dass dieses für den einen oder anderen Fall, auch für mehrere Fälle zutreffen kann. Insgesamt gesehen, so meine ich jedoch, und muss da wieder die Gesamtjustiz verteidigen, ist der Vorwurf zurückzuweisen, soweit es die Staatsanwaltschaften betrifft.

Zu berücksichtigen ist bei ohne Bestrafung abgeschlossenen Verfahren, dass viele Beschuldigte gefallen, vermisst und zwischenzeitlich für tot erklärt wurden, nach dem Kriege verstorben sind oder während des gegen sie anhängigen Verfahrens Selbstmord begangen haben.

Zahlreiche Beschuldigte waren infolge hohen Alters oder Krankheit nicht mehr verhandlungsfähig. Eine große Anzahl von Beschuldigten konnte trotz umfangreicher Ermittlungen nicht aufgefunden werden, wobei darauf hinzuweisen ist, dass nicht alle Täter im Bereich der Bundesrepublik zu suchen sind. Gleichwohl werden vom Ausland alle Anzeigen den Strafverfolgungsbehörden der Bundesrepublik übersandt.

Ferner ist zu beachten, dass die Verjährung von Tötungsdelikten viermal anstand, und zwar 1960, 1965, 1969 und 1979. Um die Strafverfolgung zu sichern, hatten die Zentrale Stelle und die Staatsanwaltschaften gegen jeden, der im Verdacht stand, an diesen Verbrechen in irgendeiner Weise beteiligt gewesen zu sein, die Verjährung unterbrechen zu lassen. Auf diese Weise sind Angehörige ganzer Einheiten formell als Beschuldigte angesehen worden. Im Laufe der weiteren Ermittlungen stellte sich dann heraus, dass der Verdacht nicht in allen Fällen begründet war. Diese Verfahren mussten infolgedessen insoweit eingestellt werden.

Um das zu verdeutlichen, ein Beispiel, und zwar möchte ich das Verfahren gegen ehemalige Angehörige des 1. SS-Gendarmerie-Bataillons anführen, das seinerzeit im Generalgouvernement eingesetzt gewesen war. In diesem Verfahren konnten wir 889 Bataillonsangehörige ermitteln. 440 davon waren bereits verstorben, gefallen oder vermisst und für tot erklärt.

Von denen, die noch als lebend ermittelt werden konnten, waren 30 Österreicher. Bei 130 Personen aus einer anderen Kompanie des Bataillons, die andernorts stationiert war, ergaben die Ermittlungen keinen Tatverdacht. Bei 58 bestand dann der Verdacht - wohlgemerkt der Verdacht, es war noch nicht nachgewiesen - der Teilnahme an verbrecherischen Handlungen. Von den Betroffenen verstarben dann aber im Laufe der weiteren Ermittlungen die meisten oder konnten wegen Altersschwäche oder Krankheit nicht mehr vor Gericht gestellt werden. Ich meine, am Ende hätten nur drei vor Gericht gestanden.

Zu berücksichtigen ist letztlich, dass infolge des Zeitablaufs die Beweisschwierigkeiten immer größer wurden: In den wenigsten Fällen lagen Geständnisse der Angeklagten vor. Überwiegend musste man zur Überführung der Täter auf Zeugen zurückgreifen, sofern solche noch zur Verfügung standen. Teilweise starben die Zeugen noch während des Ermittlungsverfahrens, und teilweise waren deren Aussagen zur Überführung der Täter nicht mehr geeignet, da sich das Erinnerungsvermögen zwischenzeitlich getrübt hatte. Widersprüche in den Bekundungen der Zeugen, die sich dann natürlich zu Gunsten der Angeklagten auswirkten, waren nicht zu vermeiden. Hinzu kam, und das wird jetzt schlimmer, dass immer mehr Zeugen aus dem Kreis der Opfer oder aus dem Kreis der den Opfern nahestehenden Zeugen zu einer Aussage nicht mehr bereit sind; sie wollen vergessen, sie wollen ihre Ruhe haben. Ich kann diese Leute natürlich verstehen.

Der Einwand, all diese Schwierigkeiten hätten vermieden werden können, wenn man die Ermittlungen beschleunigt hätte, ist im Übrigen nicht begründet, jedenfalls - so meine ich - nicht in dieser Allgemeinheit.

Es muss eingeräumt werden, dass die durchschnittliche Dauer eines Verfahrens von der Einleitung eines Vorermittlungsverfahrens bis zur Durchführung der Hauptverhandlung sich immer weiter hinauszog. Anfang der 1960er Jahre waren es 3 Jahre 6 Monate und Anfang der 1980er Jahre rund 13 Jahre. Zurückzuführen ist dieses jedoch im Wesentlichen auf Faktoren, die nicht im Bereich der Strafverfolgungsorgane zu suchen sind. Zum Beispiel: Als die systematische Aufklärung der NS-Verbrechen begann, mangelte es zunächst an Dokumenten, welche zielgerechte und erfolgversprechende Ermittlungen voraussetzten. Die Masse dieser Dokumente befand sich in ausländischen Archiven, insbesondere in denen der Ostblockstaaten. Mit ihrer Auswertung konnte die Zentrale Stelle erst ab Frühjahr 1965 beginnen, als die Bundesregierung grünes Licht gab.

Etwa ab 1967 bis Ende 1970 standen die ausgewählten Dokumente den deutschen Strafverfolgungsbehörden (ich würde sagen, nach und nach) zur Verfügung. In der Regel ergaben sich aus diesen Unterlagen lediglich die Verbrechen; Hinweise auf die Täter -insbesondere deren Namen und Aufenthalt - waren selten. Umfangreiche Recherchen waren notwendig, um sie zu ermitteln. Oft waren die Bemühungen am Ende vergeblich, da sich herausstellte, dass der Gesuchte vermisst, gefallen oder bereits verstorben war.

Nach der Ermittlung der Tatverdächtigen begann die eigentliche Arbeit. Da in der Regel die Beschuldigten die ihnen zur Last gelegten Taten bestritten, waren entsprechende Beweismittel erforderlich. Zeugen wurden im In- und Ausland gesucht und Rechtshilfeersuchen an ausländische Justizbehörden gerichtet mit der Bitte um Übersendung von weiteren, einschlägigen Dokumenten.

Dass diese Ersuchen naturgemäß nicht von heute auf morgen erledigt werden konnten, dürfte offensichtlich sein. Es dauerte Monate, ja teilweise Jahre, bis irgendein Ergebnis vorlag, und es kam vor, dass eine Beweismittelsendung einging, das Verfahren aber zwischenzeitlich wegen des Todes des bzw. der Beschuldigten eingestellt worden war.

Um ein ganz krasses Beispiel anzuführen: Ich habe im Jahre 1965 ein Rechtshilfeersuchen an eine ausländische Justizbehörde gestellt, das erst im Frühjahr 1983 - also nach 18 Jahren - erledigt wurde. Das Verfahren war bei Eingang der Unterlagen vor Jahren bereits mangels Beweises eingestellt worden; eine Wiederaufnahme kam durch das neue Beweismaterial nicht in Frage, da die Beschuldigten zwischenzeitlich alle verstorben waren.

Konnte ein Beschuldigter mittels der aufgefundenen Zeugen oder aufgrund des per Rechtshilfeersuchen übersandten Materials überführt werden, so war es häufig unzweckmäßig, sofort gegen ihn Anklage zu erheben. Durch die Zeugen oder das Beweismaterial ergaben sich vielfach Hinweise auf weitere Taten und Täter. Die Abtrennung des anklagereifen Teilkomplexes hätte sicherlich insoweit zu einer Abkürzung des Verfahrens geführt. Diese Verfahrensweise hätte jedoch zur Folge, dass sich nacheinander verschiedene Gerichte an verschiedenen Orten mit im Wesentlichen ein- und demselben Komplex befassen müssten: Zeugen wären mehrmals zum gleichen Vorgang zu hören. Sie müssten zu diesem Zweck mehrmals, oft von weit her, anreisen oder andere Gerichte müssten sich nacheinander zur Vernehmung eines Zeugen ins Ausland begeben. Widersprüche in den Aussagen infolge Zeitablaufs wären nicht zu vermeiden gewesen, mit der Folge des Antrags auf Wiederaufnahme eines der Verfahren, was ja auch tatsächlich geschehen ist.

Letztlich könnten die Angeklagten versuchen, sich gegenseitig abzusprechen, was auch bei verschiedenen Verfahren vorgekommen ist, zum Beispiel bei dem Komplex „Polizeieinheiten bei Judenerschießungen", im Hinblick auf allgemeine Probleme - etwa Geltendmachung des sog. Befehlsnotstandes -, was aber von uns rechtzeitig aufgedeckt werden konnte. Diese Leute sind seinerzeit bestraft worden.

Und dann ist die lange Dauer der Verfahren schließlich auch darauf zurückzuführen, das bekanntermaßen bis Ende 1974 der Anklageerhebung noch eine gerichtliche Vorabuntersuchung vorausging, mit der die Ermittlungen abgeschlossen wurden. Der Untersuchungsrichter hatte praktisch die von dem Staatsanwalt durchgeführten Ermittlungen noch ein zweites Mal vorzunehmen. Je nach Intensität, mit der die Voruntersuchung geführt wurde, konnte sie sich auf Jahre erstrecken, ohne dass sich dadurch der Erkenntnisstand verbessert hätte.

Die lange Verfahrensdauer, ist im Übrigen nicht der einzige Vorwurf, den man der Justiz macht. Denken Sie bloß an das Strafmaß, zu geringe Strafen usw., vorzeitige Entlassung aus der Haft. Dazu wäre viel zu sagen, was mir aber aufgrund der in Anspruch zu nehmenden Zeit hier nicht möglich ist.

Was vielleicht noch wichtig wäre für Sie: Wenn ich jetzt versucht habe, Vorwürfe gegen die Justiz zurückzuweisen, so habe ich damit oder wollte ich damit keine generalisierende Aussage machen, denn es gibt begründete Beanstandungen, zum Beispiel einige Entscheidungen des Bundesgerichtshofes, die schwerwiegende Folgen für bestimmte Verfahrenskomplexe hatten. Denken Sie an die Verfolgung der Richter, der Richter des Volksgerichtshofes und die dazugehörige Entscheidung, das anfängliche Hinnehmen von zweifelhaften Gutachten über die Verhandlungsunfähigkeit von Angeklagten, was vorhin auch schon angedeutet worden ist, das Abziehen von sachkundigen Staatsanwälten aus NS-Verfahren für andere, nach Ansicht von Behördenleitern wichtigere Verfahren und das negative Verhältnis von einzelnen Richtern oder Staatsanwälten zur Sache, das sich in den Urteilen oder Einstellungsverfügungen niedergeschlagen hat.

Abgesehen von den Entscheidungen des Bundesgerichtshofes haben diese Fälle aber die Verfolgung von NS-Verbrechen im Großen und Ganzen nicht so gravierend belastet, dass man sagen kann, dieser Misserfolg beruhe auf diesen Gründen. Die Vorwürfe, die tatsächlich schwerwiegende Hindernisse für die Verfolgung von NS-Verbrechen gewesen sind, hat die Justiz m.E. in der Regel nicht zu vertreten; sie fallen in andere Bereiche. Auf Beispiele habe ich schon hingewiesen:

– die Zuständigkeitsbeschränkungen nach den Kontrollratsgesetzen der Alliierten,

– die Ausnahmeregelung für die Nichtverfolgung bestimmter Personen nach dem sog. Überleitungsvertrag,

– der Eintritt der Strafverfolgungsverjährung insbesondere für Totschlag,

- die verspätete Möglichkeit, Material aus den Ostblockstaaten heranzuziehen und dann

- die Änderung des § 50, Abs. 2, StGB.

Obwohl diese Schwierigkeiten vorhanden waren, möchte ich sagen:

Die Justiz - namentlich die Staatsanwaltschaften - hat den Versuch gemacht, den Versuch, die Vergangenheit aufzuarbeiten. Wenn es vielleicht auch nur bei dem Versuch geblieben ist, so meine ich jedoch, hat sie Impulse gegeben, Impulse zu einer ständigen Auseinandersetzung in unserem Volk mit unserer Vergangenheit. Ich darf vielleicht daran erinnern oder darf Sie mal fragen: Wer war es vor der Justiz gewesen, der sich mit den NS-Verbrechen befasst hat? Haben Sie bis Mitte der 1960er, Ende der 1960er Jahre etwas von der Politik gehört? Haben Sie etwas von den Historikern gehört? Haben Sie mal in ein Vorlesungsverzeichnis einer Universität in den 1950er, 1960er Jahren hineingeschaut, was da über den Nationalsozialismus zu lesen war? Haben Sie einmal in einen Lehrplan gesehen, was in Schulen gelehrt wurde?

Ich meine, man muss es unterstreichen, die Justiz hat die Impulse gegeben, und die Impulse waren wichtig zu dieser ständigen Auseinandersetzung.

Jetzt noch ganz kurz einige Worte zur zukünftigen Tätigkeit der Zentralen Stelle:

Die Aufklärungsarbeit wird weitergehen. Wir bekommen noch immer - wenn auch erheblich weniger als früher - Material, das strafrechtlich relevant ist und die Einleitung von Verfahren erfordert. Darüber hinaus sind zwischenzeitlich im Ausland Behörden errichtet worden, die sich - ähnlich wie die Zentrale Stelle - mit NS-Gewalttaten befassen. Ich darf insoweit zum Beispiel auf das Office of Special Investigations bei dem Justizministerium der Vereinigten Staaten, die Kriegsverbrecherkommission in Großbritannien bei dem Home Office und in Kanada sowie Australien, jeweils bei den Generalstaatsanwälten, hinweisen. Bei den Ermittlungen dieser Behörden fallen Erkenntnisse an, die uns teilweise zur Verfügung gestellt worden sind und uns ab und zu veranlassen, neue Verfahren einzuleiten. Ferner ergeben sich aus den Ermittlungen unserer Strafverfolgungsbehörde teilweise Hinweise auf noch nicht verfolgte strafbare Handlungen, die unser Einschreiten erfordern. Durchweg sind es Taten, die bei der systematischen

Überprüfung nicht bekannt wurden und auch nicht bekannt werden konnten. Daneben leisten (oder leisteten) wir Rechtshilfe, die erheblich ist; etwa für die einschlägigen Verfahren in Australien, Kanada, England und Schottland, die Rechtshilfe für einzelne ausländische Strafverfolgungsbehörden, wie vor ein paar Jahren für die Staatsanwaltschaft Lyon in Sachen gegen den ehemaligen Abteilungsleiter IV der Dienststelle des Kommandeurs der Sicherheitspolizei und des SD in Lyon, Barbie, und für die Staatsanwaltschaft Jerusalem gegen den ehemaligen Hilfswilligen im Vernichtungslager Sobibor bzw. Treblinka Demjanjuk.

Eine zusätzliche und umfangreiche Arbeit hat sich durch die Auswertung der Fahndungslisten der United Nations War Crimes Commission - einer von 1943 bis 1948 bestehenden Alliierten Fahndungsstelle - ergeben, um die wir uns schon seit 1964 bemüht haben, aber erst im Oktober 1985 erhalten haben. In diesen Listen sind rund 30.000 Deutsche aufgeführt, die überprüft werden mussten. Nicht alle sind Beschuldigte, auch Zeugen sind darunter. Zurzeit sind etwa 800 oder 900 von diesen Verfahren noch im Hause, also wir haben in verhältnismäßig kurzer Zeit es geschafft, diese Dinge zur weiteren Ermittlung an die zuständigen Staatsanwaltschaften abzugeben.

Letztlich befassen wir uns zurzeit mit der Auswertung der einschlägigen Archive in der ehemaligen DDR. Wir haben begründete Vermutungen, dass sich insbesondere im Stasi-NS-Archiv in der Freienwalder Straße, in Zukunft Hoppegarten, Material befindet, das noch strafrechtlich relevant ist. Immerhin haben wir in zwei Fällen festgestellt, dass die Stasi Ermittlungsverfahren wegen NS-Verbrechen der damaligen DDR-Staatsanwaltschaften an sich gezogen hat und die Beschuldigten unter dem Druck der Belastungen zur Mitarbeit gezwungen hat.

In einem anderen Fall haben wir in der Stasi-Kartei die Adresse eines Beschuldigten gefunden, der in der Bundesrepublik vergeblich gesucht wird. Er lebt in Westdeutschland und zwar unter falschem Namen. Die Stasi hatte von der Nichtermittlung des Aufenthalts des Beschuldigten Kenntnis erhalten, Verwandte von ihm in der DDR ermittelt, deren Kontakte mit Angehörigen in der Bundesrepublik überwacht, so seinen falschen Namen und Aufenthalt erfahren, ohne dieses jedoch dann den westdeutschen Strafverfolgungsbehörden mitzuteilen.

Mit der Auswertung des Stasi-NS-Archivs haben wir im Übrigen große Schwierigkeiten, das soll man auch nicht unerwähnt lassen. Erst hatte die Gauck-

Behörde ihre Hand auf den Unterlagen. Überall, wo ein Stempel „Stasi" draufsteht, und wenn das Dokument aus dem Jahre 1935 ist, die Behörde beansprucht es. Nachdem wir dann durch das Stasi-Unterlagen-Gesetz vom 20. Dezember vorigen Jahres (1991) nun grünes Licht zur Auswertung bekommen haben, werden wir nunmehr durch das Bundesarchiv an der Auswertung gehindert. Vor sechs Wochen habe ich z.B. wiederum eine Auswertungsgruppe zu dem Archiv nach Ost-Berlin geschickt. Trotz vorheriger Anmeldung und Zusage des Zutritts zum Archiv standen meine Leute vor verschlossener Tür. Begründung: „Wir ziehen um". Erst nach telefonischem Gegenvorstellen beim Justizministerium Baden-Württemberg, beim Bundesminister der Justiz und beim Bundesinnenminister, dem ja das Bundesarchiv unterstellt ist, wurden die Türen geöffnet. Ich komme hierbei nicht umhin zu bemerken, dass ich den Eindruck habe, man wolle die Verfolgung von NS-Verbrechen durch Archivierung nunmehr beenden.

Fraglich ist bei allem nun, ob einer der Beschuldigten, gegen die wir bzw. die Staatsanwaltschaften zur Zeit ermitteln, noch auf die Anklagebank kommen wird; denn immer wieder müssen wir feststellen, dass der Zeitablauf ein großes Hindernis ist: Die meisten Beschuldigten sind verstorben; sofern sie noch am Leben sind, steht der Durchführung der Hauptverhandlung deren Verhandlungsunfähigkeit infolge Alters oder Krankheit entgegen. Ähnlich ist es übrigens bei den Zeugen: überwiegend sind sie nicht mehr am Leben oder vernehmungsunfähig. Ich möchte sagen: Der Zeitablauf hat in all' diesen Fällen über die Gerechtigkeit gesiegt.

Aber trotzdem dürfen wir nicht aufhören, auch nicht die Justiz. Wir müssen aufklären. Aufklären bis zuletzt, damit alles offenliegt.

Betty-Ellen Shave[7]

Verfolgung der NS-Täter durch Justizbehörden in den USA

Erfahrungen und Einschätzungen aus der Arbeit des OSI
(US-Department of Justice - Office of Special Investigations), Washington[8]

Das OSI ist die einzige Behörde in den Vereinigten Staaten, die auf nationaler Ebene einerseits, aber auch auf bundesstaatlicher Ebene, mit der Identifizierung, mit der Verfolgung und mit der Durchführung von Ermittlungen im Hinblick auf mutmaßliche Nazi-Kriegsverbrecher befasst ist. Ebenso auch mit Kollaborateuren, die illegal in die Vereinigten Staaten eingereist sind oder sich die US-Staatsbürgerschaft verschafft haben, indem sie unwahre Angaben über ihre Aktivitäten während des Krieges gemacht haben.

Wir sind natürlich auch befugt, mit zahlreichen Behörden in den USA, aber auch im Ausland zusammenzuarbeiten. Die Hauptverantwortung liegt jedoch zentral bei dem OSI. OSI beschäftigt sich mit allen Fällen dieser Art, wobei es unerheblich ist, ob diese Gerichtsfälle in den Vereinigten Staaten selbst anhängig sind.

Im Jahre 1978 hat der Kongress der Vereinigten Staaten das Gesetz Nr. 95-549 verabschiedet, das die Ausweisung aller fremden Staatsbürger vorsieht, die an den Verfolgungsmaßnahmen zwischen 1933 und 1945 unter der Nazi-Herrschaft teilgenommen haben.

Dies ist nur eine der gesetzlichen Grundlagen, auf die sich die Arbeit des OSI stützt. Die Kongress-Entscheidung, die zur Verabschiedung des eben erwähnten Gesetzes geführt hat, hat auch zu einer Zentralisierung der Bemühungen in den Vereinigten Staaten geführt, mutmaßliche Nazi-Kriminelle strafrechtlich zu verfolgen.

---

[7] Betty-Ellen Shave war 1992 Referentin (Senior Litigation Counsel) im Office auf Special Investigation (OSI) des Bundesjustizministeriums der USA in Washington, zuständig für Ausweisungs-Fälle im Zusammenhang mit Verbrechen im Nationalsozialismus.

[8] Der folgende Text ist die Übersetzung des 1992 in Englisch gehaltenen Vortrags.

Es gab schon seit Kriegsende Strafverfolgungsmaßnahmen gegen mutmaßliche Kriegsverbrecher und zwar gestützt auf Verstöße gegen das Einwanderungsgesetz, aber es kam nur zu sehr wenigen Strafverfolgungsmaßnahmen. Es wurde auch gelegentlich behauptet, dass man mit diesen Fällen etwas nachlässig umgegangen sei.

Nach der Verabschiedung des o.g. Gesetzes im Jahre 1978 wurden die Strafverfolgungsbemühungen zentralisiert, also zentral vom Justizministerium erfasst, und das OSI eingerichtet. Das OSI besteht aus Juristen, aus Ermittlungsbeamten, Historikern, Übersetzern und anderen Mitarbeitern.

Wie Sie vielleicht wissen, hat die US-Regierung sich immer auf den Standpunkt gestellt, dass sie für die strafrechtliche Verfolgung von Kriegsverbrechen nicht zuständig ist, abgesehen von einigen Ausnahmen direkt nach dem Kriege. Daher beschäftigt sich die OSI mit der strafrechtlichen Verfolgung verschiedener Arten von Verstößen gegen das Einwanderungsgesetz.

Hierzu gehören Fälle der Entziehung der Staatsbürgerschaft, d.h. einem Angeklagten wird die Staatsbürgerschaft während eines Verfahrens aberkannt; Ausweisungsfälle, d.h. Personen, denen die Staatsbürgerschaft bereits aberkannt wurde oder die nie eine besaßen, werden gezwungen, das Land zu verlassen; und drittens Einreiseverweigerung, d.h. Personen, die kein Recht haben, in die USA einzureisen, wie z.B. Touristen, werden einfach nicht ins Land gelassen; und gelegentlich haben wir es auch mit Abschiebungsfällen zu tun, in denen eine Person zur strafrechtlichen Verfolgung an die Behörden eines anderen Landes überstellt wird.

Viele unserer Ausweisungsfälle sind zunächst einmal Fälle der Entziehung der Staatsbürgerschaft. Das bedeutet, erst wenn der Angeschuldigte in einem Verfahren zur Entziehung der Staatsbürgerschaft alle Rechtsmittel, Berufung usw., ausgeschöpft hat, dann können wir das Ausweisungsverfahren gegen ihn einleiten.

Die meisten dieser Fälle gründen sich auf die betrügerische oder illegale Beschaffung der US-Staatsbürgerschaft. Manche gründen sich aber auch auf die Tatsache, dass die Aktivitäten einer Person während des Krieges selbst ihn vom Recht auf die Privilegien der Staatsbürgerschaft der Vereinigten Staaten ausschließen.

In diesem Zusammenhang ist es jedoch wichtig, deutlich hervorzuheben, dass das OSI sich in ihren Fällen immer auf Gesetze gestützt hat, die es erforderlich machen, dass der Betrug, um den es hier geht, substantieller Natur oder erheblicher Art ist, so dass eine Verfolgung geboten ist.

Hier kommt dann der Aspekt Kriegsverbrechen ins Spiel. Die Kritiker der OSI haben gelegentlich behauptet, dass Personen aufgrund von technischen Übertretungen oder aufgrund eines recht obskuren Einwanderungsgesetzes strafrechtlich verfolgt werden.

Diese Behauptungen sind völlig unbegründet. Die Kriterien bei der Strafverfolgung von Einreisedelikten sind seit Jahrzehnten immer gleichgeblieben. Man muss also nachweisen, dass der Betrug materieller Art war und dass die Wahrheit für eine Aufenthaltsverweigerung ausschlaggebend gewesen wäre, wenn sie den Behörden der Vereinigten Staaten bekannt gewesen wäre.

Um also den Beweis in einem Fall von Einwanderungsbetrug, von Verstößen gegen das Einwanderungsgesetz nachzuweisen, müssen wir zusätzlich auch immer die Kriegsverbrechen nachweisen. Also wir können im Grunde genommen sagen, dass es sich hier um einen Fall innerhalb eines anderen Falls handelt. Es ist in der Tat der Aspekt der Kriegsverbrechen, der uns in die Lage versetzt, die Erheblichkeit des Verstoßes gegen die Einwanderungsgesetze nachzuweisen und damit auch die betrügerische Absicht. Hinzu kommt, dass das Gesetz vorsieht, dass wir annähernd die gleiche Beweissicherheit liefern, die gleiche Klarheit der Beweisführung, wie es in einem Strafverfahren der Fall wäre.

Als das OSI im Jahre 1979 eingerichtet wurde, sagten Freunde und Unterstützer unserer Arbeit sehr offen, dass sie sich nicht zu viel von unserer Arbeit versprachen. Aufgrund der langen Zeit, die seit dem Kriegsende verstrichen ist, sagten sie, dass man schon zufrieden sein könnte, wenn wir überhaupt nur ein paar Siege erringen, d.h. unsere Anträge auch bei den Gerichten durchbringen würden.

Diese Voraussagen erwiesen sich als falsch. Im Augenblick sind elf unserer Fälle bei Gericht anhängig, und in mehr als 600 Fällen wird gegenwärtig ermittelt.

Es ist dem OSI bis heute gelungen, dass 40 Nazi-Kriegsverbrechern die US-Staatsbürgerschaft aberkannt wurde. Und es wurden ungefähr 30 Personen ausgewiesen, abgeschoben oder auf andere Weise gezwungen, die Vereinigten Staaten zu verlassen.

Es geschieht jetzt immer häufiger, dass Angeklagte die gerichtlichen Entscheidungen annehmen, ohne den Rechtsweg voll und ganz auszuschöpfen. D.h. sie erklären sich bereit, die Vereinigten Staaten permanent, also auf Dauer, zu verlassen oder eben erst überhaupt nicht einzureisen.

Das OSI hat diese Erfolge errungen trotz der Tatsache, dass die Angeklagten zahlreiche Rechtsmittel in Anspruch nehmen können. Der Fall von Karl Linnas beispielsweise, der Leiter eines KZ in Estland war, wurde vor 17 amerikanischen Gerichten verhandelt, bevor Linnas schließlich ausgewiesen wurde.

Oft fragen die Leute uns, wie die OSI überhaupt auf solche Fälle aufmerksam wird. Es ist bei unserer Arbeit selten so, dass es eine dramatische Konfrontation zwischen einem Überlebenden der Nazi-Verfolgung und einem Kriminellen gibt.

Die Vorgeschichte unserer Fälle ist sehr verschieden. Einige Fälle gründen sich auf Ermittlungen, die bereits von unserer Vorgängerbehörde durchgeführt worden sind. Wir haben sie sozusagen geerbt.

Die Rechtslage war jedoch auch schon vor dem Gesetz von 1978, das ich bereits erwähnt habe, so, dass Personen, die während des Nationalsozialismus an Verfolgungsmaßnahmen aufgrund von Rasse, Religion oder anderen Gründen beteiligt waren, nicht gestattet war, nach Kriegsende in die Vereinigten Staaten einzureisen.

Bei unseren Ermittlungen bekommen wir natürlich auch Unterstützung von ausländischen Behörden, insbesondere haben wir Zugang zu deutschen Prozessakten. Oft haben wir die Situation, dass Leute, die in den Gerichtsakten als unauffindbar beschrieben sind, in Chicago leben oder anderswo in den Vereinigten Staaten. Dann können wir Prozessakten aus Deutschland für unsere eigenen Ermittlungen verwenden.

Ich glaube, ich muss mich auch bei den hier Anwesenden bedanken, denn es gibt einige hier, die oft schon unter unseren ständigen Anfragen nach Material usw. und nach Unterstützung gelitten haben. Vielen Dank.

Wir analysieren auch sehr häufig Kriegs- und Nachkriegsdokumente, die sich in Archiven auf der ganzen Welt befinden.

Vor einigen Jahren hat das OSI beispielsweise Zugang zu den Personalakten der Waffen-SS bekommen. Die Namen, die auf diesen Listen standen, wurden mit den Einreiseregistern verglichen, und die Namen bestimmter Einwanderer in die Vereinigten Staaten entsprachen denen auf der Liste der Waffen-SS.

Diese Vergleiche führten dazu, dass zunächst einmal Voruntersuchungen im Hinblick auf die Kriegsaktivitäten dieser mutmaßlichen früheren Waffen-SS-Mitglieder durchgeführt wurden.

In jüngster Zeit war vor allen Dingen auch die Öffnung der osteuropäischen Archive von unschätzbarem Wert für unsere Arbeit. Das sind also Ressourcen, die wir in Zukunft noch so weit wie möglich zu nutzen wünschen.

Schließlich ist es auch manchmal so, dass Beweise in einem der OSI-Fälle die Grundlagen für die Beweisführung in anderen Fällen bilden. Beispielsweise gab es einen Fall der Entziehung der Staatsbürgerschaft, der einen Mann namens Juodis betraf. Er war angeklagt, Mitglied einer Polizeitruppe in Litauen gewesen zu sein und dort an Razzien und Hinrichtungen von Zivilisten beteiligt gewesen zu sein. Es handelte sich dabei meistens um Juden in Litauen und Weißrussland.

Die Dokumente, die wir im Juodis-Fall verwendet hatten, schlossen auch militärische Befehle mit ein, mit denen dieses Bataillon von Kaunas in Litauen nach Minsk in Weißrussland entsandt wurde. Als das Bataillon in Minsk angekommen war, sind sie in die Dörfer der Umgebung gegangen, haben dort Razzien durchgeführt und die Juden, die in diesen Dörfern lebten, erschossen.

In diesen militärischen Befehlen waren auch die Namen der Mitglieder des Bataillons genannt, die von Kaunas nach Minsk gingen und dort an diesen Aktionen beteiligt waren.

Als OSI die Unterlagen über diese Befehle bekam, haben wir die Namen - es handelte sich um einige hundert Namen - an die Einwanderungs- und Einbürgerungsbehörde der Vereinigten Staaten zum Zwecke der Überprüfung geschickt. Dann hat die Einwanderungsbehörde ihre Listen auf Personen hin durchgesehen, die diese Namen trugen und die während des 2. Weltkrieges im militärdienstfähigen Alter waren. Wir haben diese Personen dann überprüft und neue Strafverfahren eingeleitet, sofern das gerechtfertigt war.

Bei dieser Konferenz stehen ja auch die Verbrechen gegen die Sinti und Roma im Vordergrund. Die OSI-Fälle, zu denen wir ermitteln, betreffen verschiedene Gruppen von Opfern, die von den Nazis verfolgt wurden.

Wir befassen uns mit allen Opfern, und die Gesetze, auf deren Grundlage das OSI ihre Strafverfolgungsmaßnahmen einleitet, erfordern es, dass die Opfer aufgrund von Rasse, Religion, politischer Weltanschauung oder nationaler Herkunft verfolgt wurden. Die OSI ermittelt in allen derartigen Fällen, in denen es um die verschiedenen Gruppen von Opfern geht, die von den Nazis bekanntermaßen verfolgt wurden.

In Fällen, in denen der Angeklagte beschuldigt wird, an der Verwaltung eines KZ beteiligt gewesen zu sein, tragen wir manchmal nur vor, dass ganz bestimmte Gruppen in diesem KZ inhaftiert wurden, ohne im Einzelnen zu wissen, mit welcher Gruppe von Menschen der Angeklagte vorwiegend befasst war. Wir haben auch in verschiedenen Mauthausen-Fällen ermittelt und wir wissen, dass dort viele Sinti und Roma festgehalten wurden.

In Verfahren, bei denen es nicht um Konzentrationslager geht, beispielsweise in Fällen, in denen die Angeklagten als Mitglieder der kollaborierenden Polizeikräfte in den besetzten Gebieten etwa an Hinrichtungen beteiligt waren, ist es möglich, genau zu sagen, welche Gruppe von Personen die Opfer waren. In zwei Fällen waren die Opfer Sinti und Roma.

Im ersten Prozess, dem Verfahren Vereinigte Staaten gegen Artishenko, ging es dabei um die Entziehung der Staatsbürgerschaft; der Fall begann 1982, und der Angeklagte wurde beschuldigt, Mitglied einer den Nazis unterstehenden Polizeitruppe in der Ukraine gewesen zu sein.

Er wurde verschiedener Straftaten beschuldigt, u.a. wurde er bezichtigt, an Erschießungen der ortsansässigen Bevölkerung beteiligt gewesen zu sein und zwar aufgrund ihrer Zugehörigkeit zu einer ganz bestimmten Gruppe. Dies betraf auch Sinti und Roma.

Im Laufe der Ermittlungen haben wir von der OSI mit deutschen Strafverfolgungsbehörden zusammengearbeitet, und auch aus der Sowjetunion haben wir eine ganze Reihe von Originaldokumenten erhalten. Nach einem mehrjährigen Strafprozess, am Vorabend der eigentlichen Hauptverhandlung, kam es zu einem Vergleich. Artishenko wurde die Staatsbürgerschaft entzogen. Er ist zwischenzeitlich gestorben.

Der zweite Fall ist wesentlich jüngeren Datums. Wir haben vor nur zwei Wochen ein Gutachten von einem Berufungsgericht erhalten, in dem ein Urteil aus dem Jahre 1988 bestätigt wurde. Und hiermit wurde das Urteil zur Ausweisung der betreffenden Person bestätigt.

Der Mann, um den es in diesem Fall geht, heißt Konrad Kalejs und war Offizier in dem berüchtigten Arajs-Kommando, welches ein Hinrichtungskommando in Lettland gewesen ist. In diesem Falle hat die OSI umfangreiche Rechtshilfe von den deutschen Strafverfolgungsbehörden bekommen. In Deutschland hatte ja bereits ein Verfahren gegen Viktors Arajs, den Kopf des Kommandos, stattgefunden.

Die OSI-Historiker haben zahllose Stunden damit verbracht, die Akten des Arajs-Prozesses zu studieren.

Als der Prozess gegen Kalejs stattfand, war überdies eines der ersten Beweisdokumente eine beglaubigte Abschrift eines Urteils gegen Arajs.

In den Vereinigten Staaten gibt es heute ein Präzedenzfall-Recht, das sich auf gerichtliche Entscheidungen stützt, also kein Gesetzesrecht im eigentlichen Sinne. Die deutschen Urteile konnten natürlich nicht die Grundlage, also einen Präzedenzfall für ein amerikanisches Gericht darstellen, aber das Urteil enthielt eine sehr klare, genaue Darstellung eines Teils der Geschichte des Arajs-Kommandos. Indem wir das Arajs-Urteil in den Kalejs-Fall eingebracht haben, haben wir im Grunde genommen gesagt, schaut mal, ein deutsches Gericht sagt, dass Arajs verantwortlich für den gemeinschaftlichen Mord an mindestens 13.000 Menschen war; zweitens, dass er der unmittelbare Vorgesetzte von Kalejs war; und drittens, schaut euch auch an, was ein deutsches Gericht über ihn und seine Kollegen sagt. Wir haben so intensiv an dieser Sache gearbeitet, dass ich mich noch heute an die Aktennummer erinnere, die wir diesem Dokument damals gegeben haben.

Es hat sich herausgestellt, dass Kalejs an den Massakern von Zivilisten beteiligt war und dass er einem Wachkommando im Salaspils-KZ in Riga vorgestanden hat. Außerdem haben sowohl die erste Instanz als auch das Berufungsgericht festgestellt, dass er eine Einheit des Arajs-Kommandos im Sommer 1943 in Russland befehligte. Während dieser Zeit haben Teile von Kalejs Einheit den Ort eines Massakers abgeriegelt und es damit der deutschen SS ermöglicht, mehr als 30 Roma hinzurichten, sie zu töten.

Die Gerichte sind zu der Auffassung gelangt, dass diese Tat neben einigen anderen ein Fall von Verfolgung aufgrund von Religion, politischer Weltanschauung und nationaler Herkunft sei und dass die Ausweisung von Kalejs daher gerechtfertigt ist.

Der Fall wird vermutlich in die Berufung gehen, aber die Gutachten, auf die man sich in dem Verfahren gründet, sind so eindeutig und so eindeutig gegen Kalejs, dass wir hoffen, ihn in naher Zukunft ausweisen zu können.

Die Opfer, um die es in den OSI-Fällen geht, sind Angehörige ganz verschiedener Gruppen, und das Gleiche gilt für die Personen, mit denen sich das OSI beschäftigt, also mit denen, die dann strafrechtlich verfolgt werden.

Da Deutsche eine Zeit lang, also nach dem Kriege, von der Einwanderung in die Vereinigten Staaten ausgeschlossen waren, sind die meisten Personen, mit denen sich das OSI befasst, Europäer fast jeder anderen Nationalität, insbesondere Osteuropäer.

Die OSI hat sich mit Fällen beschäftigt, in denen es um Wachen in Arbeitserziehungslagern, in Konzentrationslagern und in Vernichtungslagern ging.

Die OSI hat auch Strafverfahren gegen Propagandaleute eingeleitet, die andere zum Mord anstifteten und aufstachelten, in den meisten Fällen zum Mord an Kommunisten oder an Juden; gegen Bürgermeister ermittelt, die an der Ghettoisierung beteiligt waren und an antijüdischen Maßnahmen; gegen Polizisten, die an der Ghettoisierung beteiligt waren und Juden identifizierten oder andere Zielgruppen, die darüber hinaus auch noch an Erschießungen und an körperlichen Misshandlungen beteiligt waren; und manchmal hatten wir es auch mit hochrangigen Personen zu tun, wie z.B. im Falle von Artukovic, dem früheren Innenminister von Kroatien.

Ich möchte hier an eine spezielle Kontroverse erinnern, mit der das OSI sich auseinanderzusetzen hatte und die meiner Ansicht nach in Deutschland etwas Ungewöhnliches wäre.

Wir haben bei unseren Ermittlungen niemals gezögert, Dokumente und Zeugenaussagen aus allen Ländern der Welt heranzuziehen. Bis zum Zusammenbruch der meisten kommunistischen Regierungen wurden wir häufig kritisiert, weil wir uns auf Beweismittel stützten, die aus kommunistischen Ländern kamen.

Ich werde im Folgenden über das sog. ‚sowjetische Beweismittelargument' sprechen, obwohl ich damit auch Beweise und Beweisdokumente meine, die aus anderen osteuropäischen Ländern zu uns gelangt sind. Manche waren der Ansicht, dass man diesen Beweismitteln nicht recht trauen könnte, sie seien schon von vornherein suspekt, einfach wegen ihrer Herkunft.

Wir wissen im Augenblick noch nicht genau, wie es sich mit diesem Argument in Zukunft verhalten wird, nach dem Sturz dieser Systeme. Was ich jedoch sagen kann, ist, dass das OSI seit seiner Entstehung mit dieser Art von Kritik sehr häufig konfrontiert war, insbesondere dann, wenn in den Medien über die Arbeit des OSI berichtet wurde und wenn das OSI offiziell im Gericht auftrat.

Mein Eindruck ist, dass dieses sog. sowjetische Beweismittel-Argument in deutschen Gerichtsverfahren niemals eine ähnliche Bedeutung hatte. Beispielsweise habe ich einmal ein Interview mit einem Staatsanwalt gemacht, der als potentieller Sachverständiger zu einem unserer Verfahren herangezogen werden sollte und habe mit ihm über das Thema der Verwendung von sowjetischen Beweismitteln in Deutschland gesprochen.

Letzten Endes war es dann doch nicht notwendig, dass er als Zeuge vor Gericht auftrat, obwohl wir überzeugt waren, dass er ein sehr guter Zeuge gewesen wäre. Aber ich erinnere mich noch sehr genau daran, dass er recht erstaunt war, als er hörte, dass wir in der Situation waren, einen Zeugen zu diesem Thema benennen zu müssen. Die deutschen Gerichte sind ja schon seit langem mit dieser Art von Beweismitteln vertraut.

In unseren Fällen ist niemals ein Gericht zu der Auffassung gelangt, dass Beweisdokumente aus kommunistischen Ländern gefälscht gewesen wären oder unzulässig gewesen wären oder dass ein Zeuge aus diesen Ländern einen Meineid geleistet hätte. In den meisten Fällen waren die Gerichte bereit, sich auf diese Beweise zu stützen.

Als Anklagevertreter mussten wir jedoch diese Beweismittel auf verschiedene Arten überprüfen. Zunächst einmal haben Experten der Regierung der Vereinigten Staaten die Beweismittel forensisch genau überprüft. Ich bin gerade mit einem älteren Fall befasst, einem Fall, an dem acht Dokumentenexperten beteiligt sind und ausgesagt haben - einer zur Tinte, einer zum Papier, einer für Handschriften usw.

Zudem ziehen wir auch Historiker als Sachverständige heran, die in Bezug auf den angeklagten Fall bezeugen oder darüber aussagen können, ob die Zeugenaussagen mit dem übereinstimmen, was sie aufgrund ihrer Erkenntnisse und Erfahrungen als Historiker für glaubwürdig halten.

Drittens vergleichen wir die Dokumente oder Aussagen mit anderen Beweismitteln, die im Verfahren verwendet werden.

Aber vielleicht die eindeutigste Bestätigung der Echtheit von sowjetischen Dokumenten kam von den Angeklagten selbst. Als Beispiel möchte ich auf den Angeklagten George Theodorovic hinweisen:

Die Hinrichtungen durch Polizeikräfte im Dienst der Nazis in Lemberg fanden an bestimmten Tagen statt. Die Daten, an denen die berüchtigten Aktionen durchgeführt wurden, waren bekannt. Als Theodorovic zum ersten Mal mit diesen Dokumenten konfrontiert war, leugnete er, überhaupt Mitglied der Polizeikräfte gewesen zu sein und behauptete, dass die entsprechenden Berichte KGB-Fälschungen seien.

Während des Gerichtsprozesses erzählte er aber dann eine ganz andere Geschichte. Er gab zu, dass die Dokumente über die Munition für diese Aktionen echt seien und dass sie seine Unterschrift trugen.

Er behauptete jedoch, dass er diese Kugeln nicht benutzt habe, um irgendjemanden umzubringen, sondern er behauptete, dass er die Berichte gefälscht habe, um die Munition zu stehlen, und sie dann dem Widerstand in der Ukraine zukommen zu lassen.

Es ist wohl überflüssig zu sagen, dass das Gericht ihm nicht geglaubt hat. Das Gericht hat sich auf die Dokumente verlassen und Theodorovic ausgewiesen und zwar aufgrund seiner Beteiligung an diesen Verfolgungsmaßnahmen.

Zum Schluss möchte ich ein paar Worte über die jüngeren Entwicklungen in der Arbeit des OSI sagen. Im letzten Jahr hat sich im Hinblick auf die OSI-Fälle ja einiges getan. Zu diesen Fällen gehört einmal die Klageerhebung im Verfahren um die Entziehung der Staatsbürgerschaft gegen Nikolaus Schiffer im Jahre 1991, genauer gesagt im September 1991. Schiffer ist mutmaßlich ein Wärter im KZ Sachsenhausen gewesen, außerdem in Flossenbürg und Majdanek.

Im Herbst wird das Ausweisungsverfahren gegen Johann Hahner stattfinden, der mutmaßlich Wachmann in Auschwitz war.

In einigen anderen Fällen kam es zum Vergleich oder aber die Angeklagten unterließen es von vornherein, Widerspruch gegen die gegen sie erhobenen Vorwürfe zu erheben. Und in einigen Fällen wurden Urteile im Sinne des OSI gesprochen und auch bestätigt.

Eine solche Bestätigung bezog sich auf Stefan Paal, einen früheren Aufseher in Auschwitz. Paals Name stand auf einer Computerliste mit den Namen ausländischer Staatsbürger, denen die Einreise in die Vereinigten Staaten nicht gestattet ist. Man hat ihn auf dem Flughafen von Honolulu auf Hawaii vorläufig festgenommen. Paal wurde verurteilt, weil er eine falsche Aussage gemacht hat, um an ein Touristenvisum zu kommen, und diese Verurteilung wurde auch aufrechterhalten.

Im letzten Jahr wurde einigen Dutzend von Personen die Einreise in die Vereinigten Staaten verweigert, weil sie auf dieser Liste standen.

Hinzu kommt, dass das OSI nun auch Zugang zu den Archiven in Ungarn, der Tschechoslowakei, in Lettland, Litauen, Russland und der Ukraine hat und dort umfangreiche Nachforschungen anstellen kann. Früher war es ja so, dass die Unterstützung von dieser Seite sich auf ganz spezielle Rechtshilfeersuchen beschränkte. Dieser Zugang und, in den meisten Fällen, die volle Unterstützung und Zusammenarbeit sind natürlich sehr wichtig für unsere Arbeit und für unsere Strafverfolgungsmaßnahmen. Jahrzehnte nach Ende des Krieges sind wir in der Situation, dass wir mehr und mehr auf diese Dokumente angewiesen sind und weniger als früher auf Zeugenaussagen. Der Zugang zu diesen Archiven bedeutet, dass plötzlich enorm umfangreiche Dokumente zur Verfügung stehen. Ich habe persönlich die Erfahrung gemacht, dass dies eindeutige Ergebnisse bringt.

Anfang letzten Jahres hatte ich mit verschiedenen Verfahren zu tun, die alle miteinander zusammenhingen, und die alles andere als vielversprechend aussahen. Doch Ende des Jahres zeigte sich dann plötzlich, dass aus diesen Verfahren für uns erfolgreiche Fälle geworden waren. Diese unterschiedliche Bewertung war auch das Ergebnis einer sehr langen Reise von zwei Historikern zu diesen Archiven, die gerade geöffnet worden waren.

Das einzige Problem, mit dem ich dann zu tun hatte, und das einzige, was noch zwischen mir und diesen inkriminierenden Dokumenten stand, war die

Frage, wie schnell diese Archive an einen anständigen Fotokopierer kommen würden.

Das OSI im Justizministerium hat mehr Arbeit zu erledigen als je zuvor, obwohl sich unsere Bemühungen im Grunde genommen im Spätstadium befinden.

Axel Azzola[9]

"Schuld erinnern - Recht aufrichten,
Überlegungen zur Bedeutung der Verfahren gegen NS-Täter
für die Bildung rechtsstaatlichen Bewusstseins und Verhaltens
im Blick auf die aktuellen Entwicklungen in Deutschland
und in Europa"

Ich habe nur Thesen formuliert, und zwar gliedern die sich in Gruppen:

1. Allgemeine Grundsätze
2. Die Grenzen der Leistungsfähigkeit einer strafrechtlichen Abarbeitung von Verbrechen als Massenphänomenen
3. Die täterrelevante und die opferbezogene Gesetzgebung
4. Eine kurze Schlussbetrachtung

Also : Einige allgemeine Grundsätze

1. Das Strafrecht steht n i c h t im Zentrum einer möglichen moralischen Erneuerung. Dies gilt auch für die Strafverfolgung von Nazi-Verbrechen.
2. Im Zentrum des Problems steht der Umgang mit den Opfern und im Vergleich hierzu der Umgang mit der außerstrafrechtlichen Rechtsstellung der Täter.
3. Im Umgang mit den Opfern und ihrer Rechtsstellung ist der Gesetzgeber frei. Was er verweigert, verweigert er aus freien Stücken.
4. Hinsichtlich der außerstrafrechtlichen Rechtsstellung der Täter ist der Gesetzgeber ebenfalls frei, soweit er nicht an verfassungsrechtliche Regeln gebunden ist.

---

[9] Prof. Dr. Axel Azzola, TH Darmstadt, Fachgebiet Öffentliches Recht, nahm kurzfristig als Vertreter für den erkrankten Vorsitzenden des Zentralrats der Juden in Deutschland, Dr. h.c. Heinz Galinski, an der Tagung teil.

5. Ein Indiz für das Maß des Willens zu moralischer Erneuerung ist die personelle Ausstattung der einschlägigen Verwaltungsbehörden, der Staatsanwaltschaften und der Gerichte.
6. Richter sind an Gesetz und Recht gebunden. Das bedeutet zugleich, dass jede vermeidbare anspruchsvernichtende Rechtsauslegung und Rechtsanwendung und jede vermeidbare Täterbegünstigung einen Schlag in das Gesicht der Opfer darstellt.

Ich komme zum zweiten Teil:
Die Grenzen der Leistungsfähigkeit einer strafrechtlichen
Abarbeitung von Verbrechen als Massenphänomene

1. Das Strafrecht unterliegt strikten Regeln die ohne Verlust an Rechtskultur keiner Opportunität geopfert werden dürfen. Ich nenne insbesondere:
   – Keine Strafe ohne Gesetz!
   – Im Zweifel für den Angeklagten.
2. Das Strafrecht steht immer unter den begrenzten Aspekten von Tatbestandsmäßigkeit, Rechtswidrigkeit und individueller Schuld. Ein Strafverfahren beschäftigt sich deshalb ausschließlich mit individuell zurechenbaren Taten und mit individuell zurechenbarer Schuld. Strafverfahren können weder historische Forschung noch Geschichtsunterricht ersetzen.
3. Die strafprozessuale Wahrheit kann von der historischen Wahrheit abweichen; dies deshalb, weil historische Wahrheit nicht von Straftatbeständen hinreichend erfasst wird und weil die prozessuale Wahrheit an die prozessualen Beweismittel und an deren Mängel gebunden ist.
4. Mit der Individualisierung von Tat und Schuld kann Strafrecht einen negativen Beitrag hinsichtlich der adäquaten Zuordnung kollektiven Geschehens leisten: ohne individuelle Einsichtsfähigkeit keine Schuld!
5. Der BGH hat versagt, als er es ablehnte, auf zur Tatzeit junge, erwachsene NS-Täter die Grundsätze des Jugendstrafrechts anzuwenden. Das halte ich für eines der zentralsten Probleme der strafrechtlichen Abarbeitung von NS-Vergangenheit, dass man sich bitte vor Augen stellen möge, dass ein Täter, der

1942 22 Jahre war, 1933 13 Jahre alt war. Und meine Damen und Herren, es ist eine schlichte Illusion, d.h. es ist eine Verfälschung von Tatsachen, wenn man behauptet, es gebe ein allgemeines Rechtsbewusstsein. Die Geschichte beweist das Gegenteil.

Wir müssen also, wenn wir Verhalten zurechnen - und das muss ein Strafrichter, verantwortlich zurechnen - nicht nur fragen, wie alt war der Täter zum Zeitpunkt der Tat, sondern wir müssen uns auch fragen, wie alt war der Täter in dem Zeitpunkt, als aufgrund allgemeiner gesellschaftlicher Verhältnisse ein Bewusstsein geschaffen worden ist von ‚Mensch' und ‚Untermensch'. Wer sich ein bisschen mit der NS-Vergangenheit beschäftigt hat, wird mit Erschrecken erkennen müssen, dass bis weit hinein in die gebildetsten Kreise Deutschlands die Unterscheidung von ‚Mensch' und ‚Untermensch' kritiklos hingenommen, ja sogar gebilligt wurde - auch bei Juristen, auch und sogar bei Ärzten!

Jetzt müssen Sie sich vorstellen, wenn ein junger Mensch, dessen wesentliche Reifeprozesse irgendwo zwischen den 12. und 18. Lebensjahr liegen, aufgewachsen ist unter der Indoktrinierung, dass sich das deutsche Volk unter allen Mitteln befreien muss - sei es von jüdischen, sei es vom - ich zitiere, bitte schön, des besseren Verständnisses wegen den damaligen Sprachgebrauch -'zigeunerhaften Untermenschen', beides auf ihre Weise ‚Volksschädlinge'. Welche Chance auf vollverantwortetes Verhalten hatte dieser Mensch, wenn er im Sommer, im Spätsommer 1941 oder in den großen Aktionen des Jahres 1942, eingereiht in irgendeines dieser Tötungskommandos, beteiligt war an den Massenmorden, die doch auf der Schulter des ganzen Volkes ruhten?

Das Landgericht Hamburg hat in einer - wie ich meine - luziden Entscheidung einmal versucht, diesem Umstand Rechnung zu tragen. Der BGH ist diesem adäquaten Versuch, die kollektive Schuld nicht zu leugnen, erfolgreich entgegengetreten - erfolgreich deshalb, weil er oben sitzt.

Ich komme zu dem dritten Komplex:
Die täterrelevante und die opferbezogene Gesetzgebung, alles natürlich nur in freier Auswahl

1. Während das Entschädigungsrecht keineswegs als populär bezeichnet werden kann, haben sich weite Teile der deutschen Öffentlichkeit und der deutschen

Rechtswissenschaft nachhaltig und wiederholt für eine Verbesserung der täterrelevanten Gesetzgebung eingesetzt.

Als Beispiele nenne ich (I.) das erste Kapitel des Gesetzes zu Art. 131 GG und (II.) die vertriebenenrechtliche Gleichstellung nichtdeutscher Nazi-Kollaborateure. Zu diesem sog. G 131 muss man doch einmal ein Wort sagen: Die Verfassung hat den Gesetzgeber beauftragt, die Rechtsverhältnisse derjenigen Beamten neu zu regeln und Angestellten des öffentlichen Dienstes neu zu regeln, die nicht aus beamten- oder tarifrechtlichen Gründen, wie das so schön hieß, aus dem Staatsdienst ausgeschieden waren und noch nicht wieder verwendet wurden.

In dem ersten Kapitel wurde die beamtenrechtliche und versorgungsrechtliche Verwendung bzw. Versorgung der ausgeschiedenen Beamten des Dritten Reiches und der Soldaten geregelt. Ich hätte es mir gewünscht, dass sich mit größerer Intensität das deutsche Volk um die Wiedereinwanderung seiner Emigranten gekümmert hätte als um die Versorgung der Träger deutscher Staatsgewalt der Jahre 1933-1945.

Und zur vertriebenenrechtlichen Gleichstellung nichtdeutscher Nazi-Kollaborateure ist doch auch ein Wort fällig: Es erstaunt, dass Personen, die gar nicht unter die normalen Kategorien des Vertriebenenrechts fallen konnten, weil sie keine Deutschen waren, nur deshalb den Vertriebenen gleichgestellt worden sind, weil sie mit der deutschen Besatzungsmacht zusammengearbeitet haben. Also wenn man weiß, was da so alles aus Kroatien, aus Ungarn, aus Nordsiebenbürgen, aus der Slowakei sich im Winter 1944/45 nach Westen abgesetzt hat, und wenn man dann sieht, wie fürsorglich sich der deutsche Gesetzgeber dieses Personenkreises angenommen hat. Und wenn man gleichzeitig weiß, dass ein deutscher Jude, der nicht über die deutsche Staatsangehörigkeit verfügt hat (so was gibt's), auch wenn er alle Verfolgungsmaßnahmen hinter sich gebracht hat, also denkbar wäre, wenn er Auschwitz überlebt hat, nur dann einen Vertriebenenausweis erhält, wenn er sich - ich zitiere eine Verwaltungsentscheidung aus dem Jahre 1988 - vom Judentum abgewandt hat in einer Weise, die von jüdischer Seite als gewissermaßen Austritt aus dem Judentum und von christlicher Seite als Hinwendung zum Christentum verstanden worden ist; wenn man weiß, dass die gleichen Maßstäbe weder an den

Bewacher in Auschwitz, der Volksdeutscher aus Rumänien sein konnte oder aus der Slowakei, noch eben an diese Kollaborateure gestellt worden sind, dann ist das auch so ein Gegenstand, an dem man erkennen müsste, dass die Frage einer moralischen Erneuerung nicht reduziert unter dem Gesichtspunkt strafrechtlich relevanten Geschehens entschieden werden kann.

Das Zitat übrigens heißt vollständig wie folgt:

„Bei Antragstellern jüdischer Glaubenszugehörigkeit ist zu beachten, dass die Zugehörigkeit zum deutschen Volkstum die völlige Abkehr von jüdischem Brauchtum und jüdischen Traditionen voraussetzt."

Die vertriebenenrechtliche Gleichstellung von Nazi-Kollaborateuren ist rechtswissenschaftlich nie angegriffen worden. Die wenigen ausgrenzenden Bestimmungen des ersten Kapitels des G 131 sind selten verteidigt, umso häufiger allerdings angegriffen worden. Das im 6. Band der Entscheidungssammlung nachlesbare Gestapo-Urteil des Bundesverfassungsgerichts stellt eine glänzende, wenn auch an den Universitäten nie gelehrte Dokumentation deutschen Rechts-, man kann besser sagen: deutschen Unrechtsbewusstseins dar.

2. Verfassungsrechtlich verdanken wir den Verbrechen der Nazis die Abschaffung der Todesstrafe. Nie vorher und nie nachher haben Teile der deutschen Rechte für die Abschaffung der Todesstrafe votiert. Zur Ergänzung füge ich allerdings bei: Die deutsche Sozialdemokratie, die in ihrer ganzen Geschichte ganz konsequent gegen die Todesstrafe angetreten ist, hat dies ein einziges Mal vergessen, und das ist bei der Beschlussfassung über die Hessische Landesverfassung im Jahre 1946 gewesen. Also das ist das Gegenstück zum Verhalten der deutschen Rechten im Parlamentarischen Rat.

3. Für das Urteil im Schwammberger Prozess war die Beweislage maßgeblich. Für die Tatsache, dass die Zwangsarbeiter bis heute nicht einmal sozialrechtlich entschädigt sind, ist allein das Verhalten des Gesetzgebers maßgeblich. Es ist schon für mich faszinierend zu sehen, dass hier ein Jahr lang ein Prozess gelaufen ist über Zwangsarbeitslager. Unter den Gesichtspunkt der moralischen Erneuerung wäre es faszinierend gewesen zu erleben, dass in einem Sturm der Entrüstung die deutsche Öffentlichkeit feststellt, dass die Opfer des Herrn Schwammberger nicht einmal sozialrechtlich entschädigt sind,

und den Deutschen Bundestag zu zwingen, dies endlich nachzuholen. Es gibt Globalentschädigungen, ich weiß, ich weiß. Wenn Sie sich an die Millionen Zwangsarbeiter erinnern und die Globalentschädigung, die die Bundesregierung ausgeworfen hat, dagegen setzen, werden Sie auf Minizahlen kommen; und insbesondere werden Sie immer noch nicht auf eine sozialrechtliche Entschädigung dieser Zwangsarbeit in Form von einer Beitragsnachentrichtung der deutschen Versicherung kommen. Ich bin übrigens der Meinung, dass man die deutsche Industrie, die davon doch nachhaltig profitiert hat, zu einer so gearteten zwangsweisen Nachversicherung im Wege der Gesetzgebung zwingen sollte. Und, ich kann mir vorstellen, dass man ein solches Gesetz macht, ohne in Karlsruhe beim Bundesverfassungsgericht auf die Nase zu fallen, wenn man es politisch wollte; vermutlich will man nicht.

4. Die Probe aufs Exempel moralischer Erneuerung könnte wie folgt formuliert werden:

Musste ein Gesetzgeber, der sich spät, aber doch entschließt, millionenfache Zwangsarbeit individuell zu entschädigen, damit rechnen, dass eine derartige Gesetzgebung das Heer der sog. Protestwähler vergrößert? Diese Prognose hat mir ein von mir sehr geschätzter Landtagsabgeordneter der CDU gerade vor einer Woche ins Körbchen gelegt.

Könnte es sich ein Gesetzgeber - abgesehen davon, dass es hierfür keine Mehrheit gibt - leisten, Sinti, Roma und Juden (übrigens auch Polen) ähnliche Rechte wie den Vertriebenen zu gewähren?

Schlussbemerkung

Es gab und gibt keinen mehrheitsfähigen Zorn des deutschen Volkes auf die Nazis und auf deren Verbrechen. Der 8. und der 9. Mai 1945 werden als Tage der Niederlage und nicht als Tage der Befreiung empfunden. Zorn - das hätte auch Lynche bedeuten können: kurz und schmerzhaft.

Statt einer ordentlichen Lynche gab es eine oktroyierte Entnazifizierung: Persilscheine hatten Konjunktur. Täter fanden einflussreiche Gönner, die eine Flucht nach Südamerika ermöglichten; und die Forderung, dass endlich Schluss sein müsste - zunächst einmal mit der Strafverfolgung, später mit der Opferentschädigung -, erfreute sich wachsender Zustimmung.

Mit Willy Brandt kniete in Warschau ein deutscher Emigrant! Nicht einmal dieser symbolische Akt fand die ungeteilte Zustimmung eines Volkes, das unfähig ist, über sich selbst zu erschrecken.

Rolf-Peter Henkel[10]

Der Schwammberger-Prozess[11] in Stuttgart - Medienreaktion als Symptom

Weder bin ich Jurist, noch bin ich Historiker, noch bin ich überhaupt Fachmann für unser Thema. Der einzige Grund, warum ich hierhergebeten wurde, besteht eben darin, dass ich als Korrespondent der Frankfurter Rundschau mit Zuständigkeit für die Politik in Baden-Württemberg diesen Prozess gegen Josef Schwammberger seit seinem Beginn vor einem Jahr intensiv verfolgt habe, mit Ausnahme der Schlussphase.

Wenn ich nun als einfacher Gerichtsreporter, trotzdem versuche, Ihnen einige meiner Eindrücke und Beobachtungen aus diesem Verfahren weiterzugeben, dann mit dem Gefühl eines noch weiteren Mankos. Bei der Vorbereitung auf diesen Abend habe ich nämlich mit leisem Erschrecken bemerkt, dass ich mir in meinem Journalistenleben angewöhnt habe, mich vor allem auf das Kritikwürdige zu konzentrieren. Nun ist aber Kritik um des bloßen Kritisierens willen bekanntlich eine öde Sache. Also stehe ich ein wenig mit leeren Händen da, wenn ich feststelle: Es gab und es gibt aus meiner Sicht - auf den ersten Blick jedenfalls und unter Anlegung normaler Maßstäbe, aber darauf komme ich später noch zurück - es gab und gibt nur wenig auszusetzen, weder an dem Prozess selbst noch an der Reaktion der Medien auf ihn. Das gilt sowohl für die Quantität des Geschriebenen und Gesendeten als wohl auch für den Inhalt. Ich würde mich nun auch übernehmen, wenn ich behaupten wollte, ich hätte einen umfassenden Überblick darüber, wie die deutschen Medien auf diesen Prozess reagiert haben. Das liegt auch daran, dass es offenbar niemanden in diesem Lande gibt, der so etwas sammelt: Das Gericht tat es nicht, wie ich weiß, die Verteidiger auch nicht, ebenso wenig wie die Staatsanwaltschaft. Und auch, wie ich mich vergewissert habe, die Zentrale Stelle in Ludwigsburg verschafft sich, was ich durchaus verstehe, keinen umfassenden Überblick.

---

[10] Rolf-Peter Henkel war 1992 Journalist bei der „Frankfurter Rundschau" (Redaktion Stuttgart).
[11] Josef Schwammberger war als SS-Oberscharführer Lagerkommandant in den KZ-Lagern Przemy und Rozwadow. Am 18. Mai 1992 wurde er vom Landgericht Stuttgart wegen Mordes und Beihilfe dazu an 650 Personen zu einer lebenslangen Freiheitsstrafe verurteilt.

Einen ungefähren Eindruck davon, wie und was die Medien von diesem Verfahren berichtet haben, habe ich natürlich dennoch. Das Interesse war zweifellos groß. Es hat zwar mit der Entfernung vom Ort des Geschehens, nämlich Stuttgart, deutlich abgenommen. Das heißt: Die Lokal- und Regionalblätter außerhalb von Baden-Württemberg haben sich wesentlich darauf beschränkt, kurze oder mittlere Berichte zu veröffentlichen. Größere Reportagen waren schon deutlich seltener; in der einen oder anderen Zeitung hat es sie wohl gar nicht gegeben.

Aber dennoch - es wurde kontinuierlich berichtet. Von den überregionalen Blättern, vor allen von der Süddeutschen Zeitung und meinem eigenen Blatt, ist dieser Prozess mit bemerkenswerter Intensität begleitet worden. Voraussetzung für dieses kontinuierliche Interesse - und das habe ich bemerkenswert gefunden, das ist jetzt eine Bemerkung, die sich speziell an die richtet, die sich für Pressearbeit interessieren - Voraussetzung für dieses kontinuierliche Interesse war der doch enorme und dankenswerte Aufwand, den die Nachrichtenagenturen getrieben haben. dpa berichtete über jeden Prozesstag, und von der Nachrichtenagentur AP, die wohl kaum weniger häufig vertreten war, habe ich mir sagen lassen, wie groß das Interesse sowohl der deutschen Zentrale als auch der AP-Kollegen im Ausland, etwa in Amerika, an Meldungen über den Schwammberger-Prozess gewesen ist. Ich hätte das so nicht erwartet.

Fazit: Die deutschen Medien sind erfreulich konsequent an diesem Thema geblieben, vor allem, wenn man bedenkt, dass die Hauptverhandlung ja ein ganzes Jahr gedauert hat, mit meistens zwei Sitzungstagen pro Woche. Ich habe im Laufe der Jahrzehnte schon an vielen großen Prozessen teilgenommen als Beobachter, z.B. an fast allen Terroristenprozessen in Stammheim, und ich weiß von daher, wie schnell oft das Interesse der Medien erlahmt. Das war beim Schwammberger-Prozess ganz offensichtlich nicht der Fall. Und ich meine, dass man das mit einer gewissen Genugtuung zur Kenntnis nehmen kann, um nicht zu sagen: Dankbarkeit.

Soviel zur spröden Statistik und zur Menge der Medienbeiträge. Was ihren Inhalt betrifft, so kann ich nur sagen, dass mir wenigstens nichts evident Anstößiges untergekommen ist. Beispielsweise ist mir - gedruckt jedenfalls - niemals diese fatale Ansicht begegnet, es solle dieser Prozess doch besser gar nicht erst stattfinden. Ein Leitartikler, der diese Ansicht verträte, würde sich, so behaupte ich jedenfalls, heute in Deutschland fast unmöglich machen. Damit will ich nicht sagen, dass er beim Publikum mit einer solchen Tendenz durchfiele. Aber auch darauf will ich später zu sprechen kommen.

Mit diesen Feststellungen über „die Medien", und das ist ja mein eigentliches Thema, könnte ich es bewenden lassen. Aber ein paar Dinge hindern mich daran, und die will ich jetzt auf eine zugegebenermaßen subjektive Weise ansprechen, eben als ganz normaler Prozessbeobachter und Bürger. Ich nehme an, die meisten von Ihnen haben die Berichterstattung über den Prozess, jedenfalls gelegentlich, verfolgt und wissen daher mit dem Namen Fraenkel etwas anzufangen. Das war jener Rabbiner, den Schwammberger am Yom-Kippur-Tag des Jahres 1942 im Zwangsarbeitslager Rozwadow beim Appell vortreten ließ und wegen angeblicher Sabotage, aber ohne jede nähere Begründung, einfach erschoss.

Natürlich hat sich dieses Erlebnis vielen Überlebenden, die dabei waren, tief eingeprägt. Also gab es viele Aussagen von Zeugen, die teils übereinstimmend, teils widersprüchlich den Mord an Fraenkel schilderten. Ich erinnere mich, dass ich nach zwei oder drei Prozesstagen mit entsprechenden Aussagen, über die ich dann auch in meiner Zeitung schrieb, zu meinen Kollegen in Frankfurt sagte, das sei nun genug, es habe ja keinen Sinn, dem Leser immer wieder von diesem einen Mord in Rozwadow zu erzählen. Es gab ja den in der Anklageschrift viel größeren und zeitlich erst folgenden Komplex Przemysl, eine polnische Stadt, in der Schwammberger wiederum ein Zwangsarbeitslager geleitet hatte. Und ich, so sagte ich zu meinen Kollegen, ich wollte selber erst dann wieder zum Prozess gehen, wenn sich das Gericht diesem zweiten Komplex zuwenden würde.

Was aber ist geschehen? Ich bin der Hauptverhandlung für einige Wochen ferngeblieben, nur, meine Zeitung hat unentwegt ein- oder zweispaltige Agenturmeldungen über immer neue Zeugenaussagen zum Mord am Rabbiner Fraenkel gebracht. Ich schildere das so detailliert, weil ich verständlich machen möchte, dass und warum mir damals zum ersten Mal der Gedanke kam, dass diese intensive Berichterstattung etwas mit Routine zu tun haben könnte, also mit einem Gestus nicht weiter bedachter journalistischer Pflichterfüllung. Um es etwas pathetisch zu sagen: Mit der Anwesenheit von Gedankenlosigkeit und mit der Abwesenheit von Leidenschaft.

Wenn man erst einmal, und sei es auch nur als Arbeitshypothese, als Verdacht, diese Perspektive eingenommen hat, dann bekommt das Ausmaß der Berichterstattung, das ich vorhin lobend herausgestellt habe, auf dialektische Weise einige Fragezeichen. Dann stellt sich nämlich plötzlich die Frage, welche andere Funktion diese bemerkenswert ausdauernde Berichterstattung haben könnte und ob das vielleicht, jedenfalls auch, eine Alibifunktion ist.

Ich muss in diesem Zusammenhang oft an die Verhandlungspausen denken. Ich will niemandem Unrecht tun, aber irritiert hat es mich schon zu erleben, wie eben noch im Gerichtssaal ein Überlebender beispielsweise ausgesagt hat, wie er sah, dass Schwammberger seinen Hund auf Menschen hetzte oder wie er hungernde Lagerinsassen, die am Zaun in Przemysl Lebensmittel zu tauschen versuchten, wortlos erschoss. Irritierend war es dann schon gelegentlich, wie man hinausströmte in dieses adrette Foyer des Landgerichts und wie dort schon bald eine Atmosphäre entstanden ist, die mich an diejenige in einer Opernpause erinnert. Man schwatzt und man redet. Natürlich wurde nicht gelacht oder nur ganz selten, und man redete auch viel oder fast ausschließlich über den Gegenstand des Prozesses. Aber von Betroffenheit, um dieses inflationäre Wort auch hier zu gebrauchen, war da oft keine Spur. Emotional sind Rozwadow und Przemysl dann sehr weit weg gewesen. Oder ich denke an die journalistischen Kollegen, es waren keineswegs alle, aber einige doch, die sich angewöhnt hatten, wenn sie den Angeklagten meinten, von „Schwammi" zu sprechen. Die Anlehnung an die positiv besetzte Verniedlichung von „Gorbi" war ebenso unüberhörbar wie sicherlich nicht gewollt, aber stutzig machte mich das schon.

Ich erinnere mich heute auch an einen schon Monate zurückliegenden Tag, an dem der Gerichtsvorsitzende Herbert Luippold sichtlich gut gelaunt sagte, man könne ja wohl noch ein wenig weiterverhandeln, denn der Angeklagte, dem ja wegen seines Alters und seiner angegriffenen Gesundheit immer nur zweimal zwei Stunden Verhandlung pro Sitzungstag zugemutet werden sollten, dieser Angeklagte also sei ja „noch gut drauf".

Gestolpert bin ich bei Prozessbeginn vor einem Jahr auch über die Anklageschrift. In einem Fall war ein schrecklicher Vorgang aufgeführt, bei dem Schwammberger seinen schwarzen Schäferhund namens „Prinz" auf ein Mädchen gehetzt hatte. Ich frage mich bis heute - und reiche heute Abend diese Frage an Sie weiter -, warum wohl die Staatsanwaltschaft glaubte, konkretisieren zu müssen, dass es sich um ein „blondes" Mädchen handelte. Ob der Staatsanwalt damit wohl unbewusst zum Ausdruck bringen wollte oder gebracht hat, dass die Tat unter diesen Umständen noch verwerflicher sei als ohnehin schon?

Und die andere Stelle, die mir auffiel, ist jene, in der es heißt, in den Fällen, die Anklageschrift enthielt 51, wenn ich mich richtig erinnere, Nummern, in den Fällen 34, 38, 39, 40 und 41 habe Schwammberger seinen Opfern „bei der Tötung zusätzlich in gefühlloser unbarmherziger Gesinnung Schmerzen oder Qualen körperlicher oder seelischer Art zugefügt". Es waren dies sämtlich die Fälle, in denen Schwammberger seinen Hund auf Menschen losließ, und ich verstehe, dass der Staatsanwalt diese Taten als besonders abstoßend und grausam empfunden hat. Über andere Fälle, bei denen Schwammberger nach der üblichen Rechtsauffassung lediglich als Gehilfe tätig wurde, heißt es, er habe gewusst, „dass die Art der Tötung grausam war". Gemeint waren aber durchweg Massenexekutionen, an denen Schwammberger teilgenommen hatte.

Bloß, ich wundere mich, dass unter keine dieser beiden eben erwähnten Kategorien, also der seelischen Qualen und der Grausamkeit bei der Tötung, z.B. die Fälle 45 und 46 gefallen sind. Sie lauten, ganz kurz: „An einem nicht bekannten Tag 1943 erschoss der Angeklagte im Ghetto B sechs Juden." Und: „Im Sommer 1943 erschoss der Angeklagte an der Wand der Kopernica-Schule vier Juden." Warum ich gestolpert bin? Ich weiß nicht, ob der Verfasser der Anklageschrift darüber nachgedacht hat, was er da aufgeschrieben hat. Hätte er nachgedacht, wäre er vielleicht selbst auf die Frage gekommen, ob bei diesem An-die-Wand-gestellt-werden von einmal sechs und dann vier Menschen nicht auch seelische Qualen gelitten wurden und dass dieses plötzliche, willkürliche, aus keinem oder aus nichtigem Anlass verhängte Sterben müssen von den Opfern nicht auch als eine unerhörte Grausamkeit empfunden worden ist.

Worauf ich hinaus will mit solchen Hinweisen, und ich könnte ihre Liste verlängern, ist einfach folgende Frage, das ist der Untertitel meines Themas, NS und Öffentlichkeit: Wie sensibel sind wir deutschen Normalbürger wirklich noch für das, was sich da vor gerade 50 Jahren ereignet hat? Wie weit reicht unsere Fähigkeit zum Mitempfinden und Nachempfinden? Wer von den Journalisten und wer von den Medienkonsumenten war wirklich imstande und bereit, sich mehr als nur für die ein oder zwei Stunden ihrer Zeugenaussage auf die Tragödie jener Sarah Ehrenhalt einzulassen, die aus ihrem Versteck durchs

Dachfenster zusehen musste, wie Schwammberger unten auf den Hof ihren eigenen Mann erschoss?

Ein guter Bekannter, ein Zahnarzt, sagte mir schon vor Monaten ganz spontan, dass nach seiner Überzeugung dieser Prozess vollkommen unsinnig sei, nach so langer Zeit und gegen einen so alten Mann. Mein Bekannter ist weit davon entfernt, ein Neonazi zu sein. Ich bin seitdem dieser Ansicht oft begegnet. Und ich bin sicher, dass so ein nicht geringer Teil dieser deutschen Normalbürger denkt. Unter den Prozessbesuchern waren die übrigens besonders stark vertreten. Das sind Menschen, die, wenn Zeugen die grässlichsten Grausamkeiten schilderten, häufig bloß den Kopf schüttelten und meinten: „Die Deutschen, das ist doch so ein ordentliches Volk, so etwas machen die doch nicht" und die verlangten, diesen armen alten Mann doch nun endlich in Ruhe zu lassen, und immerfort haben sie gefragt, wieso denn die Alliierten ihre Kriegsverbrecher nicht zur Rechenschaft gezogen haben, immer nur die deutschen. Und die waren auch froh über jeden Widerspruch, der sich im Laufe des Prozesses zwischen den einzelnen Zeugenaussagen aufgetan hat - aus unterschiedlichen Gründen übrigens. Und ich habe es nicht richtig gefunden, um das in Parenthese anzumerken, dass das Gericht in seiner Urteilsbegründung allen Zeugen, allen überlebenden Opfern also, pauschal bescheinigt hat, sie hatten gewiss allesamt subjektiv ehrlich ausgesagt.

Woher will das Gericht so etwas wissen? Und ist es denn so abwegig, sich manche Zeugenaussage in ihrer Widersprüchlichkeit, auch in ihrer Fortentwicklung über die Jahrzehnte hinweg, weil vor 30 Jahren wurde da manchmal von denselben Leuten etwas ganz anderes gesagt als jetzt, ist es denn so abwegig, sich manche Zeugenaussage auch dadurch zu erklären, dass ein Überlebender aus dieser Hölle ein winziges Stück Vergeltung geübt hat an diesem Lagerkommandanten, indem er ihn da oder dort etwas stärker belastete, als das Gedächtnis tatsächlich hergab? Da werfe als erster den Stein, wer will, aber ärgerlich ist dieses Denk-Tabu, das dieses wohlmeinende Gericht aufgerichtet hat, schon. Es gibt Denk-Tabus, die schaden dem, den sie in Schutz nehmen sollen, weil ihnen die Glaubwürdigkeit fehlt.

Aber weg von dieser Mischung aus Dummheit und Bösartigkeit, die sich da im Foyer des Gerichts über Monate hin geäußert hat, weg zu einer grundsätzlichen Frage: Ist die bundesrepublikanische Gesellschaft insgesamt eine, die man guten Gewissens eine antifaschistische nennen könnte? Ich glaube das nicht. Mein guter Bekannter, dieser Zahnarzt - er stammt aus der DDR -, der ist lebhaft dagegen, das Manfred Stolpe Ministerpräsident in Brandenburg ist, mit dieser seiner Vergangenheit, auch wenn mein Freund der Zahnarzt diese Vergangenheit so genau wohl gar nicht kennt. Aber von diesem Prozess gegen Schwammberger hält er zusammen mit vielen anderen gar nichts.

Wenn man sich aber Rozwadow und Przemysl und Auschwitz und Treblinka, aber auch schon allein die Reichskristallnacht, auch nur ansatzweise - mehr kann ein deutscher Normalbürger ja auch kaum - auch nur ansatzweise zu vergegenwärtigen versucht, dann, so sollte man glauben, hätte nach 1945 eine, ich wiederhole diesen Begriff: antifaschistische Radikalität in Deutschland entstehen müssen, die mehrere Generationen auch von Normalbürgern als Grunderfahrung hätte prägen müssen. Davon allerdings ist wenig zu spüren. Dazu beigetragen hat, ich will das nicht verschweigen, als jemand, der sich zur linken Hälfte in dieser Republik zählt, dass in der Nachkriegsgeschichte orthodoxe linke Gruppierungen einen entschiedenen Antifaschismus monopolisiert für sich und derart gegen das konservative Bürgertum instrumentalisiert haben als politischen Kampfbegriff, dass Antifaschismus in den Köpfen vieler Zeitgenossen zum Markenzeichen von sektiererischen und einäugigen Kommunisten, Sozialisten und fast schon professionellen Vergangenheitsbewältigern geworden ist. Auch so ist Antifaschismus in Misskredit geraten. Eins jedenfalls, und das will ich sagen, ist er nicht geworden: Teil einer politisch-humanistischen Identität für die breite Mitte. Das ist, wie gesagt, erstaunlich, auch heute noch, nicht einmal zwei Generationen nach solchen Ungeheuerlichkeiten.

Vier Tage vor dem Urteil gegen Josef Schwammberger finde ich in einer baden-württembergischen Tageszeitung folgende Meldung: Die Realschule in Creglingen, eine 5.000-Einwohner-Stadt im Main-Tauber-Kreis, darf nicht nach zwei Juden benannt werden, die im März 1933 auf dem Creglinger Rathaus beim Verhör durch die SA zu Tode geprügelt worden waren. Mit einer einstimmigen - wohlgemerkt: einstimmigen - Ablehnung zog sich der Gemeinderat aus der emotionalisierten Affäre, ich zitiere den Zeitungsbericht: Eine personenbezogene Namensgebung sei grundsätzlich nicht notwendig, wurde argumentiert. Tatsächlich aber, so fährt der Zeitungsbericht fort, scheint in Creglingen die Erinnerung an dieses Geschehen unerwünscht zu sein. „Stern-Rosenberg-Realschule" sollte die Schule heißen, so hatte die Schulkonferenz vorgeschlagen. Der Creglinger Bürgermeister hat erklärt, die Bevölkerung lehne diesen Namen für die Schule ab, und deshalb sei eine Benennung der Schule nach den beiden Ermordeten, so wörtlich, „kein positiver Beitrag für die Vergangenheitsbewältigung". Und der Schulrektor wird zitiert mit dem Satz, in Creglingen solle jede Verbindung mit dem negativen Vorfall vermieden werden - der Rektor war ein Befürworter der Benennung -, und dann hat er gesagt: „Das ist hier das ganz große Tabu-Thema."

Der sonst verehrte Gerhard Mauz hat im vorletzten Spiegel aus Anlass des Schwammberger-Prozesses folgenden Satz geschrieben: „Die späten, heillos verspäteten NS-Prozesse lehren nichts mehr." Ich bin vollkommen anderer Auffassung, und ich fürchte, so etwas kann man nur sagen, wenn man auf einer heillosen Stufe der Abstraktion angekommen ist. Ich hätte es gut gefunden, wenn noch sehr viel mehr Lehrer ihre Klassen in den Saal 1 des Stuttgarter Landgerichts geschickt hätten. Obwohl ich manchmal den Eindruck hatte, dass die wenigsten Schüler begriffen, wie nah uns das alles noch ist. Und wie sehr dieser Josef Schwammberger bei allen seinen offenkundig abnorm sadistischen Zügen im Übrigen einer von uns ist. Zu dem wenigen, was er überhaupt gesagt hat in dieser Hauptverhandlung, gehörte ja die Schilderung, wie er 1933 den Weg in die SS und in die NSDAP fand. Soziale Not, die Anbetung von Disziplin und körperlicher Ertüchtigung, zu seiner eigenen, großen Genugtuung war seine Körpergröße von 1,76 also gerade noch das von der SS geforderte Maß. Und das ganze große Deutschland musste es natürlich auch sein, unter Anschluss Österreichs - ein klassisches, nationalistisches, vulgär-darwinistisches Allerwelts-Weltbild, wie es bis heute zig-fach so oder so ähnlich anzutreffen ist - Voraussetzung für einen Mann, der zehn Jahre später Menschen in brennende Scheunen gejagt und gesagt haben soll, das Leben der Juden in den Lagern, die er leitete, sei gerade so viel wert wie die Groschen für die Postkarte, um tausend neue anzufordern.

Zum Thema zurück: Am Ende und auf den zweiten Blick muss man doch bezweifeln, dass die Medien den Monströsitäten, um die es hier ging, im Angesicht von noch lebenden Opfern und einem noch lebenden Täter, wirklich gerecht geworden sind. Möglich wäre das ja nur, wenn, um diesen wirklich treffenden Begriff zu benutzen, neben der Kenntnis der Taten, der Fakten, eine Ahnung von der Banalität des Bösen vermittelt würde. Und wenn verhindert würde, Rozwadow und Przemysl als versunkene Geschichte miss zu verstehen oder den Angeklagten als „Schwammi" zu verharmlosen oder als einen blutrünstigen Exoten ganz weit weg von uns Heutigen zu rücken.

Pessimistische Schlussbemerkung:
Ich fürchte, dass die große Mehrheit der Menschen, auch hier bei uns im aufgeklärten Europa, mit einem adäquaten Umgang mit solchen Dingen strukturell überfordert ist, aus vielen Gründen. Und für die Medien, weil sie ja von Menschen gemacht sind, gilt wohl dasselbe.

Arnold Roßberg[12]

„Die Aufarbeitung des NS-Völkermordes an den Sinti und Roma - Ermittlungsverfahren gegen die Täter"[13]

1.)

In der deutschen Justiz hat es bis in die 1980er Jahre hinein keine angemessene Aufarbeitung des NS-Völkermordes an den Sinti und Roma gegeben. Die Verfolgung der Täter und Organisatoren dieses Völkermordverbrechens, das die Nationalsozialisten ebenso wie gegen die Juden ausschließlich „aus Gründen der Rasse", [wie es in ihrem Jargon hieß], durchführten, unterblieb 40 Jahre lang. In den Jahren nach 1945 wurden ohne nennenswerte Unterbrechung die früheren SS-Leute und Organisatoren des Völkermordes aus dem Reichssicherheitshauptamt in den Verwaltungs- und Polizeidienst der Bundesrepublik Deutschland aufgenommen. Die Haltung der Justiz war regelmäßig davon geprägt, in den Verfahren keinen systematischen Vernichtungswillen der Nationalsozialisten - meist unter Berufung auf die unmittelbaren Aussagen der SS-Täter - anzunehmen oder diesen in Zweifel zu ziehen. So blieben insbesondere die für die Völkermordmaßnahmen gegen Sinti und Roma verantwortlichen SS-Leute aus dem früheren Reichssicherheitshauptamt (RSHA) und dessen sog. „Rassehygienischer Forschungsstelle" von der Justiz unbehelligt, wie Dr. Robert Ritter, Eva Justin, Sophie Erhardt (anschließend Professorin in Tübingen), die SS-Angehörigen Otto, Böhlhoff, Maly und der SS-Oberführer Paul Werner. Werner hatte Himmlers Auschwitz-Erlass vom 16.12.1942 zur Deportation der Sinti und Roma nach Auschwitz mit konzipiert. Die deutsche Justiz leitete zwar in einigen Fällen Ermittlungsverfahren ein, erklärte die Beschuldigten jedoch schließlich für schuldlos - verbunden mit skandalösen Beleidigungen gegen die Opfer, die die Konzentrationslager überlebten.

---

[12] Arnold Roßberg ist Rechtsanwalt und war bis Februar 2015 Justitiar des Zentralrats Deutscher Sinti und Roma.
[13] Der Beitrag setzt sich zusammen aus dem Vortrag bei der Tagung in Bad Boll am 20.05.1992 und dem Tagungsreferat für den Internationalen Kongress „Die nationalsozialistischen Verbrechen und Völkermorde in Geschichte und Erinnerung" 23.-27. November 1992.

Die Nürnberger Prozesse gegen die Spitzen des NS-Staates hatten durchgeführte Völkermordmaßnahmen gegen Sinti und Roma zwar erwähnt, aber auch in den Nachfolgeverfahren durch die Alliierten nicht in dem notwendigen Umfang aufgearbeitet. Auch in dem großen Auschwitz-Prozess in Frankfurt a.M., dessen Urteil im Jahre 1965 gesprochen wurde, erfolgte keine gesonderte Verurteilung der angeklagten SS-Leute wegen ihrer Beteiligung an der Vernichtung der Häftlinge in dem Lagerabschnitt B II e, dem sog. „Zigeunerlager", des Vernichtungslagers Auschwitz-Birkenau.

2.)

Gegen die sog. „Rasseforscher" des Reichssicherheitshauptamtes (RSHA) und gegen die Angehörigen der sog. „Rassehygienischen Forschungsstelle", insbesondere gegen dessen Leiter, Robert Ritter, der die totale Erfassung und anschließende Deportation der Sinti und Roma in die Konzentrations- und Vernichtungslager organisierte, wurden bereits im Jahre 1948 Strafanzeigen von überlebenden Opfern gestellt.[14] Ritter wurde beschuldigt, noch bis zur endgültigen Vernichtung der Häftlinge des sog. „Zigeunerlagers" in Auschwitz-Birkenau am 2. Aug. 1944 an dem schriftlichen Brief- und Telegrafenverkehr des RSHA mit der Lagerkommandantur und der sog. „Politischen Abteilung" in Auschwitz beteiligt gewesen zu sein. In dem damals von der Staatsanwaltschaft Frankfurt a. M. eingeleiteten Ermittlungsverfahren wurden auch einige der überlebenden Opfer der Konzentrationslager als Zeugen vernommen. Man kann sich jedoch nicht des Eindrucks erwehren, dass der damals zuständige Staatsanwalt es vorrangig als seine Aufgabe ansah, solche Personen als „verlässliche" Zeugen zu Wort kommen zu lassen, die zu den Mittätern von Ritter gehören. Diese waren nach Kriegsende unter Verwendung des alten NS-Aktenmaterials vor allem in der sog. „Landfahrerzentrale" bei dem Bayerischen Landeskriminalamt in München mit bundesweiter Zuständigkeit tätig. Deren Leiter, der frühere SS-Hauptsturmführer Wilhelm Supp, und

---

[14] In dem hier ebenfalls dokumentierten Beitrag von Herbert Heuß „*Verleugneter Völkermord? Ursachen und Konsequenzen. Eine kritische Darstellung und Bewertung von Ermittlungsverfahren zu NS-Verbrechen an Sinti und Roma*" wird der diskriminierende Charakter dieser staatsanwaltschaftlichen Verfahren kritisch analysiert.

seine SS-Kollegen Eichberger, Maly und andere waren zuvor im RSHA für die familienweisen Deportationen der Sinti und Roma zuständig. Zum Teil waren sie noch auf den Bahnhöfen persönlich Aufsichtsführende, als die Züge nach Auschwitz abfuhren.

Dem Zentralrat Deutscher Sinti und Roma wurde im Jahre 1990 schließlich die komplette Einstellungsverfügung der Staatsanwaltschaft Frankfurt a.M. in dem Ermittlungsverfahren gegen Dr. Robert Ritter u.a. bekannt, in der Ritter von jeder Schuld freigesprochen wurde. Diese Verfügung vom 28.8.1950 enthielt auf 17 Seiten eine Rechtfertigung der nationalsozialistischen Rassen- und Völkermordpolitik gegenüber den Sinti und Roma, in der sich der damals zuständige Oberstaatsanwalt auch in unvertretbarer Weise des Jargons der Nationalsozialisten bediente.

3.)

Wie in dem Verfahren gegen Dr. Ritter erfolgte auch für alle anderen früheren SS-Leute aus dem RSHA und Mitarbeiter des sog. „Rassehygienischen Forschungsstelle" die Einstellung der Verfahren durch die Staatsanwaltschaften mit der Begründung, dass den Beschuldigten kein Vorsatz für die Beteiligung an den Völkermordverbrechen nachzuweisen sei. Keiner dieser RSHA-Mitarbeiter wurde zur Verantwortung gezogen. Selbst Mitarbeiter der SS, die - wie inzwischen vom Zentralrat ermittelte Dokumente bewiesen haben - Rassegutachten („Gutachtliche Äußerung") mit dem Vermerk „Evak." für „Evakuieren" anfertigten, wurde nicht strafrechtlich verfolgt. („Evakuieren" bedeutete letztendlich die Deportation nach Auschwitz oder in ein anderes Konzentrationslager). Die Staatsanwaltschaft in Stuttgart glaubte den Beschuldigten noch im Jahre 1985, dass sie nicht gewusst hätten, welches Schicksal den Betroffenen in Auschwitz bevorstand.

Ohne Prozess blieb auch SS-"Oberführer" Paul Werner, der als Stellvertreter von Arthur Nebe, SS-Gruppenführer im RSHA, für die Ausarbeitung des sog. Auschwitz-Erlasses vom 16.12.1942 zur Deportation aller Sinti und Roma verantwortlich war. Bis zu seiner Pensionierung in den sechziger Jahren und noch während des laufenden staatsanwaltschaftlichen Ermittlungsverfahrens blieb Werner in seiner Position als Ministerialrat - zuständig für das „Siedlungswesen" - im Innenministerium des Landes Baden-Württemberg beschäftigt. Auch das Verfahren gegen ihn wurde schließlich nach jahrelangen fruchtlosen Ermittlungen der Staatsanwaltschaft eingestellt.

Gleichfalls eingestellt wurden die Ermittlungen gegen Bruno Streckenbach, den kommissarischen Chef des RSHA nach dem Tode Heydrichs. Er war u.a. verantwortlich für die Durchführung des sog. Programms der „Vernichtung durch Arbeit", für den Tod von mehreren-tausend Menschen, die diesen Vernichtungsmaßnahmen zum Opfer fielen. Für Streckenbach genügte die Vorlage eines ärztlichen Attestes, dass er angeblich gesundheitlich einem Gerichtsprozess nicht gewachsen sein würde. Die Staatsanwaltschaft beendete daraufhin die Ermittlungen und Streckenbach, ehemals oberster SS-Führer, konnte seinen Lebensabend geruhsam in Hamburg verbringen.

4.)

In einem der letzten größeren NS-Prozesse in der Bundesrepublik Deutschland hat das Landgericht in Siegen am 15. Januar 1991 den ehemaligen SS-Blockführer Ernst-August König wegen Mordes begangen im Vernichtungslager Auschwitz-Birkenau zu lebenslanger Haft verurteilt. Die öffentliche Hauptverhandlung bei dem Schwurgericht in Siegen dauerte - beginnend von Mai 1987 - insgesamt drei Jahre und sieben Monate. Mit der Anklage durch die Zentralstelle für die Bearbeitung von NS-Verbrechen bei der Staatsanwaltschaft Köln, wurde dem Angeklagten vorgeworfen, in dem ehemaligen Konzentrationslager Auschwitz-Birkenau im Jahre 1943 und Anfang 1944 in sechs Fällen Häftlinge des Lagerabschnitts BIIe, des sog. „Zigeunerlagers", grausam und aus niedrigen Beweggründen getötet zu haben, in zwei weiteren Fällen bei der grausam und heimtückisch begangenen Tötung von Juden, Sinti und Roma durch Gas vorsätzlich Beihilfe geleistet zu haben. Dem Angeklagten wurde zur Last gelegt, während seines Einsatzes als Blockführer im Konzentrationslager Auschwitz-Birkenau im Range eines Rottenführers zwei Häftlingsfrauen durch Schläge und Tritte derart misshandelt zu haben, dass die Opfer hierdurch zu Tode gekommen sind. Nach der

Anklage tötete der Angeklagte dabei eine Häftlingsfrau, die schwanger war und während eines Appells nicht stillgestanden hatte, wie es den Häftlingen von dem Angeklagten befohlen worden war. Darüber hinaus wurde dem Angeklagten zur Last gelegt, dass er bei einem sog. Strafexerzieren auf der Lagerstraße zusammen mit anderen SS-Leuten die Häftlinge angetrieben habe und dabei einen Häftling, der wegen Erschöpfung zurückgeblieben war, durch Schläge und Tritte so misshandelte, dass dieser an den Folgen der durch ihn erlittenen Misshandlungen starb.

Dem Angeklagten wurde außerdem vorgeworfen, dass er in einer nicht mehr feststellbaren Zahl von Fällen an der Tötung von Häftlingsgruppen von jeweils mindestens 50 Personen durch Giftgas mitgewirkt habe, indem er in einem Fall in Kenntnis des Tatplans der anordnenden Personen an der Verladung von Häftlingen auf einen Lastkraftwagen zum Transport zur Gaskammer durch Sicherung dieses Vorgangs und in einem zweiten Fall an der Tötung zumindest einer Gruppe jüdischer Häftlinge durch Beaufsichtigen während eines Marsches von der sog. „Rampe" zur Gaskammer mitgeholfen habe.

Während der Hauptverhandlung reichte die Staatsanwaltschaft eine weitere Anklage gegen König ein, die zu dem Verfahren verbunden wurde. Sie gründete auf Tatsachen und Feststellungen, die während der laufenden Hauptverhandlung getroffen wurden und beinhaltete den Vorwurf des Mordes in zwei weiteren Fällen. In einem Fall ging es um die Tötung eines hochbetagten Häftlings, der mit einem Schlaggegenstand von dem Angeklagten so geschlagen wurde, dass er schwerste Nierenverletzungen erlitt und infolge dieser Verletzungen kurze Zeit später verstarb. Des Weiteren wurde dem Angeklagten vorgeworfen, einen Häftling aufgefordert zu haben, einen Gegenstand zu holen, der unmittelbar bei dem elektrisch geladenen Zaun lag. Als der Häftling sich geweigert habe, diesem Befehl nachzukommen, habe der Angeklagte ihn in den elektrisch geladenen Zaun gestoßen und infolge des Stromstoßes sei das Opfer sofort tot gewesen.

Die ursprünglichen Anklagevorwürfe gingen zurück auf eine Vielzahl belastender Zeugenaussagen bereits aus dem Jahre 1955/56, die im Zusammenhang mit den Ermittlungen der Staatsanwaltschaft Frankfurt zu dem großen Auschwitz-Prozess in den 60er-Jahren durchgeführt wurden. Dieser gesamte Tatkomplex war jedoch seinerzeit von der federführenden Staatsanwaltschaft vom Verfahren abgetrennt worden. Die Ermittlungen wurden erst Anfang der 80er-Jahre aufgegriffen und konkret nach erneuten Anzeigen des Zentralrats Deutscher Sinti und Roma durch die Staatsanwaltschaft in Köln, an die das Verfahren abgegeben worden war, weitergeführt.

Gegenstand des Verfahrens gegen E.A. König waren Vernehmungen von über 200 Zeugen, die Auschwitz und den Lagerabschnitt B II e überlebt hatten, vernommen worden, sowie eine Vielzahl Überlebender Häftlinge benachbarter Lagerabschnitte und Nebenlager von Auschwitz, die die unmenschlich grausamen Tatbestände beschrieben haben. Das Gericht hörte, nachdem die Verteidigung in wiederholten Einstellungsanträgen den Vernichtungswillen der Nationalsozialisten mit skandalösen Argumentationen bestritt, neben Zeugen Sachverständige verschiedenster Fachrichtungen, ließ Dokumente aus in- und ausländischen Archiven auswerten und vernahm zusätzlich mehrere sachverständige Zeugen u.a. den früheren Direktor der Gedenk- und Mahnstätte in Oswiecim/Polen (Auschwitz) und Danuta Czech, die Verfasserin des Kalendariums über das Konzentrations- und Vernichtungslager Auschwitz.

Das Gericht verurteilte König zu lebenslanger Haft wegen der 1943 begangenen Morde an Häftlingen in dem Lagerabschnitt des sog. „Zigeunerlagers" und sah es als erwiesen an, dass der Angeklagte in Ausübung des Vernichtungsprogramms der NS-Führung, des sog. „Führerwillens", als Blockführer eine Frau und zwei Männer auf der Lagerstraße, im Block und während des sog. „Strafsports" zu Tode geprügelt und getreten hatte.

Mit dem Urteil stellte erstmals ein deutsches Gericht in einem derartigen Strafverfahren und nach einer ausführlichen Beweiserhebung fest, dass die Nationalsozialisten die Vernichtung der Sinti und Roma (Zitat:) „als rassenpolitisches Programm" ebenso systematisch betrieben haben wie die Vernichtung der Juden. Der Vorsitzende Richter wies in seiner mündlichen Urteilsbegründung daraufhin, dass aufgrund der im Prozess erhobenen Beweise der „Vernichtungswille der damaligen Machthaber" gegenüber den Sinti und Roma umfassend erwiesen sei.

Das Gericht stellte darüber hinaus fest, dass die Verfolgung der Sinti und Roma „aus Gründen der Rasse", wie es hieß, schon in den dreißiger Jahren mit der Erfassung aller sog. „Zigeuner" begann und dass sie mit der Einrichtung des „Rassehygieneinstituts" unter Leitung von Dr. Robert Ritter, zahlreichen Erlassen der NS-Führung und den Deportationen in die Konzentrationslager seit Ende der dreißiger Jahre vollzogen wurde. Ein wesentliches Ergebnis des Siegener Prozesses ist auch die Tatsache, dass die Klischees der nationalsozialistischen Propaganda über die sog. „Zigeuner", die die späteren Opfer von Auschwitz waren, in der Beweisaufnahme widerlegt worden sind. Nach den Ergebnissen der Beweiserhebung mit den über 200 Zeugenvernehmungen - lebten die Betroffenen seit Generationen in ihrer Stadt integriert als angesehene Bürger und arbeiteten dort in ihren Berufen, Geschäften, in Fabriken und Büros oder waren Beamte, als sie durch die Gestapo von ihren Arbeitsplätzen oder aus ihren Wohnungen heraus abgeholt und zusammen mit den Familienangehörigen nach Auschwitz deportiert wurden.

Der Zentralrat Deutscher Sinti und Roma hat in einer Erklärung nach dem Prozess nochmals hervorgehoben, dass nach der Feststellung der Schuld des Angeklagten in einem rechtsstaatlichen Verfahren eine Verurteilung grundsätzlich geboten sei und es für derartige Verbrechen keine Verjährung geben darf. Die Gesellschaft kann sich von den Tätern und den Verbrechen des nationalsozialistischen Völkermordprogramms nur durch eine Verurteilung distanzieren. Das Gericht wies die wiederholt vorgebrachten Behauptungen der Verteidiger zurück, nach dem sog. „Willen des Führers" habe in Auschwitz kein SS-Mann einen Häftling misshandeln dürfen.

Der Verurteilte König hat nach seiner Inhaftierung im Anschluss an das Urteil am 18.9.1991 in seiner Zelle Selbstmord begangen.

5.

Neben der Beobachtung des König-Prozesses hat sich der Zentralrat Deutscher Sinti und Roma auch in einer Reihe weiterer Fälle von SS-Leuten aus Auschwitz an die zuständigen Strafverfolgungsbehörden gewandt und die Fortführung bzw. Einleitung neuer Ermittlungsverfahren gefordert.

Der SS-Scharführer Kühnemann wurde anlässlich seiner Vernehmung in Siegen von Zeugen identifiziert, die aus USA zur Verhandlung angereist waren, und zwar als einer derjenigen SS-Leute, die in maßgeblicher Funktion auf der sog.

„Rampe" von Auschwitz tätig waren. Er habe die SS-Kommandos geleitet, die die mit den Transporten eintreffenden Häftlinge aus den Zugwaggons trieben und ihnen sämtliche Wertsachen mit Gewalt wegnahmen. Er gehörte zu den SS-Leuten des sog. „Kanada-Kommandos", die auch den Ablauf der Selektionen durch die SS-Ärzte auf der sog. „Rampe" organisierten. Kühnemann wurde im Anschluss an seine Zeugenvernehmung in Siegen und einer erneuten Strafanzeige gegen ihn verhaftet, und aufgrund einer Anklage der Zentralen Stelle der Staatsanwaltschaft Köln in Duisburg wurde vor dem dortigen Schwurgericht ein Prozess eingeleitet.

6.

Ebenfalls in dem Verfahren gegen König wurde der ehemalige SS-Richter Dr. Hansen auf Antrag der Verteidigung vernommen. Er war von den Verteidigern als Zeuge für die absurde Behauptung benannt worden, dass die SS-Gerichtsbarkeit selbst jede Misshandlung von Häftlingen in Konzentrationslagern durch SS-Leute als Straftat verfolgt hätte und deshalb eine Strafverfolgung heute verboten sei.

Der frühere SS-Sturmbannführer Dr. Hansen, über dessen tatsächliche Tätigkeit und Funktion die Nebenklagevertreter im Rahmen des Prozesses durch die Hilfe von Simon Wiesenthal Unterlagen erhielten, hatte in Holland mit sog. Standgerichtsurteilen eine Vielzahl von Menschen zum Tode verurteilt, die dort gegen die Deportation von Juden in die Konzentrationslager gestreikt hatten. Hansen wurde deshalb in Holland als Mörder gesucht und konnte dennoch als Notar des Landes Hessen und etablierter Rechtsanwalt in Königstein im Taunus arbeiten. Als ihm in der Hauptverhandlung gegen E.A. König die vorgeworfenen, damaligen Taten vorgehalten wurden, wegen derer er in Deutschland nicht verfolgt wurde, erklärte er, dass er „kein Unrechtsbewusstsein" empfinde.

Auch der ehemalige Angehörige der sog. „Politischen Abteilung" im KZ Auschwitz, Pery Broad, war als Entlastungszeuge für den SS-Blockführer König aufgetreten. Die sog. „Politische Abteilung" übte in Auschwitz die Funktion der „Lager-Gestapo" aus und war zuständig für das Organisieren der Massenvernichtungsaktionen im Lager. Sie gab auch die Vollzugsmeldungen in das RSHA nach Berlin ab. Broad wurde schon vor dem Prozess in Siegen durch eine Vielzahl von Augenzeugen belastet - insbesondere durch überlebende polnische Häftlinge, die auf Befehl der SS im Abschnitt des sog. „Zigeunerlagers" Arbeiten verrichten mussten. Danach war er auch maßgeblich an der endgültigen Vernichtung der Häftlinge dieses Lagerabschnitts in der Nacht zum 2. August 1944 beteiligt. Weitere Zeugen haben bestätigt, dass Broad zuvor an Selektionen mitgewirkt und Listen dazu anfertigt hatte. Unterlagen, die von Hermann Langbein, dem damaligen Sekretär des Internationalen Lagerkomitees in Wien, der Staatsanwaltschaft zur Verfügung gestellt wurden, ergaben, dass diese Vorwürfe gegen Broad schon vor über 25 Jahren im Rahmen des großen Auschwitz-Prozesses in Frankfurt a.M. von Zeugen erhoben wurden. Das in den sechziger Jahren bereits von dem damaligen hessischen Justizminister zugesagte Ermittlungsverfahren war jedoch ohne rechtfertigenden Anlass über 20 Jahre nicht fortgeführt worden.

Die Staatsanwaltschaft Frankfurt a.M. hat im Anschluss an eine neue Strafanzeige des Zentralrats im Jahre 1987 das Verfahren gegen Broad neu aufgenommen. Es kam allerdings nicht zu einer Anklageerhebung.[15]

Die Durchführung weiterer Ermittlungsverfahren verlangte der Zentralrat außerdem gegen den früheren sog. „Arbeitsdienstführer" im Abschnitt B II e des Konzentrationslagers Auschwitz-Birkenau, den SS-Scharführer Willi Sawatzki und den SS-Rottenführer Karl Beinski, der als Blockführer in dem sog. „Zigeunerlager" für die Mitwirkung bei der Ermordung der Sinti und Roma verantwortlich zu machen ist.

7.

Am 27. September 1991 begann vor dem Schwurgericht in Kassel die Hauptverhandlung in dem Verfahren gegen Michael Scheftner, einem früheren Angehörigen der von SS, SD und Wehrmacht gebildeten sog. „Einsatzgruppen" in der Ukraine. Ihm wurde als damaligem stellvertretendem Polizeichef des Dorfes

---

[15] Siehe dazu auch „Der Fall Pery Broad 1953 - 1993" in Anhang dieses Bandes.

Siwaschi die Beteiligung an der Ermordung der dort lebenden Romafamilien vorgeworfen. Bei den Opfern handelte es sich um ca. 30 Männer, Frauen und Kinder, die in Siwaschi als Einwohner mit bürgerlichen Berufen und als Bauern gelebt hatten. Sie wurden im Mai 1942 von den Einsatzgruppenangehörigen verhaftet. Als Grund der Verhaftung wurde den Betroffenen von den Polizisten mitgeteilt, dass sie „umgesiedelt" werden. Am frühen Morgen des nächsten Tages wurde eine Grube ausgehoben und alle Opfer erschossen.

Auch in diesem Verfahren wurden die Ermittlungen lange - über 11 Jahre - verzögert. Erst im Jahre 1985 wurde Anklage erhoben, für das Landgericht Kassel aber mit einer skandalösen, rechtlich offensichtlich falschen Begründung eine Verfahrenseröffnung ablehnte, da man die Vorwürfe als „verjährt" ansah. Erst auf Intervention des Oberlandesgerichts Frankfurt, das die Sache einer anderen Schwurgerichtskammer zuwies und nach persönlichen Protesten des Zentralratsvorsitzenden Romani Rose bei dem damaligen Hessischen Justizminister, Dr. Karl-Heinz Koch, wurde 6 Jahre nach der Anklageerhebung ein Hauptverhandlungstermin angesetzt.

Die „andere" Schwurgerichtskammer des Landgerichts Kassel zog anschließend den Prozess im Schnellverfahren innerhalb von sechs Tagen durch und sprach Scheftner mit der Begründung „mangelnder Beweise" frei.[16]

Die Staatsanwaltschaft hatte bei den aus der Ukraine angereisten Tatzeugen keinen ernsthaften Versuch einer näheren Befragung zur Aufklärung des Geschehens unternommen.

Ebenfalls wegen seiner Zugehörigkeit zu den „Einsatzgruppen" der SS, Wehrmacht und Polizei, die 1941/42 hinter der Front zig-Tausende Sinti und Roma und - Seite an Seite mit ihnen - hunderttausende Juden ermordeten, stand der Exil-Lette Bolislaw Majkowski in Münster vor Gericht. Angeklagt war er in dieser Hauptverhandlung wegen der Ermordung der gesamten 200 Einwohner des lettischen Dorfes Audrini im Kreis Rezekne/Rositten. „Aus Gründen der Prozessökonomie" nahm die federführende Staatsanwaltschaft in Dortmund die weiteren Taten Majkowskis in die Anklage nicht mit auf. Majkowski war nach

---

[16] Siehe dazu auch die Dokumentation „Verfahren gegen Michael Scheftner 1989/1991" in Anhang dieses Bandes.

Aussagen einer Reihe von Zeugen auch daran beteiligt, 20 Angehörige der Roma, Männer, Frauen und Kinder, die man zuvor familienweise zusammen mit jüdischen Familien verhaftet hatte, im Zuge des Vernichtungsprogramms in dem Ort Kaupat erschossen zu haben. Da sämtliche Beweismittel und Aussagen auch zu diesem Tatkomplex bereits aktenkundig vorlagen, hatte der Zentralrat Deutscher Sinti und Roma erwartet, dass auch insoweit eine Feststellung der Schuld Majkowskis und eine Einbeziehung dieser Taten in eine Verurteilung erfolgt, was aber nicht geschah.

Seit dem Nürnberger „Einsatzgruppen"-Prozess ist das sog. „Walther-Protokoll" bekannt, in dem der kommandierende Wehrmachtsoffizier, Hans-Dietrich Walther, detailliert die Erschießung von insgesamt 3200 „Juden und Zigeunern" - wie es in dem Bericht heißt - zwischen dem 27. und 30. Oktober 1941 beschreibt. Gegen Walther, der später wieder Berufsoffizier der Bundeswehr geworden war, wurde zwar 25 Jahre später im Jahre 1963 ein Ermittlungsverfahren wegen Mordes eingeleitet. Das Landgericht Konstanz setzte ihn jedoch bereits 1964 wieder außer Verfolgung mit der unakzeptablen Begründung, er habe nur „aufgrund militärischen Befehls gehandelt".

Unbehelligt geblieben sind auch SS-Ärzte der Konzentrationslager Auschwitz und Natzweiler, die die unmenschlich grausamen, pseudomedizinischen Versuche an Sinti und Roma durchführten (u.a. Dr. Mengele, der als Lagerarzt für den Abschnitt BIIe „Zigeunerlager" in Auschwitz-Birkenau abkommandiert war, Dr. Lucas, Dr. König, Dr. Rühl u.a.). Erneute Strafanzeigen und die Vorlage von Ermittlungsmaterialien führten in einem Fall (Dr. Rühl) zwar zur Anklage. Das Hauptverfahren wurde jedoch nach einem vom Angeklagten vorgelegten ärztlichen Attest über angebliche Verhandlungsunfähigkeit nicht fortgeführt. Andere der inzwischen mit neuen Haftbefehlen gesuchten ehemaligen KZ-Ärzte waren flüchtig, u.a. in Süd-Amerika.

Mit großer Öffentlichkeit verfügte am 3. Feb. 1992 in Argentinien Staatspräsident Menem die Freigabe bisher geheim gehaltener Archiv-Unterlagen über Nazi-Verbrecher, die mutmaßlich nach Argentinien geflohen waren. Dieser Schritt erwies sich, wie die Einsichtnahme in die Unterlagen im General-Archiv Buenos-Aires durch Mitarbeiter des Zentralrats Deutscher Sinti und Roma ergab, im Verhältnis zu der PR-Aktion von Präsident Menem als wenig ergiebig. Bei den im Generalarchiv in Buenos Aires zugänglichen Akten fehlten tatsächlich aufschlussreiche einschlägige Akten aus dem Außenministerium, dem Justizministerium, den regionalen Polizeibehörden und insbesondere den Justiz- und Gerichtsarchiven.

Der Zentralrat Deutscher Sinti und Roma hatte insbesondere Hinweise auf den SS-Offizier Dr. Hans-Wilhelm König, alias Edmund König gesucht. Dr. König war verdächtig, als KZ-Arzt und Assistent von Mengele an der Ermordung von Sinti und Roma in den Jahren 1943 und 1944 im Konzentrationslager Auschwitz beteiligt gewesen zu sein. Dr. Königs Zulassung zum Beruf des Arztes, aufgrund der er unter Aliasnamen in Spanien gelebt hatte, besaß auch in Argentinien Gültigkeit. Für die Suche nach Dr. König übergab der Zentralrat dem Generalarchiv und der deutschen Botschaft in Buenos weitere Angaben zu seiner Person und zu dem gegen ihn bestehenden Haftbefehl der Staatsanwaltschaft Frankfurt/M..

Der Tod Mengeles ist bis Anfang der 1990er Jahre mit guten Gründen bezweifelt worden. Nach einem sog. DNA-Vergleichsgutachten von Mengele-Verwandten mit Knochenresten aus Embu stellte die Staatsanwaltschaft Frankfurt im Jahre das Ermittlungsverfahren dann endgültig ein und erklärte öffentlich, dass „Mengele mit 99,97 % Sicherheit tot" sei.

Dazu wäre anzumerken:

Der Bundesgerichtshof beurteilte 4 Monate später - bezogen auf einen anderen Fall - in einem Grundsatzurteil vom 12.August 1992 den Beweiswert der „DNA-Analyse" (sog. genetischer Fingerabdruck) für unzuverlässig und entschied, dass darauf kein Urteil gestützt werden könne (BGH Az.: 5 StA 239/92). Das Gericht führte in dem Urteil aus, dass wegen der „mangelnden wissenschaftlichen Absicherung" der Beweiswert der DNA-Analyse kritisch zu würdigen sei. Das Gericht kommt aufgrund eingeholter Sachverständigengutachten zu dem Schluss, dass „die von den einzelnen Instituten bei der Entwicklung der Datenbasen verwandten Methoden der wissenschaftlichen Diskussion und Kontrolle weitgehend entzogen sind". Das Gericht stellt 1992 weiter fest: „Das gilt insbesondere dann, wenn die wissenschaftliche Entwicklung - wie hier - noch in vollem Fluss ist und keine abschließenden, allgemein anerkannten Erkenntnisse vorliegen." Allein auf der Grundlage der von der Staatsanwaltschaft angenommenen Sicherheit würden in Süd-Amerika mindestens 85 000 „Mengele" leben (das heißt, Menschen mit gleicher DNA-Analyse wie Mengele).[17]

8.)

Seit 1980 verlangte der Zentralrat Deutscher Sinti und Roma Aufklärung über den Verbleib der verschwundenen NS-Völkermordakten und insbesondere der 24000 sog. „Rassegutachten" des NS-"Rassehygieneinstituts", die nachweislich nach 1945 von den früheren Tätern, die jetzt im Polizeidienst waren, zur Sondererfassung der Minderheit in der Bundesrepublik Deutschland verwendet wurden. Diese Akten waren im Bayerischen Landeskriminalamt, bevor sie ab 1980 angeblich „nicht mehr auffindbar" seien. Wegen des Verdachts der Verschiebung dieser NS-Akten an den Rassehygieniker und Giftgasforscher Dr. Arnold hatte der Zentralrat im Jahre 1989 ein Verfahren bei dem Oberlandesgericht Zweibrücken eingeleitet, um die Aufklärung des Aktenverbleibs im Rahmen eines ordentlichen Ermittlungsverfahrens zu erzwingen. Das Oberlandesgericht ordnete daraufhin intensive Ermittlungen und richterliche Zeugenvernehmungen an. In seinem Beschluss vom 3. August 1990 kritisierte das Gericht in zahlreichen Punkten das Bayerische Landeskriminalamt und das Bayerische Innenministerium. Das Oberlandesgericht stellte zusammenfassend fest: (Zitat:) „ Die Sorge des Zentralrats ist begründet, dass mit den rassebiologischen Gutachten nach 1945 nicht in der gebotenen Weise verfahren und dadurch den Interessen der Angehörigen der Sinti und Roma, die durch solche Gutachten Opfer der unmenschlichen Rassenpolitik geworden waren, zuwidergehandelt wurde".

Das Gericht stellte weiter fest: „ Ein Verlust von mehreren tausend Akten aus der Aktensammelstelle in Landesbehörden erscheint nicht nachvollziehbar."

Einen weiteren Vorgang der gleichen Art deckte der Zentralrat im Jahre 1991 auf, nachdem durch Auffinden eines staatsanwaltlichen Vermerks aus dem Jahre 1960 bekannt wurde, dass in der Landespolizeidirektion Karlsruhe mehrere tausend dieser NS-Akten vorhanden waren. Diese Akten enthielten sog. „Rasse-

---

[17] Siehe dazu auch im Anhang „Ermittlungen in Argentinien 1992".

gutachten" und unmittelbare Deportationsverfügungen nach Auschwitz. Darüber hinaus lag bei der Landespolizeidirektion Karlsruhe nach den aufgefundenen Vermerken auch die Totenliste des RSHA (sog. „Berliner Liste"), die von der Dienststelle des SS-Oberführers Paul Werner angelegt war und die Mitteilungen über den Tod von Häftlingen in den Konzentrations- und Vernichtungslagern registrierte.

Die Intervention des Zentralrats führte zu einer Anfrage im Landtag von Baden-Württemberg und schließlich zu einem Antrag an die Landesregierung, den Verbleib dieser Akten zu klären und sie ins Bundesarchiv zu überführen. Trotz der eindeutigen Nachweise behauptete seinerzeit die zuständige Polizeiführung in Karlsruhe, dass sie keine Möglichkeit mehr habe, den Verbleib der Akten aufzuklären, da die Behörde sämtliche Aktenführungsbücher, Aktenregister etc. vor 1980 spurlos vernichtet habe. Keine der mehr als 5000 Akten sei auffindbar und keiner der früheren Beamten wisse noch etwas von diesen Akten.

Wegen dieser nicht überzeugenden Darstellung, die jeder Behörden- und Verwaltungspraxis widerspricht, hatte der Zentralrat die Einsetzung eines Parlamentarischen Untersuchungsausschusses des Landtags in Baden-Württemberg vorgeschlagen. In Anbetracht der Tatsache, dass auch in Karlsruhe nach 1945 Beamte der früheren sog. NS-Zigeunerstelle mit den alten Akten weiterarbeiteten, bestand der Verdacht, dass diese Akten zur Vereitelung der Strafverfolgung von NS-Tätern der Staatsanwaltschaft und dem Bundesarchiv entzogen worden waren.

9.

Zusammenfassend ist festzustellen, dass die Täter weitest gehend nicht verfolgt und die Art und Weise, wie eingeleitete Verfahren behandelt und zur Einstellung gebracht wurden, keine angemessene justizielle Aufarbeitung des NS-Holocaust an den Sinti und Roma sein kann. Zu den Konsequenzen des NS-Völkermordes gehört auch die Aufarbeitung der NS-Vernichtungsprogramme durch die Justiz und die Verpflichtung, die Mörder und Organisatoren dieser Massenmordverbrechen in rechtsstaatlichen Verfahren zur Verantwortung zu ziehen. Auf keinem anderen Wege kann ein gesellschaftliches Bewusstsein erreicht werden, das Völkermordverbrechen ächtet, künftige potentielle Täter abschreckt und eine Sensibilität auch innerhalb der Justiz erzeugt, dem Wiederaufkeimen des damaligen Gedankenguts entschieden und mit den Mitteln des Rechtsstaats entgegenzutreten.

1992, über 40 Jahre nach dem nationalsozialistischen Terror sind die zuständigen Stellen im In- und Ausland mit der Aufklärung dieser Verbrechen unter verschiedenen rechtlichen Aspekten (z.B. Verstöße gegen das Einwanderungsgesetz in den USA) immer noch befasst und ihre Statistiken zeigen die Aktualität der ihnen gestellten Aufgabe. Die Öffnung von Archiven in Osteuropa und in Südamerika hätte die Chancen der Aufklärung von NS-Verbrechen sicher erhöht, wenn die zuständigen Stellen im Stande gewesen wären, die notwendige und über Jahrzehnte politisch blockierte, systematische Auswertung des dort verfügbaren Aktenmaterials zu leisten.

Die justizielle Verfolgung von Verbrechen aus der Zeit der kommunistischen Herrschaft stand vor vergleichbaren Schwierigkeiten der Ahndung von Systemverbrechen mit den Mitteln des Strafrechts. Es bestand vielfach die Tendenz, die Verbrechen des Nationalsozialismus mit der Unrechtspraxis und den Verbrechen in den kommunistischen Systemen Osteuropas aufzurechnen und die eigene Beteiligung an den nationalsozialistischen Verbrechen im Zuge einer Neubewertung der Geschichte zu entschuldigen. Solche Tendenzen gibt es nicht nur im wiedervereinten Deutschland, sondern auch in einigen der seit 1990 neu konstituierten Staaten Osteuropas. Damit einher geht regelmäßig eine verschärfte Diskriminierung von Minderheiten, insbesondere der Juden und der Sinti und Roma. Vor diesem Hintergrund ist vor einem Nachlassen bei der Aufarbeitung und Aufklärung der NS-Verbrechen zu warnen.

Während der Zusammenbruch der kommunistischen Regime in breiten Kreisen aller davon betroffenen Nationen als Befreiung erlebt wurde, wurde in Deutschland der Zusammenbruch des Nationalsozialismus vor allem als nationale militärische Niederlage gesehen. „Es gab und gibt bis heute keinen mehrheitsfähigen Zorn des deutschen Volkes auf die Nazis und ihre Verbrechen", wie Prof. Azzola vom Zentralrat der Juden in Deutschland es beschrieb.

Anmerkungen zu dem Prozess gegen E.A. König beim Landgericht Siegen über das sog. „Zigeunerlager"-Auschwitz-Birkenau

Einer der wesentlichen Gründe der langen Dauer des Prozesses (1987 - 1991) um das sog. Zigeunerlager von Auschwitz-Birkenau war eine umfassende Beweisaufnahme zu den grundlegenden historischen Tatsachen über den Völkermord an den Sinti und Roma. Die Notwendigkeit für diese Beweisaufnahme war begründet in einem Einstellungsantrag der Verteidigung des Angeklagten, der sofort am ersten Tag der Hauptverhandlung, am 5. Mai 1987, eingebracht wurde und der während der gesamten Dauer des Verfahrens inhaltlich und sinngemäß bis zuletzt immer wiederholt wurde. Dieser Antrag war u.E. schlicht ein Skandal. Seine Argumentationen machten deutlich, dass es sich nicht um eine sachliche Verteidigungsstrategie handelte, die das unmittelbare Ziel einer Entlastung des Angeklagten von den konkreten Anklagevorwürfen verfolgte, sondern dass dieser Antrag auf eine Relativierung der NS-Verbrechen insgesamt abzielte.

Die Verteidigung hatte beantragt, das Verfahren durch Urteil einzustellen, da die angeklagten Taten verjährt seien. Dabei führte sie aus: „Es sind zwei Gründe, die es ausschließen, dass damals, also bis Anfang 1944, die angeklagten Exzess-Taten nicht verfolgt worden wären. Zum einen unterlagen die inhaftierten Zigeuner mindestens bis Mitte 1944 nicht dem Vernichtungswillen der damaligen Machthaber und damit dem Führerwillen." Sodann führt dieser Antrag mit einem offensichtlichen Schreibfehler fort, nämlich: „Da die Juden also nicht einem generellen Vernichtungsprogramm unterlagen…" Hier sollte nach dem Jargon der Verteidiger das Wort „Zigeuner" stehen. Also würde es dann geheißen haben: „Da die Zigeuner also nicht einem generellen Vernichtungsprogramm unterlagen, durfte auch kein SS-Mann einen Zigeuner, auch in Auschwitz nicht, auf eigene Initiative töten, ohne selbst hierfür damals [also während des Nationalsozialismus] selbst einem Strafverfahren ausgesetzt zu werden." So der damalige Antrag der Verteidigung.

Ein Antrag mit einer derartigen Begründung musste gegenüber den Opfern des Völkermordes an den Sinti und Roma, dem im besetzten Europa mehr als 500.000 Angehörige der Volksgruppe zum Opfer fielen und die ihre Familienangehörigen in Auschwitz und in den anderen Vernichtungslagern verloren haben, als eine massive Herabsetzung empfunden werden. Allein bis zum Zeitpunkt August 1944, auf diesen Zeitraum bezog sich der Antrag der Verteidigung, waren in Auschwitz schon fast 15.000 Sinti und Roma ermordet worden. Demgegenüber sprach die Verteidigung in ihrem Antrag davon, dass bis dahin kein Vernichtungswille vorhanden gewesen sei.

Um diese Strategie noch prozessual etwas zu erläutern, damit man diesen Antrag besser versteht: Die Verjährungsfrist hat bei Mord und bei Mordbeihilfe nach altem Recht 20 Jahre betragen. Weil die Verfolgung der Mordtaten wegen der - das ist wichtig - rechtsfeindlichen Haltung der NS-Machthaber bis zum Zeitpunkt des Kriegsendes de facto ausgeschlossen war, begann der Lauf der Verjährungsfrist in derartigen Fällen grundsätzlich erst mit dem 8.5.1945. Nach einem Gesetz über die Verjährungsfristen aus dem Jahre 1965 ist außerdem bei der Berechnung der Verjährungsfrist die Zeit vom 8.5.1945 bis zum 31.12.1949 in die Fristberechnung nicht mit einzubeziehen. Noch vor Ablauf der 20-Jahre-Frist (also noch vor dem 31.12.1969), hatte der Gesetzgeber für Taten, die wie Mord mit lebenslanger Freiheitsstrafe bedroht sind, durch Art. 1 und 3 des 9. Strafrechtsänderungsgesetzes die Verjährungsfrist von 20 zunächst auf 30 Jahre verlängert. Die Verlängerungsfrist von 30 Jahren wiederum war noch nicht abgelaufen, als der Gesetzgeber schließlich durch das 16. Strafrechtsänderungsgesetz am 16.7.1979 die Strafverfolgungsverjährung für Mord ganz aufgehoben hat.

Diese Regelung greift, wie gesagt, nur in den Fällen, bei denen aufgrund der rechtsfeindlichen Haltung der NS-Machthaber bis zum Kriegsende eine Verfolgung der Mordtaten ausgeschlossen war. Eine solche rechtsfeindliche Haltung der NS-Machthaber stellte die Verteidigung aber in Bezug auf Sinti und Roma und ihre massenhafte Ermordung in Auschwitz in Abrede und behauptete, dass es einen entsprechenden „Führerwillen" oder sog. Staatsauftrag zur Vernichtung und Ermordung der Sinti und Roma in Auschwitz nicht gegeben habe. Hierbei handelt es sich um eine offenkundig historisch falsche Behauptung, die an sich keiner erneuten gerichtlichen Beweisaufnahmen mehr bedürft hätte. Die zeitgeschichtlich gesicherten Tatsachen über das Völkermordprogramm der Nationalsozialisten sind inzwischen allgemeinkundig und müssten dementsprechend gerichtskundig sein.

Aus diesem Grunde haben wir uns als Vertreter der Nebenklage, und auch die Staatsanwaltschaft, der beantragten umfassenden Beweisaufnahme zu diesem sog. „Führerwillen" zur Vernichtung der Sinti und Roma entgegengestellt und vorgetragen, dass ein solcher Beweisaufnahme-Antrag nur der Verschleppung des Verfahrens dienen sollte und die Argumentation grundsätzlich haltlos sei.

Das Gericht hat dennoch entschieden, in der folgenden Hauptverhandlung eine Vielzahl von Dokumenten zu dieser Frage aus deutschen und ausländischen Archiven anzufordern und hat diese Frage des NS-Völkermordprogramms gegenüber Sinti und Roma zum Gegenstand von Beweiserhebungen gemacht. Diese Dokumente waren genauso Gegenstand des Prozesses wie die Vernehmung einer Reihe von sachverständigen Zeugen und schließlich die Einholung eines historischen Sachverständigen-Gutachtens durch das Institut für Zeitgeschichte. U.a. sind in sehr ausführlichen Vernehmungen Hermann Langbein vom Internationalen Lagerkomitee in Wien und Danuta Czech, die Verfasserin des sog. Auschwitz-Kalendariums, als sachverständige Zeugen in Siegen gehört worden. Das Gericht hat außerdem selbst zusammen mit allen Gerichtspersonen einen Ortstermin im Konzentrations- und Vernichtungslager Auschwitz durchgeführt und am Ende eindeutige Feststellungen zu dem damaligen Vernichtungsprogramm gegen Sinti und Roma und zu dem sog. „Führerwillen" getroffen.

Der Verjährungsantrag der Verteidigung, der zu Beginn des Prozesses gestellt worden war, hatte noch einen zweiten Teil, der an sich auf dem gleichen Niveau und genauso skandalös ist. Hier hieß es: „Der andere Umstand ist der [so die Verteidigung], dass überhaupt keine individuellen Tötungen durch SS-Angehörige zulässig gewesen" seien. Derartige „Exzess-Taten" seien „seinerzeit, wenn sie bekannt wurden, stets verfolgt worden". Mit anderen Worten: SS-Leute, die Häftlinge in Auschwitz misshandelten, seien schon von den Nazis selbst unter Strafe gestellt worden, und deswegen dürften sie heute nicht mehr verfolgt werden. In einer anderen Passage heißt es, Himmler hätte zu Individualtötungen keinen Staatsauftrag gehabt, im Gegensatz zu Massentötungen. Eine wirklich absurde Begründung.

Als Zeuge für diese Behauptung der Verteidigung benannte sie den Rechtsanwalt und Notar Dr. Hansen aus Frankfurt. Dieser Zeuge war früher Richter am SS- und Polizeigericht und habe, so die Behauptung der Verteidigung, in den Konzentrationslagern selbst Ermittlungen gegen SS-Leute geführt. Am Ende des Einstellungsantrags wird dann nochmals betont: „Es ist aus keinen Umständen zu ersehen, dass die angeklagten Taten damals aus politischen, rassischen oder religionsfeindlichen Gründen wegen eines als Gesetz geachteten Führerwillens nicht verfolgt worden sind." Dadurch habe die Verfolgung der Straftaten während des Krieges nicht geruht, und die Verjährung sei Anfang 1964 eingetreten, also bereits nach 20 Jahren.

Im Rahmen dieses Antrags, der das Ziel verfolgte, den Prozess zu beenden, erklärten die Verteidiger noch, der Lagerabschnitt von Auschwitz-Birkenau B II e, das sog. „Zigeunerlager", sei (Zitat:) „eine Oase in der Hölle" gewesen, in der kein Häftling misshandelt worden sei.

In der anschließend vom Gericht durchgeführten umfangreichen Beweisaufnahme auch zu diesem Teil des Antrags ist dessen Absurdität überdeutlich geworden. Die Staatsanwaltschaft bemerkte dazu: „Der in einem Nazi-KZ eingesperrte Mensch, sei er politischer Häftling gewesen oder aus rassischen oder anderen Gründen verfolgt worden, stand seit Schaffung dieser Lager nicht mehr unter dem Schutz einer Rechtsordnung, die seine körperliche Unversehrtheit und sein Leben garantierte. Eine Rechtsordnung, die auch von Juristen überwacht wurde, die von den Nazi-Machthabern unabhängig war", hätte es nicht gegeben.

Dass die Häftlinge eines KZ dem Terror und der Vernichtung hilflos ausgeliefert waren, offenbart in drastischer Weise auch die von der Staatsanwaltschaft in ihrer Stellungnahme zitierte Rede Göhrings aus dem Jahre 1935 vor Unterführern eines SS-Totenkopf-Sturmbanns. Göhring sagte: „Die Insassen eines KZ sind nur der Inhalt eines Müllkastens der Nation, die nichts weiter verdient haben als verbrannt zu werden."

Die anschließende Beweisaufnahme hat die Absurdität des Verteidigervorbringens in aller Deutlichkeit bestätigt. Sämtliche gehörten Zeugen, mit Ausnahme der SS-Leute, haben die unmenschliche Grausamkeit in dem Vernichtungslager Auschwitz-Birkenau beschrieben und zwar gleichermaßen in allen Lagerabschnitten, soweit es überhaupt möglich war, diese Grausamkeit in Worte zu fassen. Auch zuletzt gehörte Zeugen, die zu den Überlebenden eines Nebenlagers gehörten, bestätigten ebenfalls eindrucksvoll, mit welcher Brutalität die SS in Auschwitz die Menschen in dem sog. „Zigeunerlager" quälte und durch Misshandlungen zu Tode brachte.

Die auf Antrag der Verteidigung mit gegenteiligen Beweisbehauptungen in Israel, Kanada und USA gehörten jüdischen Zeugen haben geschildert, wie sie aus den benachbarten Lagerabschnitten, neben dem sog. „Zigeunerlager", die Grausamkeiten der SS dort täglich beobachten konnten. Hermann Langbein sagte als Zeuge: „Die Arbeit der Häftlinge war darauf angelegt, die Menschen zu vernichten. Alles musste im Laufschritt geschehen. Das Essen war schändlich und zum Überleben völlig unzureichend. Ständig wurde geprügelt. Jedes noch so kleine Vergehen, jede Fahrlässigkeit wurde mit Totschlag geahndet. Sogar ohne jegliche Ursache gehörte der Mord zum Alltag. Wenn z.B. auf die Frage eines SS-Mannes, ‚Woher bist du?', ein Ort genannt wurde, der ihm nicht passte, so war die Antwort allein oft schon ein ausreichender Grund, den Häftling umzubringen. Sogenannter Sport, Strafübungen, Misshandlungen beim Suppenkessel, bei der Arbeit, vor und nach der Arbeit, Prügel bei Tag und bei Nacht, all das hat die Widerstandskräfte der Häftlinge schnell gebrochen", so Hermann Langbein als Zeuge in diesem Verfahren.

Der frühere SS-Richter und heutige Notar des Landes Hessen, Dr. Hansen, der in dem Einstellungsantrag als Zeuge der Verteidigung benannt wurde, ist in der Hauptverhandlung auch vernommen worden. Wie geschildert hatte Dr. Hansen im Mai 1943 als SS-Richter holländische Arbeiter, die als Protest gegen die beginnende Deportation der Juden von Holland aus in die Vernichtungslager einen Streik durchführen wollten, in sog. Standgerichtsverfahren zum Tode verurteilt und hinrichten lassen. Er wurde deshalb in Holland noch wegen Mordes gesucht. Es ist mir unverständlich, wie ein solcher Mann unbehelligt und von den Verteidigern als Kollege begrüßt, im Gerichtssaal als Zeuge auftreten konnte, mit der zynischen Behauptung, ihm sei es damals darum gegangen, „in den Konzentrationslagern Ordnung zu schaffen". Es ist auch unverständlich, wie Dr. Hansen Notar des Landes Hessen sein konnte.

Wolfgang Bock[18]

Behandlung der NS-Verbrechen durch die Justiz der ehemaligen DDR

Die Augen für die DDR-Justiz öffnet ein Zitat von Otto Kirchheimer, einem Rechtswissenschaftler, der 1933/34 über Paris in die USA floh, und der sich dann, nach 1950, mit Verfahren der politischen Justiz generell auseinandergesetzt hat. Dieses sehr interessante Zitat bezeichnet und trifft meiner Ansicht nach das Zentrum der gesamten Problematik. Es lautet:

„Wo jedoch die staatlichen Institutionen nach Sowjetmodellen aufgebaut sind [Kirchheimer bezeichnet mit diesem Begriff das reale politische System, das in den Ostblockländern vorhanden war], gehört es zur Wesensbestimmung des richterlichen Amtes, dass keine Einzelsituation von den mit der Rechtspflege Betrauten (die im Einklang mit den Tatsachen ‚Justizfunktionäre' heißen) anders beurteilt werden soll als von den Trägern politischer Macht und schon gar nicht im entgegengesetzten Sinne. Das angestrebte Ziel ist die größtmögliche Übereinstimmung der richterlichen Entscheidungen mit der jeweiligen Regierungspolitik; im Idealfall soll jeder Einzelfall so entschieden werden, dass ein möglichst großer Beitrag zur Erfüllung der gerade auf der Tagesordnung stehenden gesamtgesellschaftlichen Aufgaben geleistet wird."[19]

Diesem Problem muss man sich stellen, wenn man von Recht, Gerichten, Richtern und Rechtsverfahren in der DDR spricht. Sie sind im Grunde genommen nur sehr schwer nur mit unseren Einrichtungen und Verfahren zu vergleichen. Ich will aber zugleich das Positive nicht verschweigen, das es auch gab, aber in anderer Form, als Sie es erwarten mögen. Ich werde am Anfang die rechtlichen Grundlagen ins Auge fassen, auf denen solche Prozesse geführt worden sind, um im Anschluss einige Momente der Strafverfahren selbst zu schildern. Ich kann

---

[18] Prof. Dr. Wolfgang Bock war 1992 Wissenschaftlicher Referent an der Evangelischen Studiengemeinschaft (FESt) in Heidelberg, er ist nunmehr Studienreferent an der Bundesakademie für Sicherheitspolitik, einer Einrichtung der Bundesregierung in Berlin.
[19] Otto Kirchheimer, Politische Justiz, Neuwied/Berlin 1965, S. 385.

keine umfassende Analyse des Rechtssystems und der Strafprozesse geben, aber ich glaube, dass einige Einzelheiten für eine Charakteristik ausreichen.

1) Rechtsgrundlagen

Die Rechtsgrundlage der Verfahren, d.h. der Ursprung der in den Prozessen angewendeten Normen des Strafrechts, war in erster Linie Artikel 6 c des Londoner Statuts für den Internationalen Militärgerichtshof in Nürnberg vom 8. August 1945. Das dort angewendete Recht wurde in der DDR konsequent bis zu ihrer Auflösung weiter angewendet. Für den Hintergrund beziehe ich mich auch auf das zuvor gehörte Referat von Alfred Streim. Ich bin genauso wie Herr Streim der Auffassung, dass die Anwendung dieser Rechtsnormen zu keinen Komplikationen führt. Im Gegenteil: Sie sind besser geeignet, den Unrechtsgehalt der massenhaften Verbrechen des NS, des Völkermordes, zu erfassen als die Rechtsnormen, die hier in der BRD immer angewendet worden sind. Insofern hätte ich eine Übernahme dieser Strafrechtsnormen auch jetzt noch in dem politischen Prozess der Vereinigung gewünscht.

In Art. 6 c des genannten Statuts wird der Begriff ‚Verbrechen gegen die Menschlichkeit' folgendermaßen definiert: „Mord, Ausrottung, Versklavung, Deportation oder andere unmenschliche Handlungen, begangen an irgendeiner Zivilbevölkerung vor oder während des Krieges, Verfolgung aus politischen, rassischen oder religiösen Gründen, begangen in Ausführung eines Verbrechens oder in Verbindung mit einem Verbrechen, für das der Gerichtshof zuständig ist, und zwar unabhängig davon, ob die Handlung gegen das Recht des Landes verstieß, in dem sie begangen wurde, oder nicht."

Die Beteiligung an einem derartigen Verbrechen gegen die Menschlichkeit regelt das Statut gleich anschließend: „Anführer, Organisatoren, Anstifter oder Teilnehmer, die am Entwurf oder der Ausführung eines gemeinsamen Planes oder an einer Verschwörung zur Begehung eines der vorgenannten Verbrechen teilgenommen haben, sind für alle Handlungen verantwortlich, die von irgendeiner Person in Ausführung eines solchen Planes begangen worden sind." Damit wäre das Problem der Schreibtischtäter wie auch das der organisationsbezogenen

Mittäter ohne Frage ein für alle Mal gelöst gewesen, jedenfalls auf der Ebene der Gesetzgebung.

Diese strafrechtlichen Vorschriften sind auch in der BRD angewendet worden. Von 1949 bis 1951 sind 5.487 Personen nach diesen Normen verurteilt worden. Diese Normen galten in der DDR aufgrund Artikel 91 der Verfassung der DDR. Die Verfassung war zwar mehrfach geändert worden, die folgende Fassung wurde jedoch seit 1968 beibehalten: „Die allgemein anerkannten Normen des Völkerrechts über die Bestrafung von Verbrechen gegen den Frieden, gegen die Menschlichkeit und von Kriegsverbrechen sind unmittelbar geltendes Recht. Verbrechen dieser Art unterliegen nicht der Verjährung."

Anders als die BRD hat sich die DDR der UNO-Konvention über die Nichtanwendbarkeit von Verjährungsvorschriften auf Kriegsverbrechen und Verbrechen gegen die Menschlichkeit vom 26. November 1968 angeschlossen. Neben diesen Vorschriften fanden die Vorschriften des Strafgesetzbuches der DDR nur ergänzend Anwendung. Dementsprechend sagt das Einführungsgesetz zum Strafgesetzbuch der DDR: „In Bekräftigung der bestehenden Rechtslage sind Verbrechen gegen den Frieden, gegen die Menschlichkeit und Kriegsverbrechen, die vor dem Inkrafttreten des Strafgesetzbuches begangen wurden, weiterhin auf der Grundlage der völkerrechtlichen Vorschriften zu verfolgen. Die Strafen sind den entsprechenden Tatbeständen im Besonderen Teil des Strafgesetzbuches zu entnehmen."

Das hieß, der Tatbestand des Verbrechens gegen die Menschlichkeit war mit einer Strafandrohung von 2 bis zu 10 Jahren Freiheitsstrafe bedroht. Wurden durch das Verbrechen vorsätzlich besonders schwere Folgen verursacht, so war eine lebenslängliche Freiheitsstrafe zu verhängen.

2) Bemerkungen zum Justizsystem der DDR

Nun zur Struktur des Justizsystems der DDR selbst:
Die gesamte Rechtsprechung war dem Staatsrat der DDR als dem effektiv höchsten Machtorgan unterstellt. Das höchste Gericht war das Oberste Gericht. Es war der Volkskammer und zwischen ihren Tagungen dem Staatsrat verantwortlich (so

die Verfassung). Der Staatsrat nahm - nach dem Wortlaut der Verfassung - „die ständige Aufsicht über die Verfassungsmäßigkeit und Gesetzlichkeit der Tätigkeit des Obersten Gerichts wahr".

Also stellen Sie sich vor, bei uns würde das Bundesverfassungsgericht regelmäßig von der Bundesregierung daraufhin kontrolliert, ob es denn nun richtig entscheidet oder nicht.

Das Oberste Gericht musste dem Staatsrat regelmäßig über die Entwicklung der Rechtsprechung berichten. Der Staatsrat konnte dem Obersten Gericht den Erlass von Richtlinien und Beschlüssen mit verbindlicher Wirkung für alle anderen Gerichte empfehlen. D.h. alle anderen Gerichte waren nachgeschaltet. In dieser Hinsicht gab es keine richterliche Unabhängigkeit.

Entgegen dem Wortlaut der Verfassung, die die Unabhängigkeit der Justiz proklamierte, waren die Gerichte de facto und auch nach dem Recht weisungsgebunden. Nach Art. 93 Abs. 2 der Verfassung leitete das Oberste Gericht die Rechtsprechung der Gerichte und sicherte die einheitliche Rechtsanwendung, wobei für das Verhältnis der Gerichte zueinander ? nach einem Urteil des Obersten Gerichts von 1961 ebenso wie für alle anderen Staatsorgane ? das Prinzip des demokratischen Zentralismus (leninscher Prägung) galt.[20]

Wie ein Beobachter der Rechtsentwicklung der DDR, Dietrich Müller-Römer, es beschrieben hat, wurde so ein „lückenloses Leitungs- und Kontrollsystem" geschaffen[21]. An der Spitze standen der Staatsrat und das Justizministerium. Das Oberste Gericht und mit ihm alle anderen Gerichte waren nur ein Hilfsorgan der zentralen Regierungsbehörden.[22]

Im Vergleich zu den in westeuropäischen Staaten oder in Verfassungsrechtsstaaten westlichen Typus geltenden Bedingungen hatten Richterinnen und Richter in der DDR einen anderen Status: Sie waren als rechtskundige Justizangestellte oder -funktionäre in die staatliche Hierarchie eingegliedert. Sie wurden nicht auf Lebenszeit eingestellt, sondern nur jeweils für fünf Jahre von den sie anstellenden Gebietskörperschaften, die natürlich der Parteikontrolle unterstanden, gewählt.

---

[20] Neue Justiz 1961, S. 104.
[21] Ulbrichts Grundgesetz, Die sozialistische Verfassung der DDR. Mit einem einleitenden Kommentar, Köln 1968, S. 54.
[22] Otto Kirchheimer, (wie Anm. 2), S. 392.

Sie unterlagen einer rigiden Dienstaufsicht. Nach dem Gerichtsverfassungsgesetz waren die Richter verpflichtet, „eng mit den Werktätigen zusammenzuarbeiten und das Vertrauensverhältnis zu ihnen ständig zu festigen, aktiv am gesellschaftlichen Leben teilzunehmen und die Staatsdisziplin zu wahren."

Das gesamte Rechts- und Justizwesen der DDR war staatsmonopolistisch ? so würde ich das bezeichnen - organisiert: Es gab weder privat verfasste Rechtskommentare noch vom Staat unabhängige Rechtszeitschriften. Ein unabhängiges Rechtsdenken oder eine Rechtswissenschaft hätte die Einheitlichkeit des Rechtswesens behindern können. Dem Fehlen unabhängigen Rechtsdenkens entsprach die Abwesenheit einer wirklich freien und möglicherweise unbequemen Prozessberichterstattung in den Medien. Von Unabhängigkeit gegenüber anderen Teilen der Staatsgewalt konnte keine Rede sein. Das Gerichtsverfassungsgesetz der DDR schreibt vor: „Die Unabhängigkeit der Justiz beruht auf ihrer festen Verbindung mit dem Volk und wird durch ein demokratisches System der Leitung und Kontrolle der Rechtsprechung gesichert."

Die Gerichte mussten auch mit den Sicherheitsorganen der Polizei zusammenarbeiten. So bezeichnete der DDR-Justizminister Kurt Wünsche die sozialistische Rechtsprechung als „Ausdruck und Bestandteil der einheitlichen sozialistischen Staatsmacht".

In der Regel konnten das Justizministerium bzw. das Oberste Gericht das jeweilige Gericht anweisen, in konkreten Fällen eine bestimmte Gesetzesbestimmung anzuwenden und zu einer bestimmten Strafe zu kommen. Die Sozialisation der Justizangestellten, der Richterinnen und Richter selbst, von der Kinderkrippe bis hin zum Studium, war durch ein ständig beaufsichtigendes Staats- und Gesellschaftssystem geprägt.

3) Zum Strafverfahrensrecht der DDR

Zum Strafverfahrensrecht selbst und zu seinen charakteristischen Eigenheiten ist anzumerken:

Es besteht Einvernehmen darüber, dass in der überwiegenden Mehrzahl der politisch motivierten Prozesse wegen Republikflucht, wegen oppositioneller Haltungen oder Handlungen und wegen anderer, ähnlicher Delikte die Freiheitsrechte mit Füßen getreten wurden und zudem völlig unvertretbare Strafen verhängt wurden. Aber eine kritische Untersuchung des gesamten DDR-Strafverfahrensrechts und der Verfahren selbst steht noch aus. Ich beschränke mich daher auf drei einzelne Institutionen, anhand deren man erklären kann, was dort so anders, und was der allgemeinste Grundzug der Strafverfahren in der DDR war.

Dieser allgemeine Grundzug bestand darin, dass einerseits Paternalismus, also eine bevormundende Haltung und ein autoritärer Etatismus seitens der Gerichte vorherrsche und dass andererseits eine dementsprechende Entmündigung der Subjekte, eine Degradierung zum Objekt der Staatsgewalt gegeben war.

Weit davon entfernt, die Magna Charta der Angeklagten, d.h. die Garantie der Rechte der Angeklagten und Beschuldigten zu sein, war das Strafverfahrensrecht in erster Linie Mittel zur Durchsetzung des Strafanspruchs und einer etatistisch-sozialistischen Gesellschaftspolitik. So schrieb 1990 während des Prozesses der Auflösung der DDR ein Jurist aus der DDR? 1990, als die SED schon nicht mehr die komplette Macht in der Hand hatte? zu den damaligen Strafverfahren: „Noch zu oft ist in der gerichtlichen Hauptverhandlung der Vorsitzende des Gerichts so dominant, dass der Eindruck entsteht, Staatsanwalt, Rechtsanwalt, Verteidiger? soweit überhaupt einer mitwirkt? und andere Verfahrensbeteiligte seien Statisten."[23]

Das auf Mündigkeit angelegte Individuum wurde so vom sozialistischen Obrigkeitsstaat systematisch bevormundet. Strafverfahren sind nun einer der zuverlässigsten Indikatoren dafür, wie eine Gesellschaft mit ihren Bürgerinnen und Bürgern umgeht, weil es gerade in ihm auch um oppositionelle, aufbegehrende oder abweichende Minderheiten, Handlungen und Haltungen gehen kann. Das Strafverfahren zeigt an, wie eine Gesellschaft mit den Rechten ihrer Bürgerinnen und Bürger umgeht und ob sie sie respektiert. Mündigkeit, das heißt die Fähigkeit zum Gebrauch der Vernunft, und moralische Einsichtsfähigkeit müssen gerade im Strafverfahren als Prinzipien vorausgesetzt werden. Jedes Übergewicht der Staatsgewalt und jede Einschränkung der Rechte von Angeklagten, sofern sie nicht durch die (Grund-)Rechte anderer geboten sind, sind von Übel.

---

[23] Karl Heinz Röhner, Recht und soziale Wirklichkeit im Strafverfahren der DDR, KJ 1990, S. 178 ff. (181).

In diesem Zusammenhang möchte ich drei einzelne Institute des Strafverfahrens beispielhaft erläutern:

Zuerst geht es um die Beweisführung und um den Begriff der Wahrheit, der prozessualen Wahrheit.

Das Plenum des Obersten Gerichts der DDR hatte 1978 in Fortführung früherer Richtlinien eine Richtlinie zur Frage der gerichtlichen Beweisaufnahme und Wahrheitsfindung im sozialistischen Strafprozess erlassen. Sie galt bis 1988. Das Oberste Gericht konnte ? wie erklärt ? bindende Anweisungen für die anderen Gerichte erlassen. Das war eine derartige bindende Anweisung. Die Richtlinie zur Beweisaufnahme und Wahrheitsfindung enthält eine grundlegende Struktur des sozialistischen Strafverfahrens. „Der Grundsatz der Wissenschaftlichkeit und Unvoreingenommenheit der Beweisführung beruht auf der Einheit von Wahrheit, Wissenschaftlichkeit und Parteilichkeit; Wahrheit und sozialistische Parteilichkeit bedingen einander. Die sozialistische Parteilichkeit erfordert und gewährleistet die objektive und allseitige Feststellung der Wahrheit über jede Straftat durch gesetzliche, unvoreingenommene Beweisführung."

In einer neuen Richtlinie, die seit 1988 galt, hieß es dann: „Richterliche Unabhängigkeit und Wissenschaftlichkeit bedingen einander. Sie gewährleisten die objektive und allseitige Feststellung der Wahrheit über jede Straftat durch gesetzliche, unvoreingenommene Beweisführung und sind die Grundlage eigenverantwortlicher Entscheidungen des Gerichts." Nach dieser etwas aufgelockerten Formulierung ist der Begriff der Wahrheit weiterhin zentral.

Dass es sich im Strafprozess und in jeglichem Strafrecht nur um eine prozessuale Wahrheit handeln kann, ist als eine grundlegende Einsicht anzusehen. Sie ist von vorneherein schon durch die Fähigkeit aller daran Beteiligten beschränkt, so dass es sich letzten Endes nicht um eine absolute oder wissenschaftliche Wahrheit handeln kann. Die wissenschaftliche Wahrheit steht unter einem sehr viel weitergehenden Anspruch. Ihn kann kein Richter in einem Strafverfahren völlig einlösen. Wird ein sorgfältig vorbereiteter Prozess gut geführt, so kann man auf Bestandteile der Wahrheit kommen. Aber es kann eben keine absolute Wahrheit sein. Es sind vielleicht deren Teile, die für das Recht entscheidend sind, aber es ist nicht mehr. Eine objektive und allseitige Wahrheit, der in diesen Richtlinien zugleich mit einer sozialistischen Parteilichkeit angehangen wird, ist dagegen etwas ganz Anderes.

Die Möglichkeit von Fehlurteilen und das Eingeständnis der Subjektivität von Richtern oder der Fehleranfälligkeit von Gerichtsverfahren, wären in der DDR schon als eine Bedrohung der Macht des Staates erschienen. Jede Möglichkeit, die reale Existenz des Sozialismus in Frage zu stellen, musste von vornherein ausgeschlossen werden. Die Vergöttlichung des autoritären Staatssozialismus im Strafverfahren führte so notwendig zu einem die Rechte der einzelnen verletzenden und missachtenden Strafprozessrecht. Das zeigt sich u.a. daran, dass Ehegatten, Geschwister, Eltern, Geistliche, Ärzte, Rechtsanwälte und Psychologen die Aussage nicht verweigern durften, wenn nach dem Strafgesetz eine Pflicht zur Anzeigeerstattung bestand. Das betraf eine sehr große Zahl von Straftaten - nahezu alle, die als schwer oder als politisch angesehene Vergehen betrafen. Angeklagte hatten noch nicht einmal das Recht, sich in der Vernehmung nicht zur Sache zu äußern.

Darüber hinaus hatte Gesetzlichkeit in der DDR eine feststehende Bedeutung. In Otto Kirchheimers Worten: „Das Gesetz dient der herrschenden Klasse als Instrument zur Gestaltung der gesellschaftlichen Entwicklung, und revolutionäre Gesetzlichkeit bedeutet planmäßige, koordinierte und disziplinierte Ausübung der Klassenherrschaft."[24] Die Partei war, sei es im Wege der Gesetzgebung oder sei es unter direkter Durchbrechung der Gesetzesbindung, der Vollstrecker einer mystischen Mission: „Die vermeintlichen Ziele einer abstrakten Gesellschaft zu verwirklichen und diesen Zielen wird ein höherer Wert beigemessen als den Interessen der lebendigen Menschen, aus denen die konkrete empirische Gesellschaft besteht."

Zu diesem Zweck wurde die Gesetzlichkeit immer wieder mit der Tatsächlichkeit, den angeblichen Notwendigkeiten der politischen und gesellschaftlichen Entwicklungen verschmolzen. Die Gesetzlichkeit wurde durchbrochen, wenn es opportun schien, wenn es politisch gewünscht war. Das Gesetz wurde angewendet, wenn es politisch gewünscht war. Es gab aber keine unabhängige, rechtliche

---

[24] Otto Kirchheimer zitiert dazu eine Veröffentlichung des in der DDR lehrenden Rechtsphilosophen Herrmann Klenner; a.a.O. (Anm. 2), S. 423.

Anwendung der Normen durch die Gerichte. Gesetzlichkeit hatte? so verstanden? einen völlig anderen Inhalt als den, der unter dem Grundgesetz durch die Begriffe Rechtsstaat und Gesetzesbindung ausgedrückt wird, In Amerika und England verwendet man den Terminus „rule of law".

Das zweite Institut ist das Recht auf freie Advokatur, die Freiheit der Anwaltschaft. Die Freiheit der Advokatur ist die Kehrseite der Stellung des Angeklagten im Strafprozess. Die Freiheit der Rechtsanwältinnen und Rechtsanwälte von staatlicher und politischer Disziplinierung ist eine Säule der Rechtsstaatlichkeit. Dieses Grundrecht der Verteidigung existierte in der DDR nicht. Abgesehen davon, dass nur eine minimale Zahl von Rechtsanwältinnen und Rechtsanwälten zugelassen wurde, unterstanden sie einer rigorosen Kontrolle. So wurde ein Rechtsanwalt, der die Vertretung von Robert Havemann übernahm, staatlicherseits aus der Anwaltschaft ausgeschlossen.

Das dritte Institut: Zu den wesentlichen Elementen eines rechtsstaatlichen

Strafprozesses zähle ich das Institut der Richterablehnung wegen Befangenheit. Es schwebt während jedes Strafverfahrens als ein kleines Damoklesschwert über der Richterbank. Es ist sehr gut geeignet, die Ausübung der richterlichen Gewalt in ihre Schranken zu verweisen. Das betrifft sowohl die Wahl der sprachlichen Ausdrücke als auch etwaige in einer Verhandlung geäußerte Vorurteile und Voreingenommenheiten. Schon eine distanz- und respektlose Behandlung von Angeklagten, Zeugen oder Rechtsbeiständen kann einen begründeten Ablehnungsantrag nach sich ziehen. Erst recht kann die Möglichkeit? allein schon die Möglichkeit? eines derartigen Antrages das Einschüchtern von Prozessbeteiligten verhindern.

Zwar sah die Strafprozessordnung der DDR eine Ablehnung der Richter wegen Befangenheit vor. Aber während der wichtigsten Phase der strafrechtlichen Hauptverhandlung, also für den Zeitraum, während dessen Zeugen vernommen werden und in dem Aussagen gemacht werden, war sie ausgeschlossen. Der entsprechende Paragraph lautete: „Die Ablehnung ist in der Hauptverhandlung erster Instanz nur bis zur Verlesung des Beschlusses über die Eröffnung des Hauptverfahrens", d.h. für ca. 10 Minuten möglich. In der Hauptverhandlung über das Rechtsmittel, also in der Berufung, ist der Ablehnungsantrag nur bis zum Beginn der Berichterstattung, also auch wiederum für etwa 10 Minuten seit Beginn der

Verhandlung gestattet. Damit gab es während des für autoritäre Einschüchterung, Beeinflussung u.a. anfälligsten Teiles des Strafverfahrens keine Möglichkeit einer Ablehnung wegen Befangenheit. Auch von sich aus musste das Gericht nach diesem Zeitpunkt keinem Ablehnungsgrund mehr nachgehen. Das im deutschen Strafprozess im Verhältnis zum englischen, wo nach dem Zwei-Parteien-System verhandelt wird, schon immer bestehende Übergewicht der Staatsgewalt wurde so noch erheblich gesteigert.

4) Antifaschismus als Staatsideologie

Insgesamt stellt sich nun abschließend die Frage, wie unter solchen Bedingungen sinnvoll Prozesse gegen die Täter des Holocaust geführt werden konnten. Welche Auswirkungen hatten diese Prozesse auf die Gesellschaft, auf die Beteiligten? Letzten Endes ließe sich mit Adorno fragen: Gibt es ein richtiges Leben im falschen? Kann ein letzten Endes ganz und gar pervertiertes System der Justiz positive Ergebnisse erzielen? Es sind viele Täter verurteilt worden. Aber was hatte das für Auswirkungen auf die Gesellschaft?

Um niemandem Unrecht zu tun und doch der Wahrheit zu ihrem Recht zu verhelfen, muss man sich der Widersprüchlichkeit stellen, die in solchen DDR-Strafverfahren aufscheint. Einerseits ist die DDR aus der historischen Frontstellung des Kommunismus gegen den Nationalsozialismus heraus entstanden. Der „Antifaschismus" war Teil des Staats- und Gründungsmythos der DDR. Das verhinderte nicht, dass er zu politischen Zwecken bewusst eingesetzt wurde. Dieser Antifaschismus war keine politisch aufklärende Haltung, er war immer Instrument staatlicher Politik und Unterdrückung. Das war ein zentraler Widerspruch.

Aus diesem Antifaschismus heraus erklärt sich der meines Erachtens richtige Ansatz, an den strafrechtlichen Tatbeständen des Verbrechens gegen die Menschlichkeit und des Kriegsverbrechens festzuhalten und auf der Grundlage dieser Normen die gerichtliche Auseinandersetzung mit dem Holocaust zu führen. Andererseits musste die DDR-Justiz Oppositionellen jeder politischen Farbe als integraler Teil des zu recht abgelehnten kommunistischen Herrschaftssystems erscheinen. Dies stellte die rechtliche und politische Auseinandersetzung mit dem Holocaust in ein Licht der politischen Unglaubwürdigkeit. Das gilt umso mehr, als in der DDR eine offene rechtsförmige Auseinandersetzung mit der nationalsozialistischen Vergangenheit nicht möglich war. Republikanische Öffentlichkeit, nach Kant eine konstitutive Bedingung des öffentlichen Gebrauchs der Vernunft, war unter diesem System der politischen und rechtlichen Unterdrückung ausgeschlossen. Der Versuch politischer Aufklärung und Auseinandersetzung, ohne den eine Aufarbeitung der Vergangenheit nicht möglich ist, konnte unter diesen Umständen m.E. nicht erfolgreich verlaufen. An diesen Schwierigkeiten und Hindernissen hat eine justizförmige Auseinandersetzung, mithin ein Strafverfahren, in noch höherem Maße ihren Anteil: Sie beruht auf der möglichen staatlichen Anwendung von Gewalt und bedarf einer erhöhten politischen Legitimität. Diese konnte sie aufgrund des politischen und rechtlichen Systems der DDR nicht haben.

Die verwaltungs-, polizei- und justizförmige Befassung mit dem Holocaust wurde als ausreichender Wall gegen Antisemitismus und Nationalsozialismus angesehen. Ich halte die These für plausibel, dass dem eine Verdrängung durch den Mangel an intellektueller und Diskussion ermöglichender Öffentlichkeit entsprach. Aber auch negative politische Auswirkungen dieser Vorgehensweise sind nicht auszuschließen. Man sieht es an der neueren politischen Entwicklung, gerade auch in den neuen Bundesländern: Wer mit den NS-Prozessen zufrieden war, mochte kaum einen Grund zur Kritik sehen. Diejenigen aber, die unter anderen gesellschaftlichen Umständen von einer offenen Diskussion über Nationalsozialismus und Antisemitismus, über die menschliche Fähigkeit zum Bösen und die Verführungskraft von Ideen hätten betroffen sein können, die in einer kritischen Auseinandersetzung vielleicht dazugelernt hätten, konnten so dem Staats- und Rechtsapparat, der Partei, der Justiz und der Verwaltung neben allen ihren politischen Unterdrückungsmaßnahmen auch diesen schwarzen Peter zuschieben und sich von einer Auseinandersetzung mit der Vergangenheit und dem eigenen Tun frei sprechen. Im Extremfall konnten die Unbelehrbaren sich zum Teil gegen diejenigen im Recht fühlen, die sich der deutschen Geschichte und der aus ihr entspringenden politischen Verantwortung zumindest im Ansatz bewusst waren. Diese Widersprüchlichkeit, die das ganze politische System der DDR charakterisierte, war nicht positiv aufzulösen.

Anmerkung des Referenten:

Mangels mir im Jahre 1992 verfügbarer Informationen über in der ehemaligen DDR gefällte Gerichtsentscheidungen zu NS-Verbrechen befasst der Beitrag sich nur mit den Rahmenbedingungen (auch) derartiger Verfahren in der DDR. Einen Überblick über die Diskussion seit diesem Zeitpunkt sowie über die neuere Literatur bieten Rainer Schröder, Maren Bedau und Caroline Dostal in dem Stichwort „Deutsche Demokratische Republik" in: Albrecht Cordes u.a. (Hg.), Handwörterbuch zur deutschen Rechtsgeschichte, 2. Auflage, Bd. I, Berlin 2008, Sp. 957 - 971.

Frankfurt am Main im August 2015
Prof. Dr. Wolfgang Bock

Zuzana Pivcova[25]

Aufklärung und strafrechtliche Verfolgung von NS-Verbrechen in bzw. mit Hilfe der CSFR

Ich möchte mein Referat in zwei Teile trennen: In dem ersten Teil möchte ich einen sachlichen Überblick über die vergangenen mehr als 40 Jahre versuchen. Ich gehe dabei von den Unterlagen aus, die mir zur Verfügung gestanden haben und ich muss gleich zu Anfang betonen, dass diese Unterlagen heute (1992) noch als geheim behandelt werden. Das betrifft nach dem gültigen Archivgesetz alle Archivakten, die nach dem Krieg, also in den späteren Jahren entstanden sind. Diese bleiben noch für die Öffentlichkeit unzugänglich, so dass man auch zur Benutzung dieser Akten eine Genehmigung von den höchsten Militärbehörden, also von dem Minister für Verteidigung benötigt.

Mir ist es nur deswegen gelungen, an die Akten heranzukommen, weil meine Abteilungsleiterin enge Kontakte zu den anderen Archiven pflegt. Es handelt sich um Unterlagen, die sich nicht selbst in unserem Archiv befinden, sondern im Archiv des Innenministeriums und im Archiv des Ministeriums für Auswärtige Angelegenheiten.

Die Tschechoslowakei wurde eines der ersten Opfer des Nazi-Deutschlands. Die Gesamtzahl der zu Tode Gefolterten, Ermordeten, Getöteten und Gefallenen erreichte die Zahl von mehr als 360.000 Personen. Zur Verfolgung von Kriegsverbrechern kam es in der Tschechoslowakei unmittelbar nach dem Kriegsende. Aufgrund der Verfügungen des Präsidenten Nr. 16 und 17 vom 16.6.1945 und aufgrund des Erlasses des slowakischen Nationalrates Nr. 33 vom 15.5.1945 sollten „das Unterjochen der Heimat, die Versklavung, Beraubung und Erniedrigung tschechoslowakischer Bürger gerecht bestraft und nie unverjährbar werden." Urteile über die Verbrechen haben zuerst die Volkssondergerichte und das Nationalgericht vollstreckt. Nur bis Ende 1948 wurden mehr als 33.000 Personen als Kriegsverbrecher oder als Kollaborateure verurteilt, 50% davon waren deutscher Nationalität. Unter ihnen waren auch einige der hohen Nazi-Führer,

---

[25] Zuzana Pivcová war 1992 Wissenschaftliche Mitarbeiterin beim Militärarchiv der CSFR in Prag.

die entweder im Gewahrsam der tschechoslowakischen Behörden waren oder von Verbündeten ausgeliefert wurden, z.B. Karl Hermann Frank. Es wurden mehr als 130.000 Fälle untersucht, aber bei mehreren tausend Fällen musste man jedoch die Strafverfolgung einstellen, weil der Aufenthalt der Täter unbekannt blieb. Es gelang auch vielen Verbrechern, vor allen der Mehrheit von beinahe 6.000 Gestapo-Leuten, die im Protektorat tätig waren, zu entfliehen.

Die Tschechoslowakei war auch Signatar des Londoner Abkommens von 8.8.1945 über die Verfolgung und Bestrafung der Hauptkriegsverbrecher. Sie hat den Verbündeten schon im Jahre 1947 umfangreiche Materialkomplexe nach Wiesbaden übergeben. In einigen Fällen hat die Tschechoslowakei durch die Vermittlung der amerikanischen Botschaft in Prag die Auslieferung der Verbrecher von Deutschland bzw. ihre Bestrafung gefordert.

Diese Bemühungen sind jedoch fast immer unbeantwortet geblieben. Insgesamt hat die Tschechoslowakei in der ersten Etappe, d.h. bis Anfang der 1960er Jahre, die Namen von 1.300 Personen angegeben, die in die Internationale Liste der Kriegsverbrecher eingetragen wurden. Nach der Beendigung der Tätigkeit der Volkssondergerichte nach dem 31.12.1948 wurde die Verfolgung der Kriegsverbrecher nach den allgemein gültigen Strafvorschriften durchgeführt.

Im Oktober 1959 entstand die sog. „Kommission für die Leitung der Verfahren gegen Nazi-Verbrecher", die eigentlich als Arbeitssubkommission der deutschen Kommission beim Außenministerium tätig war. An ihrer Tätigkeit war eine Reihe von Ressortbehörden beteiligt. Aus dieser Zeit datieren die zusammen mit der DDR unternommenen Prozesse gegen Nazi-Richter, gegen den ehemaligen Staatssekretär im Reichskanzleramt, Globke, gegen den ehemaligen stellvertretenden Kommandeur der Kleinen Festung in Theresienstadt, Rojko, dann Belastungsmaterialien zu Personen wie dem ehemaligen Oberlandrat in Zlin, Hopf, dem ehemaligen Minister Oberländer, außerdem Rumohr, Neuwirth, Lübke oder Krüger. Anfang der 1960er Jahre wurden auch Belastungszeugen zu den Gerichtsprozessen, vor allen gegen Aufseher vom KZ Auschwitz, zur Verfügung gestellt. Am 24.9.1964 hat das tschechoslowakische Parlament das Gesetz Nr. 184 über die Unverjährbarkeit der Kriegsverbrechen abgestimmt.

Am 9. Mai 1965 sollte die 20jährige Frist ablaufen, nach der alle Kriegsverbrechen wie sonstige schwere Straftaten verjährt werden sollten. Diese Tatsache hat sich auch in der Tschechoslowakei widergespiegelt und hat zu einer erhöhten Aktivität geführt. Aufgrund des Regierungsbeschlusses Nr. 34 vom 5.2.1965 und laut der Vereinbarung zwischen dem Justiz- und Außenministerium wurde die sog. „Regierungskommission für die Verfolgung von Nazi-Kriegsverbrechern" gebildet. An der Spitze stand ihr Vorsitzender, der Justizminister, die Mitglieder waren stellvertretende Außen-und Innenminister, der stellvertretende Generalstaatsanwalt, Vorsitzender des ZK des Verbandes der sog. antifaschistischen Kämpfer, Oberhaupt des Militärhistorischen Instituts und ein Vertreter des ZK der Kommunistischen Partei der Tschechoslowakei.

Die Hauptaufgaben der Kommission waren am Anfang:
– aktive Bemühungen um Unverjährbarkeit der Kriegsverbrechen in Form von Pressekonferenzen, Gesprächen, Noten und Demarchen an andere Länder und
– Kampf gegen die Kriegsverbrecher selbst mit Hilfe von Augenzeugen und Archivaktenbeständen.

Die Kommission diente als der einzige Ein- und Austrittspartner für den Verkehr mit anderen Justizbehörden sowie mit der Zentralstelle der Landesjustizverwaltungen in Ludwigsburg. Ursprünglich sollte die Kommission Ende Mai 1965 ihre Tätigkeit abschließen, aber mit der Verlängerung der Unverjährbarkeit der Kriegsverbrechen wurde dann ihre Tätigkeit immer wieder verlängert. Insgesamt wurden in der zweiten Etappe, d.h. seit der Gründung dieser Kommission, 180 Straffälle gegen 662 Personen bearbeitet, die ihren Anteil am Tode von mindestens 14.056 Personen hatten. An die BRD und Österreich wurden in Form der sog. Denkschriften oder als Aufforderung der Übernahme der Strafverfolgung 93 Fälle gegen 430 Täter übergeben. In 25 Fällen wurden die Ergebnisse der Untersuchung an die Behörden der anderen sozialistischen Länder übergeben. 11 Fälle wurden intern behandelt.

Bei den bearbeiteten Strafverfahren wären folgende zu nennen:
In der 1. Hälfte der 1970er Jahre: Verbrechen in der Kleinen Festung in Theresienstadt, Strafakte des Chefs der Prager Gestapo Dr. Gerke, Unterlagen zum Zeitabschnitt des 1. Standrechtes, durch das mehr als 1.400 tschechische Bürger ermordet wurden, Verbrechen der Einsatzkommandos während des slowakischen

Nationalaufstandes, die Unterlagen zum Zeitabschnitt des 2. Standrechtes, also nach dem Attentat auf Heydrich.

In der 2. Hälfte der 1970er Jahre dann vor allem die folgenden Fälle: Ermordung der 173 tschechischen Bürger in Prag-Pankraz im Mai 1945, Ermordung von mehr als 40 Personen in Prag „Na Prazacce", begangen von der SA-Standarte Feldherrnhalle, umfangreiche abgeschlossene Untersuchungen bei der sog. „Endlösung der Judenfrage", wobei das Material zu 157 Personen gewonnen wurde, Untersuchungen über die Verbrechen in der Südslowakei durch die Polizeitruppen des faschistischen Ungarns. Am schwierigsten jedoch waren die Erfassung und Dokumentierung der Verbrechen am Kriegsende während der Todestransporte, die über unser Gebiet befördert wurden.

Die 1980er Jahre bedeuteten die Komplettierung der Arbeitsergebnisse der Kommission, weitere Zeugen, die zu Gerichtsverhandlungen im Ausland reisten, und Werbung für die Friedenserhaltung im allgemeinen Sinne. In den 1980er Jahren wurden auch die ersten Kontakte mit dem Justizministerium in den USA und in Kanada angeknüpft.

Die Kommission wurde kurz nach den Umwandlungen in unserem Land, also nach dem November 1989 aufgelöst.

Soweit die Archivunterlagen. Man könnte den Eindruck gewinnen, dass die Tschechoslowakei auf diesem Gebiet viel Positives geleistet hat. Ich kann trotzdem nicht den Gedanken loslassen, dass sich die Tschechoslowakei auch in dieser Hinsicht einem einseitigen politischen Gesichtspunkt nicht immer entzogen hat. Aus manchen Unterlagen geht ganz eindeutig hervor, dass das Problem der Kriegsverbrecher als ausschließliches Problem der Bundesrepublik dargestellt wurde. Dann wäre also auch diese Tätigkeit ein Teil eines kalt berechneten Kriegs zwischen Osten und Westen gewesen.

Aus manchen Unterlagen kann man ablesen, dass im Zusammenhang mit der ehemaligen DDR sehr oft unsaubere politische Machenschaften durchgeführt wurden. Um ein Beispiel zu nennen: Ehe man das Beweismaterial an die Zentrale Stelle nach Ludwigsburg abgegeben hat, musste dieses erst von den zuständigen Stasi-Behörden in der DDR gründlich untersucht werden, damit im Westen kein Material über eventuell in der DDR lebenden Personen hätte veröffentlicht werden können. Es wurde darauf hingewiesen, dass es sich vor allem um Personen handelte, die in der DDR auf eine andere Weise von Nutzen hätten sein können.

Nun möchte ich zu der Rolle des Militärarchivs auf diesem Sachgebiet übergehen. Es ist unbestreitbar, dass auch diese Archivbestände in den vergangenen 47 Jahren eine wichtige Rolle gespielt haben. Leider blieben die deutschen Kriegsakten jahrelang unbearbeitet und damit auch für die Öffentlichkeit unzugänglich. Es ist heute schwer beweisbar, was für ein Hauptgrund dieses Verhalten gehabt hat. Vermutlich fehlte es an zuständigen Facharbeitern, die sich als echte Spezialisten mit dem Material, also ich meine aus historischer Sicht, beschäftigen konnten. Aber vielleicht war auch in diesem Vorgehen ein gewisses Stück politischen Spiels dabei.

Anfang der 1960er Jahre hat man plötzlich die Wichtigkeit der deutschen Kriegsakten entdeckt, und seitdem wurden diese regelmäßig und sehr oft langfristig von den Innenbehörden ausgeliehen und ausgewertet. Man hat betont, dass das Innenministerium diese Militärakten für Zwecke der o.g. Kommission brauchte. Ich finde heute noch einige Lücken in den Akten, was ganz einfach feststellbar ist, weil das einzige, was man mit den deutschen Akten nach ihrer Annahme im Archiv gemacht hat, das Anlegen umfangreicher Inhaltsverzeichnisse war; um mindestens den Gesamtinhalt der angenommenen Akten zu erfassen. Diese Inhaltsverzeichnisse stehen heute noch zur Verfügung, und sie sind teilweise sehr detailliert geschrieben. Anhand dessen kann man feststellen, dass einige inhaltlich sehr wichtige Dokumente den Akten entnommen worden sind. Es geht dabei um Akten über Massenliquidierungen, u.a. um Fälle von 30.000 ermordeten Juden. Auf jeden Fall ist das weitere Schicksal der Akten heute leider nicht mehr feststellbar.

Die Situation hat sich nach den schon genannten Umwälzungen in unserem Lande grundsätzlich verändert. Wie schon gesagt, wurde die Kommission für Verfolgung von Kriegsverbrechen als überflüssig oder nicht mehr brauchbar aufgelöst. Dabei liegt der größte Teil der Beweislast heute schon bei den Archivbeständen. Es wird auch immer wieder betont, dass mit der abnehmenden Anzahl der Augenzeugen der Hauptwert der Beweismittel bei den Archivdokumenten liegt. Nach November 1989, oder ich kann es jetzt genau sagen, seitdem ich im Archiv angestellt bin, d.h. seit September 1990, wenden sich immer wieder nicht nur Einzelpersonen, sondern auch ausländische Behörden und vor allem Justizbehörden an unser Archiv mit der Bitte um Zusammenarbeit.

Gestatten Sie mir einige Worte über den Inhalt unseres Archivs:
Einen beträchtlichen Teil der deutschen Bestände, die von unserem Archiv verwaltet werden, bildet das sog. SS-Kriegsarchiv, das am Kriegsende seinen Sitz im Schloß Sasmuke, etwa 30 km ostwärts von Prag, gefunden hat. Nach dem Kriegsende wurden dann die Archivbestände von unseren Militärbehörden sichergestellt, und nach etwa einem Jahr - ich setze voraus nach einer gründlichen Voruntersuchung durch die Militärbehörden mit rein nachrichtendienstlichem Charakter - dann an unser Archiv übergeben.

Zu den meistbenutzten und zu den meistverlangten Beständen gehören auf jeden Fall der Bestand „Kommandostab Reichsführer SS" oder das Reichskriegsgericht oder die Akten des SS-Polizeibataillon 322, das ein Bataillon des sog. SS-Polizeiregiment Russland Mitte war. Diese Akten enthalten eine ungeheure Menge von Beweismaterial zur Massenliquidierung der Juden, Partisanen und Zivilbevölkerung in Weißrussland und in der Ukraine.

Ich muss ganz offen sagen, dass ich am Anfang, als ich dieses Material zu Gesicht bekam, sozusagen Gänsehaut bekommen habe von dem fürchterlichen Inhalt der Dokumente. Ich konnte zeitweise nicht schlafen. Und es besteht kein Zweifel daran, dass die Akten keine Fälschung sind, dass die wirklich echt sind. Es ist leider tragisch, dass wir, also dass unser Staat in der Vergangenheit viele Fehler und viele unfaire Schritte getan hat, so dass uns auch in dieser Hinsicht nicht immer geglaubt wird. Es gibt tatsächlich Bemühungen von der Seite einiger Wissenschaftler oder Einzelpersonen, mit allen Mitteln die Unechtheit der Akten zu beweisen.

Wie schon gesagt, unser Archiv hat deshalb die Zusammenarbeit mit anderen Behörden im Ausland angestrengt und verstärkt. Ich sage, Gott sei Dank, dass es doch dazu gekommen ist, obwohl mit solch großer Verspätung.

In der Vergangenheit haben wir viel versäumt, und wir müssen uns bemühen, die Wahrheit zu finden und zu beweisen. So hat sich unser Archiv mit seinen Akten unlängst an dem Gerichtsprozess gegen einen ehemaligen Kriegsverbrecher in Australien beteiligt. Und ich war eine der sieben europäischen Archivare, die vor zwei Wochen das Beweismaterial im Original zum Gericht nach Australien mitgebracht und dort vorgelegt haben. Die anderen Archivare waren Vertreter vom Bundesarchiv in Koblenz und vom Militärarchiv in Freiburg und vier Vertreter verschiedener Archive der ehemaligen Sowjetunion.

Der in Australien angeklagte Kriegsverbrecher ist vom Ursprung her ein Ukrainer namens Poliukevic. Er wird beschuldigt, als Forstarbeiter im Dienst der deutschen Polizei selbst 85 Juden erschossen zu haben. Außerdem soll er noch an der Liquidierung eines Ghettos in Serniki, unweit von Minsk, in dem Juden eingesperrt waren, beteiligt gewesen zu sein. Dabei ging es um die Ermordung von weiteren mehr als 400 Personen.

Ich wurde sozusagen unter vier Augen mit einem Kriegsverbrecher konfrontiert. Ich sah einen alten, schwer beweglichen Mann, der nicht meinen Vorstellungen über einen Kriegsverbrecher entsprach. Ich musste sozusagen die Zähne zusammenbeißen und mir sagen, vor 50 Jahren hätte er auch mit dir kein Mitleid gehabt.

Die Position des Instituts zur Strafverfolgung in Sidney - es heißt genau Special Investigation Unit - ist innerhalb von Australien auch nicht beneidenswert, weil es selbst in der Öffentlichkeit und von der australischen Regierung keine Unterstützung findet. Der Hauptgrund dafür liegt wohl vorrangig auf der finanziellen Seite; aber es gibt auch viele Stimmen, es sei schon viel zu spät für solche Verfahren und einfach viel zu aufwändig, eine einzige Person unter den vielen, die ein zufriedenes Leben bis zum Ende gelebt haben, zu verurteilen.

Es bleibt mir nichts anderes, als an dieser Stelle zu sagen, dass ich, solange ich im Archiv bleibe, mit allen Mitteln mich dafür stehen werde, bei der Suche nach dem Beweismaterial, bei der Suche nach der Wahrheit zu helfen. Und vielleicht gelingt es auch, wie es in dem Fall von dem australischen Gericht geschehen ist.

Ewald Bendel[26]

Beitrag zur Podiumsdiskussion „Schuld erinnern - Recht aufrichten"

12 Jahre Nationalsozialismus haben Millionen von Menschen das Leben gekostet. Diejenigen, die Verfolgung, Demütigung und Massenvernichtungslager überlebt haben, werden noch heute von ihren Erinnerungen gequält und leiden. 12 Jahre eines Unrechtsregimes haben dazu geführt, dass Gerichte der westlichen Alliierten in der Nachkriegszeit über 5000 Straftäter, die deutsche Justiz weniger als 7000 Straftäter verurteilten. Dies ist bei einer auch nicht sehr überzeugenden Zahl von fast 100.000 Ermittlungsverfahren kein Ruhmesblatt der deutschen Nachkriegsjustiz. Trotz der negativen Bilanz unserer Justiz wird man jedoch feststellen müssen, die Prozesse gegen NS-Verbrecher waren und sind ein wesentlicher Beitrag zur Auseinandersetzung mit der NS-Vergangenheit, dem NS-Regime überhaupt.

Der Einfluss auf das politische Klima in der Bundesrepublik Deutschland und die Bedeutung der NSG-Verfahren für die Gesellschaft insgesamt darf nicht unterschätzt werden. Akten und Urteile der Justiz zu NS-Verfahren sind nicht nur für die historische Forschung unersetzliche Dokumente. Die Akten und Urteile, die ja zahlreich und auszugsweise publiziert wurden, sind für alle, die daran mitarbeiten und mit überlegen, wie in Zukunft derart schreckliche Verbrechen verhindert werden können, nicht durch das Material zur Wahrheitsfindung, sondern auch das Material, das man braucht, um sich die Scheußlichkeiten, um die es geht, überhaupt vorstellen zu können. Die Urteile beschreiben die Schrecken der NS-Verbrechen so genau, wie es das Handwerk der Juristen eben verlangt. Jeder kann nachlesen, was Juden, Polen, Sinti und Roma damals von den Deutschen angetan worden ist, wie sie gequält und ermordet wurden. Die Akten sind auch ein Geschichtsbuch, das uns alle an die Schuld erinnern lässt, die wir auf uns geladen haben.

Der Bundespräsident Richard von Weizsäcker hat in der vielzitierten und -beachteten Rede zum 40. Jahrestag der Beendigung des Krieges und der NS-

---

[26] Ewald Bendel war 1992 Ministerialdirektor im Bundesministerium der Justiz in Bonn.

Gewaltherrschaft am 8. Mai 1985 gesagt: „Wir alle - ob schuldig oder nicht, ob alt oder jung - müssen die Vergangenheit annehmen. Wir sind alle von ihren Folgen betroffen und müssen für sie in Haftung genommen werden." Ich meine, es kommt entscheidend darauf an, wie wir mit dieser Schuld umgehen und wie wir die Haftung für diese Schuld umsetzen. Dabei denke ich nicht allein an historische und rechtshistorische Beschäftigung mit dem Nationalsozialismus und der NS-Justiz. Hier ist in den letzten Jahren glücklicherweise viel geschehen. Seit den 1970er Jahren hat es zahlreiche Veröffentlichungen, Aufsätze, Tagungen - wie z.B. in kirchlichen Akademien und Universitäten - gegeben, die sich mit der Rolle der Justiz im NS, aber auch mit der Rolle der Justiz nach 1945 beschäftigt haben. Die Literatur zu diesen Themen ist nicht nur der Anzahl, sondern auch der Sorgfalt nach beeindruckend. Dies ist sicher auch ein Zeichen für den Wechsel der Generationen. Es mag vielleicht noch verständlich sein, dass diejenigen, die in der NS-Zeit oder danach lebten und arbeiteten, Schwierigkeiten mit dem Umgang mit der Vergangenheit hatten. Die nachwachsende Generation sollte - sicherlich auch unter dem Eindruck der NS-Verfahren in der BRD - die Wahrheit wissen und die Schrecken der Zeit einer Diktatur, die Verstrickungen und Schuld erkennen und - das ist besonders wichtig - auch bekennen.

Dieser Generationswechsel wird in der Justiz und - ich gestehe - auch im Bundesministerium der Justiz deutlich. Seit dem Amtsantritt von Bundesminister Engelhard z.B. hat sich das Ministerium mit Nachdruck für eine schonungslose und offene Auseinandersetzung mit der Aufarbeitung des NS-Regimes durch die Justiz eingesetzt. Es gibt zahlreiche Initiativen, wie die umfassende Wanderausstellung zum Thema „Justiz im NS", um nur ein Beispiel zu nennen. Hier ist m.E. eine Menge getan worden, um zu beweisen, dass wir die Augen nicht vor der Vergangenheit verschließen, sie vielmehr öffnen, um gewappnet zu sein gegen die kleinsten Anzeichen von Unrecht.

Lassen Sie mich noch ein Problem aufgreifen, das m.E. mit Ihrer Tagung zusammenhängt: Die Frage nämlich, wie ernst die aus der Vergangenheit resultierende Verantwortung genommen wird, ist zukunftsgerichtet und fragt nach den Konsequenzen, die aus der Vergangenheit gezogen werden sollten. Wir wissen hier wohl alle, dass der 1954 in das Strafgesetzbuch eingefügte § 220a, der den Völkermord strafrechtlich sanktioniert, zu spät gekommen ist.

Wegen des im Grundgesetz verankerten Verbots rückwirkender Strafgesetze war es nicht möglich, die Verbrechen an Juden, Sinti und Roma nach dieser Vorschrift zu sühnen. Das Rückwirkungsverbot findet sich auch in Artikel 7 Abs. 1 der Europäischen Menschenrechtskonvention. Danach dennoch enthält diese Vorschrift in Abs. 2 einen interessanten Ansatz. Sie bestimmt nämlich, dass durch das Rückwirkungsverbot „die Verurteilung oder Bestrafung einer Person nicht ausgeschlossen werden darf, die sich einer Handlung oder Unterlassung schuldig gemacht hat, welche im Zeitpunkt ihrer Begehung nach den von den zivilisierten Völkern allgemein anerkannten Rechtsgrundsätzen strafbar war".

Wir sollten für die Zukunft überlegen, ob man nicht in Rahmen internationaler Konventionen regeln kann, nach welchen Kriterien bestimmte, d.h. tatbestandlich fest umrissene schwerste Verbrechen, welche unter einem Unrechtsregime begangen worden sind, durch den Nachfolgestaat geahndet werden dürfen. Vielleicht ist Art. 7 Abs. 2 EMRK hierfür eine geeignete Grundlage. Denn den rechtsstaatlichen Bedenken gegen das Rückwirkungsverbot - d.h., dass der Täter zum Zeitpunkt der Tat wissen muss, dass und wie lange er mit strafrechtlicher Verfolgung zu rechnen habe - könnte auch durch internationale Konventionen Rechnung getragen werden, welche die für eine rückwirkende Gesetzgebung in Betracht kommenden Taten hinreichend bestimmt erfassen. Ich meine, es könne sich lohnen, über eine entsprechende Ergänzung der internationalen Konvention nachzudenken. Künftig würden dann vielleicht anderen Staaten die bitteren Erfahrungen erspart bleiben, die wir nach 1945 und auch jetzt wieder mit der Aufarbeitung staatlich begangenen Unrechts gemacht haben.

Anhang

Anhang

Evangelische Akademie 7325 Bad Boll Akademieweg 11

Ruf (0 71 64) 79–0 Durchwahl 79-
Fax (0 71 64) 79–440

An Frau
Bundesminsiterin für Justiz
Sabine Leutheusser-Schnarrenberger
Postfach 20 03 65

5300 Bonn 2

Verteiler:

Bundesministerin der Justiz
Konferenz der Justizminister
und -Senatoren
Minister für Justiz des Landes
Baden Württemberg
Vorsitzende der Fraktionen des
Deutschen Bundestages
Rechtsausschuß des Deutschen
Bundestages

29. Juni 1992

Sehr verehrte Frau Ministerin,

in Zusammenarbeit mit dem Dokumentations- und Kulturzentrum Deutscher Sinti und Roma haben wir in der Zeit vom 20. bis 22. Mai 1992 eine Tagung über "die justitielle Behandlung von Völkermordverbrechen und ihre Bedeutung für Gesellschaft und Rechtskultur in Deutschland" durchgeführt. Das Programm und ein Resümee dieser mit internationaler Beteiligung durchgeführten Veranstaltung ist diesem Schreiben beigefügt.

Einen Überblick über die bislang auf diesem Feld geleistete Arbeit und ebenso über erkennbare Versäumnisse der bundesdeutschen Justiz gaben der Ltd. OStA. Alfred Streim, für das Dokumentations- und Kulturzentrum Deutscher Sinti und Roma Romani Rose, Arnold Roßberg und Herbert Heuß und Prof. Dr. Axel Azzola für den Zentralrat der Juden in Deutschland. In Ergänzung zu dieser nationalen Perspektive waren auf der Tagung mit Referaten vertreten:

- das Office of Special Investigations im Justizministerium der U.S.A. durch Frau Betty-Ellen Shave,
- die Abteilung zur Verfolgung der NS-Völkermordverbrechen an den Juden bei der israelischen Polzei durch ihren Leiter, Oberst Gad Watermann,
- das staatlichen Auschwitz-Museum durch seinen Kurator, Prof. Dr. Dlugoborski
- die staatliche Kommission zur Aufklärung von NS-Verbrechen in Polen durch den Publizisten und Historiker Dr. Jacek E. Wilczur,
- das Militärhistorische Archiv in Prag durch seine wissenschaftliche Mitarbeiterin Frau Zuzana Pivcova.

Gestützt auf die Ausführungen von Herrn Ltd.OStA Streim, von Herrn Rose als dem Vorsitzenden des Zentralrats deutscher Sinti und Roma und von Herrn Prof. Dr. Azzola bei dieser Tagung möchte ich Sie bitten, in der rechtsförmigen Bearbeitung der nationalsozialistischen Verbrechen nicht nachzulassen.

Kreissparkasse Göppingen 67 933
(BLZ 610 500 00)

Ev. Kreditgenoba Stuttgart 415 146
(BLZ 600 606 06)

Postscheckkonto Stuttgart 472 80-703
(BLZ 600 100 70)

BfG Göppingen 12 007 060
(BLZ 630 101 11)

Anhang

Gestützt auf die Ausführungen von Herrn Ltd.OStA Streim, von Herrn Rose als dem Vorsitzenden des Zentralrats deutscher Sinti und Roma und von Herrn Prof. Dr. Azzola bei dieser Tagung möchte ich Sie bitten, in der rechtsförmigen Bearbeitung der nationalsozialistischen Verbrechen nicht nachzulassen.

Es ist bekannt, daß nach der Wiedervereinigung zusätzliche Herausforderungen in beträchtlichem Umfang auf die bundesdeutsche Justiz und insbesondere auf die Mitarbeiter der Dienste in den alten Bundesländern zugekommen sind. Dies kann jedoch den von Herrn Streim beklagten und politisch zu verantwortenden Besetzungsstopp für 11 (!) Stellen der Zentralstelle der Landesjustizverwaltungen und die völlig unzureichende personelle Ausstattung insbesondere der Staatsanwaltschaften aber auch der Gerichte, bei denen Verfahren gegen Tatverdächtige im Zusammenhang mit Völkermordverbrechen anhängig sind, nicht rechtfertigen. Ebenso unerträglich wäre, wenn in den 60ger und 70ger Jahren abgetrennte Vefahren gegen bisher nicht angeklagte Beschuldigte (z.B. SS-Angehörige aus dem "Auschwitz-Komplex", Einsatzgruppen-Angehörige, SS-Richter) nun nicht mehr aufgearbeitet und zur Anklage gebracht würden.

Strafverfahren zu Staatsverbrechen bei strikter Wahrung rechtsstaatlicher Grundsätze erfordern einen hohen prozessualen Aufwand. Zu diesem justitiellen Vorgehen gegen Tatverdächtige gibt es jedoch, so war die einhellige Meinung der Diskussionspartner dieser Tagung, keine Alternative.

Der Rechtsstaat macht sich dann unglaubwürdig, wenn er - politischer Opportunität folgend - die im kommunistischen Terror begründeten Verbrechen aufarbeitet, zugleich jedoch die dank neuer Beweismittel heute aufklärbaren Verbrechen, die im Zusammenhang mit dem in der Geschichte der Menschheit beispiellosen Völkermord an Juden sowie an Sinti und Roma, und der Euthanasie oder der politischen oder religiösen Verfolgung im Dritten Reich stehen, willentlich von der strafrechtlichen Verfolgung ausnimmt.

Die überwiegend mit großer Brutalität geführten Übergriffe gegen Ausländer weisen auf eine auch heute bestehende Gefährdung unserer Rechtsordnung hin. Für das fortdauernde Bemühen um rechtsstaatliche Kultur in der Bundesrepublik Deutschland ist daher ein gleichermaßen konsequentes Vorgehen unverzichtbar.

Namens der an dieser Tagung Beteiligten bitte ich Sie, sich mit allen Möglichkeiten ihres hohen Amtes dafür einzusetzen, daß die für die Verfolgung von NS-Verbrechen zuständigen Stellen sehr rasch personell so ausgestattet werden, daß die justitielle Behandlung der dort anliegenden Fälle jetzt, 50 Jahre nach den Geschehnissen, mit der gebotenen Intensität betrieben werden kann und nicht "biologischer Erledigung" anheim fällt.

Sehr verehrte Frau Ministerin, bitte erlauben Sie mir, gleichlautende Schreiben an den oben aufgeführten Verteiler zu senden und Kopien zur Kenntnis an die Referenten und Gesprächspartner unserer Tagung. Im Interesse der von nationalsozialistischen Verbrechen betroffenen Gruppen wäre ich Ihnen für ein positives Echo auf dieses Schreiben dankbar.

In vorzüglicher Hochachtung

Martin Pfeiffer

Anlagen

Südwest Presse
Schwäbische Donau-Zeitung
ULM
25. Mai 1992

Weitere Prozesse wegen NS-Verbrechen zu erwarten
Ludwigsburger Aufklärungsstelle wertet Stasi-Archiv aus

BAD BOLL, Kreis Göppingen (bb). Die Justiz wird sich auch nach dem Urteil im Schwammberger-Prozeß weiter mit Verbrechen aus der Zeit des Nationalsozialismus befassen müssen. Nach Auskunft des Leiters der Ludwigsburger Zentralstelle zur Aufklärung von NS-Verbrechen, Alfred Streim, wird zur Zeit in zwei Fällen wegen Beteiligung an Nazi-Gewaltverbrechen verhandelt.

Bei einer Tagung der Evangelischen Akademie Bad Boll erklärte er kürzlich, man habe in vier weiteren Fällen Anklage erhoben. Auch im Ausland wird die strafrechtliche Verfolgung von NS-Verbrechern fortgesetzt. Betty-Ellen Shave von der Sonderbehörde des US-Justizministeriums berichtete, daß derzeit elf Verfahren bei amerikanischen Gerichten anhängig seien und in 600 weiteren Fällen ermittelt werde. Oberstaatsanwalt Alfred Streim von der Ludwigsburger Zentralstelle betonte, daß auch künftig die Arbeit seiner Behörde bedeutsam bleibe. Auch wenn es wegen des Alters von Beschuldigten und Zeugen in vielen Fällen nicht mehr zu Gerichtsverfahren komme, werde die Aufklärungsarbeit weitergehen. Immer noch werde der Zentralstelle aus dem Ausland Material überstellt, das die Einleitung von Verfahren erfordere.

Strafrechtlich relevante Hinweise seien auch aus der Auswertung des Stasi-NS-Archivs zu erwarten. Streim kritisierte in diesem Zusammenhang, daß seinen Mitarbeitern der Zugang zu diesen Materialien zuerst durch die Gauck-Behörde und dann durch das Bundesarchiv erschwert worden sei. Er könne sich des Eindrucks nicht erwehren, „man wolle die Verfolgung von NS-Verbrechen durch Archivierung beenden". Streim betonte: „Die Zeit arbeitet für die Täter." Dennoch ließen sich Rückstände bei der Arbeit der Zentralstelle nicht vermeiden. Mitverantwortlich für diesen Umstand sei die Tatsache, daß derzeit elf Stellen seiner Behörde wegen der Abordnung von Justizpersonal in die Neuen Bundesländer nicht besetzt werden könnten. Außerdem dringe der baden-württembergische Rechnungshof mit „nicht sachgerechten Prüfungsberichten" darauf, das Personal noch weiter abzubauen, sagte er. Bei der Tagung, die sich mit der Behandlung von NS-Verbrechen durch die Justiz befaßte, gab Streim einen Überblick über die seit Kriegsende unternommenen strafrechtlichen Bemühungen. Demnach seien von Mai 1945 bis Januar 1991 insgesamt gegen 102 134 Personen staatsanwaltliche Ermittlungen eingeleitet worden. Eingestellt wurden die Verfahren gegen 87 875 Personen. Zu Verurteilungen kam es in 6487 Fällen.

Den Eindruck, daß NS-Verbrechen in der Bundesrepublik nicht mit Nachdruck verfolgt worden seien, bezeichnete Streim auf dem Hintergrund dieser Zahlen als verständlich, insgesamt aber für die Justiz nicht zutreffend. Es müsse berücksichtigt werden, daß viele Beschuldigte verstorben, verhandlungsunfähig oder unauffindbar gewesen seien. Erschwerend habe sich außerdem ausgewirkt, daß in der bundesdeutschen Rechtsgeschichte viermal die Verjährung von Tötungsdelikten anstand und die Bundesregierung erst 1965 für die Auswertung von Archivmaterialien in den Ostblockstaaten grünes Licht gegeben habe.

Auf der Tagung anwesende Sinti, Roma und Juden machten dagegen schwerwiegende Versäumnisse bei der Aufarbeitung der NS-Verbrechen geltend. So sei zum Beispiel nicht ein einziges Mitglied des Volksgerichtshofes zur Verantwortung gezogen worden. Andererseits habe man die Glaubwürdigkeit von Zeugenaussagen der Nazi-Opfer in vielen Verfahren in Zweifel gezogen.

Anhang

SŁOWO

Nr 151 (13473)   Warszawa, środa 9 września 1992 r.

Konferencja międzynarodowa w Bad Boll

Cygańskie losy

Jacek E. WILCZUR

Republika Federalna Niemiec w latach powojennych podjęła działalność w kierunku choćby częściowego zadośćuczynienia moralnego i materialnego nielicznym przedstawicielom ludu Sinti i Roma (Cyganom), którym udało się cudem przeżyć epokę hitleryzmu, w obozach koncentracyjnych, rzadziej w ukryciu. W RFN stworzono im warunki bytu i rozwoju. Ani jedno z państw — byłych satelitów III Rzeszy nie poszło po wojnie w ślady Niemiec. Społeczność cygańska Europy oczekuje nadal pełnego zadośćuczynienia ze strony Republiki Federalnej Niemiec za zbrodnie dokonane w imieniu narodu niemieckiego na Romach i Sinti.

AKADEMIA Ewangelicka w miejscowości Bad Boll, niedaleko Stuttgartu zorganizowała w ostatnim czasie imprezę, która nie ma równej sobie w latach powojennych.

Organizatorzy konferencji — Akademia Ewangelicka oraz **Centralna Rada Niemieckich Sinti i Roma — Centrum Dokumentacji i Centrum Kultury** włożyli wiele trudu w przygotowanie konferencji, zapewnili sobie współpracę najbardziej liczących się w świecie ośrodków naukowych, badawczych, instytucji i organizacji, zwłaszcza niemieckich.

Przewodniczyli konferencji: pastor **Martin Pfeiffer**, kierownik sekcji studyjnej Akademii Ewangelickiej w Bad Boll oraz **Andreas Freudenberg**, pracownik naukowy Centrum Dokumentacji i Kultury niemieckich Sinti i Roma w Heidelbergu.

Uczestniczący w Konferencji wybitni prawnicy niemieccy podkreślali w swoich wystąpieniach aktualność problemu cygańskiego, zwłaszcza w Niemczech, ale również odpowiedzialność Niemiec za wszystkie zbrodnie popełnione przez hitlerowską III Rzeszę na swoim własnym obszarze, oraz na obszarze państw okupowanych i satelickich,

cji ukraińskich nacjonalistów, litewskich oddziałów egzekucyjnych, osławionych formacji Ypatingas Burys (strzelcy ponarscy) i **Apsaugos Bataljonai**, Saugumo policjia (litewska policja bezpieczeństwa).

Przykłady tych zbrodni przedstawił historyk z Polski.

Kilku referentów w sposób zdecydowanie krytyczny odniosło się do współczesnego systemu jurysdykcji w Republice Federalnej. Krytykowano dużą wstrzemięźliwość sądów i prokuratury niemieckiej, jeżeli idzie o wyraźne określanie zbrodni, nazywanie jej po imieniu, ferowanie wyroków.

Szczegółowo mówił o tych sprawach płk **Gad Waterman**, szef wydziału ścigania hitlerowskich zbrodniarzy przy Kwaterze Głównej Policji Izraela .

Ogromnym zainteresowaniem cieszyło się wystąpienie Betty-Ellen Shave z USA, na temat działalności departamentu śledztw specjalnych w Waszyngtonie. Jej wystąpienie bardzo wzbogaciło wiedzę historyków i prawników uczestniczących w obradach.

141

Cyganów niemieckich prezentował **Romani Rose**, przewodniczący **Centralnej Rady Sinti i Roma w Niemczech**. Jego referat ostry, ale rzeczowy, spełnił funkcję detonatora: **Rose domagał się wyraźnego podsumowania hitlerowskiej III Rzeszy za zbrodnie ludobójstwa dokonane na Cyganach — obywatelach państwa niemieckiego, państw okupowanych i satelickich i zarazem ukazał niełatwe życie Sinti i Roma w pierwszym okresie Republiki Federalnej**, wymienił nie rozwiązane, nie załatwione dotąd sprawy, związane z tragicznym losem Cyganów niemieckich.

Prokurator **Alfred Steim** z Ludwigsburga, kierownik tamtejszej **Centrali Dokumentacji Zbrodni Hitlerowskich** przedstawił uczestnikom konferencji stan pracy i dorobek centrali w zakresie dokumentowania i przekazywania sądownictwu niemieckiemu spraw przeciw organizatorom i uczestnikom Holocaustu.

Wielki przyjaciel Polaków, dziennikarz radiowy z Kolonii, **Heiner Lichtenstein** w swoich kilkakrotnych wystąpieniach wskazał na zbieżność losów Żydów, Polaków Cyganów w hitlerowskim państwie stanu wyjątkowego.

Również inni uczestnicy Konferencji podkreślali całkowite podobieństwo w polityce hitlerowskiej III Rzeszy względem Żydów oraz ludu Sinti i Roma. Zwłaszcza historycy niemieccy podkreślali wielokrotnie nie mający podobieństwa w dziejach ludzkości zbrodniczy charakter tej akcji zagłady.

O procesie sądowym, w sprawie masowej zbrodni w obozie cygańskim w **Oświęcimiu-Brzezince**, mówił bardzo ciekawie **Arnold Rossberg**, prokurator, pracownik naukowy Centralnej Rady Niemieckich Sinti i Roma.

Duże wartości poznawcze prezentowały wystąpienia poświęcone takim sprawom i problemom jak postępowanie władz sądowych byłej NRD w procesach przeciw hitlerowskim zbrodniarzom i przestępcom czasu wojny.

W czasie tych trzydniowych obrad, po raz pierwszy bodajże od zakończenia wojny, w sali wykładowej Akademii Ewangelickiej, powiedziano publicznie o aktywnym udziale w zagładzie Cyganów polskich, faszystowskiej milicji ukraińskiej, oddziałów UPA i innych forma-

W czasie tych trzydniowych obrad dominowała w sali generalna kwestia: czy **Republika Federalna Niemiec, spadkobierczyni III Rzeszy**, zrobiła czy też nie — wszystko, co do jej obowiązków należy, ażeby rozprawić się ostatecznie, w sensie prawnym i politycznym, z przeszłością hitlerowską.

Bardzo ciekawe były wypowiedzi prawników i historyków na temat systematycznego zakłamywania, fałszowania w RFN dziejów III Rzeszy.

Poszczególni mówcy zwracali uwagę na groźne zjawiska neofaszyzmu w Niemczech, zwłaszcza od czasu zjednoczenia dwóch państw niemieckich. Przytaczano przykłady wystąpień rasistowskich, organizowanych przez grupy i partie o programach zbliżonych do hitlerowskiego, o czynnych wystąpieniach bojówek przeciw mniejszościom narodowym w Niemczech.

Polskę prezentowali prof. dr hab. **Wacław Długoborski**, kurator naukowy Państwowego Muzeum w Oświęcimiu-Brzezince i niżej podpisany — **pełnomocnik Zarządu Głównego Stowarzyszenia Romów w Polsce**. Kilkakrotne wystąpienia prof. Długoborskiego nagradzane były brawami.

KONFERENCJA w Bad Boll stanowiła wydarzenie naukowe i polityczne na skalę światową. Historyczny wymiar tej konferencji rzutować będzie na przyszłe badania współczesnych dziejów ludu cygańskiego w świecie, a szczególnie w Europie.

Organizatorzy konferencji zapowiedzieli publikację wszystkich, bez wyjątku, referatów, komunikatów, głosów w dyskusji. Publikacja ta stanowić będzie niewątpliwie bardzo poważny wkład do wiedzy o dziejach, losach ludu Roma i Sinti w Europie, zwłaszcza na obszarach, które kontrolowała hitlerowska III Rzesza. Zapowiedziana przez organizatorów konferencji publikacja zawierająca referaty, komunikaty naukowe oraz głosy w dyskusji, stanowić będzie ogromny wkład do ogólnoludzkiej wiedzy o istocie hitleryzmu.

Warto pamiętać i o tym, że polscy historycy, badacze wnieśli do tej wiedzy bardzo poważny wkład.

Der Fall Pery Broad 1959 - 1993[27]

Verfahren gegen eine Schlüsselfigur der Massenmorde an Sinti und Roma im Vernichtungslager Auschwitz

1.) Zur Person[28]

Pery Broad wurde als Sohn eines brasilianischen Kaufmanns und dessen deutscher Ehefrau am 25.4.1921 in Rio de Janeiro geboren. Bald nach seiner Geburt zog seine Mutter mit ihm nach Deutschland, und zwar zunächst nach Freiburg und im Jahre 1926 nach Berlin. Sein Vater blieb in Brasilien zurück. Broad besuchte die Volksschule in Berlin von 1927 bis 1931 und anschließend das Realgymnasium, an dem er im Jahre 1940 Abitur machte.

In die Hitlerjugend trat er bereits im Jahre 1931 ein. Er gehörte ihr bis zum Jahre 1936 an. Später erhielt er wegen dieser frühzeitigen Mitgliedschaft das goldene HJ-Ehrenabzeichen. Nach dem Abitur studierte Broad bis Dezember 1941 an der Technischen Hochschule Berlin. Dann meldete er sich freiwillig zur SS. Aufgrund dieser Meldung wurde er im Jahre 1942 zum Infanterie-Ersatzbataillon der SS-Division „Nord" nach Wehlau/Ostpreussen eingezogen.

Als Grund für seine freiwillige Meldung zur Waffen-SS gab Broad vor dem Frankfurter Landgericht an, er habe Schwierigkeiten wegen seiner brasilianischen Staatsangehörigkeit gehabt. Man habe ihm die Aufenthaltserlaubnis nicht verlängern wollen. Mit seinem Vater in Brasilien, dessen Adresse er nicht einmal wusste, habe er keine Verbindung gehabt. Ein Bekannter - so Broad vor Gericht - mit Beziehungen zur SS habe ihm geraten, sich zur SS als Dolmetscher zu melden, nachdem seine Bewerbung zur Wehrmacht keinen Erfolg gehabt habe. Denn die Wehrmacht habe ihn damals wegen seiner brasilianischen Staatsangehörigkeit

---

[27] Auszugsweise Dokumentation aus den behördlichen Verfahrensakten, zusammengestellt von Arnold Roßberg, Justitiar des Zentralrats Deutscher Sinti und Roma, Heidelberg.
[28] Feststellungen des Urteils zum Abschluss des großen Auschwitz-Prozesses in Frankfurt a.M. vom 20. August 1965, Az: 4 Ks 2/63; der Prozess betraf 17 angeklagte SS-Angehörige aus dem früheren Konzentrations- und Vernichtungslager Auschwitz.

angeblich nicht genommen. Da die Waffen-SS auch Staatsangehörige anderer Nationen aufgenommen habe, sei er dorthin gegangen.

Eine Woche nach seiner Einberufung wurde seine Einheit nach Trautenau/Süd verlegt. Dort erhielten die SS-Rekruten ihre militärische Ausbildung. Ende März oder Anfang April 1942 kam diese Einheit bereits an der Front zum Einsatz. Da Broad aber sehr stark kurzsichtig gewesen sei und deswegen als sog. „GvH"[29] eingestuft wurde, kam er selbst nicht zum Einsatz. Er wurde noch im April 1942 zum „KL Auschwitz" versetzt, wo er zunächst Dienst in der Wachkompanie des Wachsturmbanns versah. Als Dolmetscher für die sog. „Politische Abteilung" gesucht wurden, meldete er sich dazu. Er kam daraufhin im Juni 1942 zunächst als Schreiber und Dolmetscher zur „Politischen Abteilung". Später wurden ihm auch selbständige Tätigkeiten wie Vernehmungen übertragen und er wurde der sogenannte „Zigeunerreferent" der Politischen Abteilung in Auschwitz-Birkenau.

Im Sommer 1944 sollte Broad, der es bis dahin nur bis zum SS-Rottenführer gebrachte hatte, nach seinen eigenen Angaben an einem Vorbereitungslehrgang in Arolsen für die SS-Führerschule teilnehmen. Er sei auch nach Arolsen gekommen, aber wegen seiner Kurzsichtigkeit vom Lehrgang zurückgestellt worden. Er will dann gleichwohl als „Putzer" bis zur Beendigung des Lehrgangs in Arolsen geblieben sein. Nach seiner Rückkehr aus Arolsen war Broad weiterhin in der „Politischen Abteilung" des KZ-Auschwitz bis zur Auflösung des Lagers im Jahre 1945 tätig.

Als das Lager geräumt wurde, habe er zusammen „mit anderen SS-Angehörigen sechs inhaftierte SS-Männer in das Konzentrationslager Groß-Rosenau bei Breslau" gebracht und sich dort „mit einem LKW, der mit Akten der Politischen Abteilung beladen war, zum Konzentrationslager Mittelbau bei Nordhausen/Harz" abgesetzt.

Ende März1945 begleitete er einen Häftlingstransport zum Konzentrationslager Ravensbrück. Bei Ravensbrück sei er noch kurz zum Fronteinsatz gekommen und am 6.5.1945 in englische Kriegsgefangenschaft geraten. Als Broad im englischen Kriegsgefangenenlager Gorleben war, meldete er sich freiwillig bei dem

---

[29] Garnisons-verwendungsfähig-Heimat".

Kommandanten der in Gorleben liegenden englischen Abteilung. Die Abteilung hatte die Aufgabe, die Vernehmung von deutschen Kriegsgefangenen durchzuführen. Broad berichtete dem Kommandeur van Het Kaar, dass er in Auschwitz gewesen sei und dass er über die Zustände in diesem Lager Angaben machen könne. Daraufhin ließ der englische Kommandeur Broad aus dem Kriegsgefangenenlager herausholen, in eine englische Uniform einkleiden und bei der englischen Abteilung Unterkunft gewähren.

Broad schrieb dann handschriftlich in Deutsch auf Befehl des Kommandanten in wenigen Tagen einen schriftlichen Bericht über das Konzentrationslager Auschwitz. Von einem Sergeant der Abteilung wurde anschließend dieser Bericht mit der Schreibmaschine wörtlich mit mehreren Durchschlägen abgeschrieben. Er umfasste 75 Schreibmaschinen-Seiten. Broad fertigte außerdem eine Liste der Personen an, die in Auschwitz beschäftigt gewesen seien. Er blieb in der Folgezeit weiterhin bei der englischen Einheit, auch als diese nach Münsterlager verlegt wurde. Er half den Engländern, so das Landgericht Frankfurt, bei der Ermittlung gegen SS-Angehörige. Er sei stets bemüht gewesen, im Auftrage der Engländer „Kriegsverbrecher und verdächtige Personen ausfindig zu machen".

Im Jahre 1947 wurde Broad aus der englischen Einheit entlassen. Er fand Arbeit als kaufmännischer Angestellter in einem Sägewerk in Münsterlager. Als dieser Betrieb im Jahre 1953 Konkurs machte, zog er nach Braunschweig und betätigte sich wieder als kaufmännischer Angestellter. 1957 wurde er in Braunschweig von der Firma Heinrich Hinz Elektroapparatebau eingestellt, bei der er noch im Zeitpunkt seiner Verhaftung in dem Frankfurter Auschwitz-Verfahren am 30.4.1959 tätig war. Nach seiner Entlassung aus der Untersuchungshaft am 23.12.1960 wurde er erneut von der Firma Hinz mit einem Bruttogehalt von 1.042.- DM eingestellt. Broad war insgesamt dreimal verheiratet. Die erste Ehe mit Gisela Müller wurde im Jahre 1955 vor dem Landgericht Braunschweig geschieden. 1958 schloss Broad die Ehe mit Irmgard Pagula. Diese verstarb 1959. Broad heiratete Anfang der 1960er Jahre erneut; Kinder hatte er bis dahin nicht.

Broad war in Untersuchungshaft vom 30.4.1959 bis zum 23.12.1960. Am 6.11.1964 wurde der Haftbefehl des Amtsgerichts Stuttgart vom 6.4.1959 wieder in Vollzug gesetzt. Er wurde im Februar 1966 bereits wieder aus der Haft entlassen.

2.) Verurteilung im Frankfurter Auschwitz-Prozess 1965

In seinem Urteil vom 19. und 20. August 1965 sprach das Landgericht Frankfurt a.M. den Angeklagten Broad schuldig „der gemeinschaftlichen Beihilfe zum gemeinschaftlichen Mord in mindestens 22 (zweiundzwanzig) Fällen, davon in 2 (zwei) Fällen begangen an mindestens je 1000 (tausend) Menschen". Er wurde „unter Freisprechung im übrigen" zu „einer Gesamtstrafe von 4 (vier) Jahren Zuchthaus" verurteilt. Die Untersuchungshaft wurde angerechnet. Außerdem verfügte das Gericht die Aberkennung der bürgerlichen Ehrenrechte für den Angeklagten Broad „auf die Dauer von 4 (vier) Jahren".

Das Gericht sah in seinen tatsächlichen Feststellungen[30] zwei Vorwürfe als erwiesen an:
a.) Die Mitwirkung Broads an der „Massentötung jüdischer Menschen in Auschwitz,"
b.) Die Beteiligung Broads an den sog. Bunkerentleerungen und den anschließenden Erschießungen an der „Schwarzen Wand".

Zu a.)

Dazu führte das Gericht im Wortlaut aus:

„Der Angeklagte Broad war als Angehöriger der Politischen Abteilung, zu der er im Juni 1942 versetzt worden war, an der Massentötung der mit RSHA[31]-Transporten angekommenen jüdischen Menschen beteiligt. Der Angeklagte Broad wurde ebenso wie die anderen Angehörigen der politischen Abteilung auch zum Rampendienst eingeteilt. Er war wiederholt bei der Ankunft, Einteilung und Abwicklung von RSHA-Transporten auf der Rampe."[32]

Dort habe er die gleichen Überwachungsfunktionen wie einer der mitangeklagten SS-Leute der Politischen Abteilung gehabt. Seine Aufgabe sei gewesen, darauf zu achten, dass die Häftlinge des Häftlingskommandos nicht mit den ankommenden Personen sprachen, damit diese nichts über ihr bevorstehendes Schicksal erführen, und dass die SS-Angehörigen ihren Rampendienst befehls-

---
[30] Urteil des Landgerichts Frankfurt vom 19. und 20. August 1965 (4 Ks 2/63), Seiten 326 ff.
[31] Reichssicherheitshauptamt.
[32] Urteil a.a.O., Seite 326.

gemäß versahen. Er habe auch dafür gesorgt, dass die bereits als arbeitsunfähig selektierten Menschen, die für den Tod bestimmt waren, nicht dadurch dem Tod entgingen, dass sie sich der Gruppe der als arbeitsfähig eingestuften und für die Aufnahme in das Lager vorgesehenen Häftlinge anschlossen.

Einmal habe ein Häftling aus dem Häftlingskommando, das die Gepäckstücke der ankommenden Menschen auf LKW's zu verladen hatte, eine Frau aus dem ankommenden RSHA-Transport heimlich gewarnt. Er habe ihr gesagt, dass in dem Rot-Kreuz-Wagen Gas sei und dass sie getötet und anschließend verbrannt werden sollten. Broad habe zu dieser Zeit gerade Rampendienst gehabt. Die Frau sei zu ihm gelaufen und habe ihm erklärt, sie sei erschrocken, weil man sie - wie ihr ein Häftling gesagt habe - vergiften und töten wolle. Broad habe sich den Häftling, der ihr diese Mitteilung gemacht habe, zeigen lassen. Er habe die Frau beruhigt, sie solle dem Häftling nicht glauben. Dieser sei ein Verbrecher, das sehe man schon „an seinen abstehenden Ohren und seiner Glatze". Nachdem die Frau weggebracht worden war, habe Broad Meldung über den Häftling erstattet, der anschließend wegen „Verbreitung von Greuelnachrichten" zu 150 Stockschlägen „verurteilt" worden sei. Dieser sei an den Folgen der Schläge verstorben.

Nach den Feststellungen des Gerichts habe Broad in einer unbestimmten Anzahl von Fällen die Überwachungsfunktionen bei der Ankunft von RSHA-Transporten ausgeübt. Mit Sicherheit habe er das mindestens in zwei Fällen getan. In diesen beiden Fällen seien jeweils mindestens 1 000 Menschen aus den angekommenen Transporten getötet worden. Broad habe gewusst, „dass die jüdischen Menschen nur deswegen unschuldig getötet wurden, weil sie Juden waren".[33] Ihm sei ferner bekannt gewesen, dass die Vernichtungsaktionen unter strengster Geheimhaltung und unter Täuschung der Opfer über ihr bevorstehendes Schicksal durchgeführt wurden. Auch habe er gewusst, dass die Opfer in den Gaskammern getötet wurden. Schließlich sei Broad auch klar gewesen, dass er durch seine eigene Tätigkeit (Überwachung des Häftlingskommandos, Überwachung der SS-Angehörigen, Überwachung der als arbeitsfähig ausgesonderten Menschen) die Vernichtungsaktionen förderte.

Broad hatte in seiner damaligen Einlassung vor dem Landgericht Frankfurt/M. bestritten, jemals zum Rampendienst eingeteilt oder befohlen worden zu sein. Er

---

[33] A.a.O. S. 327.

hatte auch in Abrede gestellt, jemals bei der Abwicklung der RSHA-Transporte auf der Rampe tätig gewesen zu sein. Er sei zwar öfter - so hatte er angegeben - an der sog. „alten Rampe" mit dem Fahrrad vorbeigefahren, weil er dienstlich vom Stammlager zum Lager Birkenau hätte fahren müssen. Dabei habe er auch wiederholt angekommene RSHA-Transporte gesehen. Er habe jedoch nichts mit der Einteilung und dem Abtransport der jüdischen Menschen zu tun gehabt. Nur zwei- bis dreimal sei er vom Fahrrad abgestiegen, weil er hätte wissen wollen, was da vor sich gehe. Dabei habe er auch mit einigen Menschen gesprochen. Diese seien froh gewesen, dass sie sich mit ihm in französischer Sprache hätten unterhalten können. Es könne sein, dass sie dabei zu nahe an ihn herangekommen seien und er sie mit der Hand zurückgestoßen habe. Möglicherweise seien diese Handbewegungen so ausgelegt worden, als ob er selektiert habe.

Diese Einlassung bewertete das Gericht als „an sich schon unglaubhaft". Denn es erscheine unwahrscheinlich, dass er als Rottenführer gewagt haben sollte, mit den angekommenen Menschen zu sprechen, ohne zum Rampendienst eingeteilt gewesen zu sein. Denn das Betreten der Rampe - so das Gericht - sei Unbefugten, auch SS-Angehörigen verboten gewesen. Ferner sei es allen SS-Angehörigen streng verboten gewesen, „sich mit den Zugängen zu unterhalten". Die Angaben Broads seien nach Überzeugung des Gerichts nur eine Schutzbehauptung, mit der „der intelligente Angeklagte", der sich sagen musste, dass seine Anwesenheit auf der Rampe während der Abwicklung von RSHA-Transporten anderen Personen nicht verborgen geblieben sein könne und er für seine Anwesenheit eine harmlose Erklärung geben wollte, um einer Bestrafung zu entgehen. Das Gericht sah es aber aufgrund der Angaben einer Reihe von Augenzeugen als erwiesen an, dass Broad zum Rampendienst eingeteilt worden war und er den Rampendienst auch in der geschilderten Weise nicht nur auf der alten Rampe, sondern auch auf der Rampe im Lager Birkenau versehen hatte. So hatten mehrere über den Vorgang mit dem Häftling berichtet, der mit 150 Stockschlägen umgebracht wurde, weil er mit einem der ankommenden Menschen gesprochen hatte. Sie hatten berichtet, dass bei beim Verlesen des „Urteils" ausdrücklich Broad als Urheber der Meldung des Häftlings genannt worden sei.

Auch eine Zeugin, die als Häftling Blockschreiberin im Frauenlager gewesen sei, und Broad gut kannte, da er als Angehöriger der Politischen Abteilung für das

Lager Birkenau zuständig war, schilderte, Broad im Rampendienst bei der Ankunft griechischer, holländischer und ungarischer Transporte gesehen zu haben. Er habe auch bei den Selektionen auf der Rampe gestanden. Diese Zeugin habe Broad zutreffend charakterisiert, Er sei kein typischer SS-Mann gewesen, da er Englisch gelernt und Bücher gelesen habe.

Dass Broad zum Rampendienst eingeteilt gewesen sei und dort Überwachungsfunktionen ausgeübt habe, habe sich nach den Feststellungen des Gerichts auch aus den Angaben des mitangeklagten SS-Angehörigen Boger ergeben, der in demselben Referat wie Broad in der Politischen Abteilung war und eingeräumt hatte, mit Überwachungsfunktion im Rampendienst eingesetzt gewesen zu sein. Diese Einteilung erfolgte abwechselnd für die verschiedenen Abteilungen. Es sei kein Grund ersichtlich, weshalb man Broad von dieser Regelung hätte ausnehmen sollen. Die Annahme, Broad sei nur als Zuschauer zur Rampe befohlen worden, wäre lebensfremd, so das Gericht.

Das Schwurgericht hatte auch keine Zweifel, dass Broad den Grund für die Tötung der Juden im KZ Auschwitz kannte. Allen SS-Angehörigen sei klar gewesen, dass „die jüdischen Menschen nur deswegen getötet wurden, weil sie Juden waren, also wegen ihrer Abstammung". Ebenso seien ihm genau die Umstände bekannt gewesen, unter den die Opfer getötet wurden. Er selbst habe die Frau, die sich - bewusst über ihr bevorstehendes Schicksal der Tötung durch Gas - an ihn gewandt hatte, getäuscht. Das zeige, dass ihm die gesamten Täuschungsmanöver, unter denen die Opfer zu den Gaskammern geführt wurden, geläufig gewesen seien. Ferner habe er bei seiner Vernehmung selbst eingeräumt, dass die Menschen zunächst in den beiden umgebauten Bauernhäusern und später in den neu gebauten vier Krematorien durch Gas getötet wurden. Nach seiner Einlassung habe er selbst einmal im Stammlager von seinem Dienstzimmer aus eine Vergasungsaktion in dem dortigen kleineren Krematorium beobachtet. Er habe gesehen, wie SS-Angehörige das Zyklon B eingeworfen hätten und er habe „das Geschrei der Opfer" gehört. Somit sei ihm klar gewesen, unter welchen Umständen die Opfer sterben mussten, da die Tötungsart in den Bauernhäusern und den vier Krematorien die gleiche war, wie in dem Krematorium im Stammlager.

Schließlich führte das Landgericht Frankfurt/M. aus, es sei nicht möglich gewesen, genau festzustellen, wie oft der Angeklagte Broad Überwachungsfunktionen auf der Rampe ausgeübt habe. Das Gericht habe sich daher, weil es sich nicht unsichere Schätzungen habe stützen dürfen, darauf beschränkt, eine Mindestzahl festzustellen und diese dem Urteil zugrunde zu legen. Nach den übereinstimmenden Angaben mehrerer Zeugen habe Broad „wiederholt", also mindestens zweimal, Rampendienst auf der Rampe in Birkenau versehen. In einem dieser beiden Fälle habe er die jüdische Frau über ihr bevorstehendes Schicksal getäuscht und den Häftling zur Meldung gebracht. Die Rampe in Birkenau wurde erst im Jahre 1944 in Betrieb genommen. Zu dieser Zeit seien die RSHA-Transporte durchschnittlich mit 3000 Personen angekommen. Hiervon wurden höchstens 25 % als arbeitsfähig in das Lager aufgenommen und 75 % getötet. Um ganz sicher zu gehen, habe das Gericht nur eine Mindestzahl von 1000 Personen, die jeweils von diesen beiden Transporten getötet worden sind, festgestellt und dem Urteil zugrunde gelegt.

Zu b.)

Das Landgericht Frankfurt/M. verurteilte Broad außerdem wegen seiner Beteiligung an der Ermordung von Häftlingen in dem „Todesblock" genannten Block 11 im Stammlager von Auschwitz. Broad sei von dem Leiter der Politischen Abteilung, Grabner, auch zu den sogenannten „Bunkerentleerungen" bestellt worden. Er ging mit den anderen SS-Angehörigen zu solchen „Bunkerentleerungen" mit in den Arrestbunker von Block 11. In mindestens zwei Fällen ging er - so das Gericht - auch mit zu den anschließenden Erschießungen auf den Hof und war während der gesamten Erschießungsaktion auf dem Hof anwesend.

Die Anwesenheit Broads im Arrestbunker und bei den Erschießungen im Hof sollte zusammen mit der Anwesenheit der SS-Angehörigen den Opfern einen Widerstand oder Aufstand von vornherein als aussichtslos erscheinen lassen. Er sollte ferner einen eventuellen Widerstand oder einen plötzlichen verzweifelten Aufstand der Opfer zusammen mit den anderen SS-Angehörigen brechen. Hier habe sich der Angeklagte Broad bereitgehalten und er sei sich dessen auch bewusst gewesen.

In den mindestens zwei Fällen, in denen Broad an den „Bunkerentleerungen" und anschließenden Erschießungen teilgenommen habe, sind mindestens jeweils 10 Häftlinge, insgesamt 20 Häftlinge, getötet worden. Der genaue Zeitpunkt dieser Taten habe nicht mehr festgestellt werden können. Mit Sicherheit stehe jedoch fest, dass sich Broad an „Bunkerentleerungen" und den geschilderten Erschießungen erst nach seiner Versetzung zur politischen Abteilung, also nach dem 1.6.1942, beteiligt habe, urteilte das Gericht. Broad habe gewusst, dass die Häftlinge ohne Todesurteil und auch ohne Befehl des RSHA oder einer sonstigen höheren Dienststelle für den Tod ausgesucht und erschossen wurden. Ihm sei auch bekannt gewesen, dass die „Bunkerentleerungen" und Erschießungen erfolgten, um Platz für weitere Arrestanten zu schaffen. Er habe auch aufgrund seiner Anwesenheit gemerkt, wie die Auswahl der Opfer im Einzelnen vor sich ging und wie anschließend die Erschießungen durchgeführt wurden. Ihm sei klar gewesen, dass die an diesen Aktionen beteiligten SS-Angehörigen nicht befugt waren, über Leben und Tod eines Häftlings zu entscheiden.

Broad habe in seiner Einlassung vor Gericht selbst eingeräumt, dass er zu „Bunkerentleerungen" bestellt und mindestens drei - viermal zu diesem Zweck in den Arrestbunker mitgenommen worden sei. Er habe ferner eingeräumt, dass er auch mindestens zweimal bei den anschließenden Erschießungen dabei gewesen sei, wobei er drei bis fünf Meter von der Schwarzen Wand, vor der die Opfer erschossen wurden, entfernt gestanden habe. Allerdings wollte er angeblich nicht gewusst haben, warum man ihn überhaupt mitgenommen habe. Er habe - so behauptete er - bei den „Bunkerentleerungen" nichts zu tun gehabt.

Insoweit sei seine Einlassung unglaubhaft, stellte das Landgericht fest.

Es wäre lebensfremd anzunehmen, dass der Leiter der Politischen Abteilung, Grabner, Broad nur als unbeteiligten Zuschauer bei den Bunkerentleerungen und den Erschießungen hätte dabei haben wollen. Denn Grabner musste einerseits ein Interesse daran haben, den Kreis der an den Bunkerentleerungen und Erschießungen Beteiligten möglichst klein zu halten, damit über die eigenmächtigen Erschießungen, die auch nach der damaligen Auffassung der SS-Führung rechtswidrig waren, nichts in die Außenwelt dränge, so das Gericht. Jeder Zuschauer, der nicht in die rechtswidrigen Tötungen verstrickt war, konnte für Grabner gefährlich werden, wenn er hierüber einer übergeordneten Dienststelle berichtete oder anderen davon erzählte. Es erscheine daher unwahrscheinlich, dass Grabner mehr SS-Angehörige als unbedingt nötig zur Durchführung der Erschießungsaktionen mit hineingezogen hat.

Broad hat sich weiter dahin eingelassen, dass er geglaubt habe, die Exekutionen auf Block 11, beziehungsweise an der Schwarzen Wand, erfolgten auf Grund von Standgerichtsurteilen. Er habe sie daher für rechtmäßig gehalten. Auch diese Einlassung bewertete das Gericht als unglaubhaft und nur als eine Schutzbehauptung. Sie sei bereits widerlegt durch seine schriftlichen Aufzeichnungen, die er in dem sog. Broad-Bericht im Jahre 1945 gemacht hat. In dem Bericht hat er die Erschießungen an der Schwarzen Wand nach Bunkerentleerungen beschrieben. Er hatte nichts davon erwähnt, dass die Erschießungen auf Grund von Urteilen oder auf Grund von Befehlen höherer Dienststellen erfolgt seien. Vielmehr hatte er eindeutig zum Ausdruck gebracht, dass sein Vorgesetzter Grabner das Wochenende dazu benutzt habe, den Bunker „auszustauben", wie er sich ausgedrückt hatte. Er hat dann eingehend beschrieben, wie dieses „Ausstauben" im Einzelnen vor sich gegangen ist. Weiter hatte er in dem Bericht angegeben, dass Grabner über das Schicksal der Häftlinge, die von der Politischen Abteilung eingesperrt worden seien, entschieden habe. Dass die Tötungen daher unrechtmäßig waren, sei Broad damals klar gewesen. Das ergebe sich auch aus anderen Passagen seines Berichts. Bei der Beschreibung der Erschießungen durch den SS-Angehörigen Palitzsch hatte Broad nämlich wörtlich unter anderem ausgeführt: „Er (Palitzsch) ist stolz darauf, ohne jede Gewissensempfindungen diese unschuldigen Menschen umzubringen .... Nach etwa einer Stunde ist dieses unbeschreiblich grauenhafte Schauspiel vorbei. Grabner hat seinen Bunker „ausgestaubt" und sitzt nun bei einem guten Frühstück ...."

Schließlich stellt das Frankfurter Gericht fest, dass für Broad keinerlei Schuldausschließungsgründe vorliegen würden. Broad habe sich auch nicht darauf berufen, dass er sich in einem Befehlsnotstand (§52 StGB) oder einem allgemeinen Notstand (§54 StGB) befunden habe und dass ihm seine Mitwirkung durch Beugung seines Willens abgenötigt worden sei. Es liegen auch sonst keine Anhaltspunkte für das Vorliegen solcher Notstände vor. Broad habe nie irgendeinen Versuch gemacht, sich der Mitwirkung an den Bunkerentleerungen und den Erschießungen zu entziehen. Für den intelligenten Angeklagten - so das Gericht - wäre es leicht gewesen, Meldung über die rechtswidrigen Tötungen an vorgesetzte Dienststellen (RSHA) zu erstatten, um diese zu unterbinden oder sich nicht daran beteiligen zu müssen. Aus den gleichen Gründen hätten auch keine Anhaltspunkte dafür bestanden, dass der Angeklagte Broad irrig die tatsächlichen Voraussetzungen eines Nötigungsnotstandes oder eines allgemeinen Notstandes angenommen hätte.

Zu den Erwägungen der Strafzumessung meint das Gericht noch, der „außerordentlich intelligente und kaum durchschaubare Angeklagte" habe sich in allen Situationen im Konzentrationslager Auschwitz, wie auch später nach seiner Gefangennahme, so verhalten, wie es ihm opportun erschien. Er habe sich damals für sein Teil zur Mitwirkung an zahlreichen Mordtaten einspannen lassen, ohne je irgendwelchem Abscheu gegen die ungeheuerliche Ausrottung menschlichen Lebens Ausdruck zu geben.

3.) Mordaktion zur Vernichtung der Sinti und Roma am 2. August 1944

Broad war zum Zeitpunkt des Frankfurter Auschwitz-Verfahrens von 1959 bis 1965 schon dringend verdächtig, in maßgeblicher Funktion (als „Zigeunerreferent" in der Politischen Abteilung im Lager Auschwitz-Birkenau) an der Vernichtung der Häftlinge des Lagerabschnitts B II e im KL Auschwitz-Birkenau, dem sog. „Zigeunerlager", mitgewirkt zu haben. Dieser Tatkomplex war dennoch weder Gegenstand der Anklage gegen Broad im Prozess noch Gegenstand des dargestellten Urteils des Landgerichts Frankfurt/M. aus dem Jahre 1965.

Am 2. August 1944 wurden die im Lagerabschnitt B II e des Konzentrationslagers Auschwitz-Birkenau verbliebenen ca. 2 900 Sinti und Roma auf Befehl des Reichssicherheitshauptamtes ermordet. Die SS nannte diesen Lagerabschnitt „Zigeunerlager". Die Nationalsozialisten verschleppten von März 1943 bis Juli 1944 23 000 Roma und Sinti aus elf Ländern Europas nach Auschwitz. Nahezu 19 000 fanden dort den Tod.

Ein vorangegangener Versuch, 6 000 Roma und Sinti in die Gaskammern zu bringen, scheiterte am 16. Mai 1944 an dem Widerstand der Häftlinge. Das „Kalendarium der Ereignisse im Konzentrationslager Auschwitz-Birkenau"[34] vermerkt unter dem Datum „15. Mai 1944":

---

[34] Das im Jahre 1989 von Danuta Czech herausgegebene „Kalendarium der Ereignisse im Konzentrationslager Auschwitz-Birkenau 1939 - 1945" enthält eine Tageschronik der Ereignisse in dem Konzentrationslager Auschwitz-Birkenau, die aus allen verfügbaren Dokumenten der SS, der Gestapo, des RSHA, aus Kommandantur-Befehlen, Bunkerbüchern und Akten des Nürnberger Prozesses, aus Akten des Höß-Prozesses, des Frankfurter Auschwitz- und des Jerusalemer Eichmann-Prozesses aus Dokumenten des Bundesarchivs und aus Unterlagen des Auschwitz-Museums erstellt wurde.

"In der Kommandantur des KL Auschwitz fällt der Beschluss, am nächsten Tag die Häftlinge des Zigeuner-Familienlagers B II e in Birkenau zu liquidieren. In dem Lager B II e sind etwa 6000 Männer Frauen und Kinder untergebracht. Der derzeitige Lagerführer des Abschnitts B II e, Paul Bonigut, ein Gegner dieser Entscheidung, gibt diese Nachricht heimlich an Zigeuner, denen er vertraut, weiter, damit sie sich nicht lebend ausliefern"[35]

In der Eintragung zum „16. Mai 1944" heißt es dann:

"Gegen 19.00 Uhr wird im Zigeuner-Familienlager B II e in Birkenau eine Lagersperre verkündet. Vor dem Lager fahren Wagen vor, aus denen mit Maschinengewehren bewaffnete SS-Männer aussteigen und das Lager einkreisen. Der Leiter der Aktion gibt den Zigeunern den Befehl, die Unterkunftsbaracken zu verlassen. Da sie vorgewarnt sind, verlassen die mit Messern, Spaten, Brecheisen und Steinen bewaffneten Zigeuner die Baracken nicht. Erstaunt begeben sich die SS-Männer zum Leiter der Aktion in die Blockführerstube. Nach einer Beratung wird mit einem Pfiff das Signal gegeben, dass die SS-Männer der Begleitmannschaften, die die Baracken umstellt haben, sich von ihren Posten zurückziehen sollen. Die SS-Männer verlassen das Lager B II e. Der erste Versuch, die Zigeuner zu liquidieren, ist gescheitert."[36]

In den darauf folgenden Wochen wurden 3 000 der an dem Aufstand beteiligten Häftlinge bei Selektionen von den SS-Ärzten als noch „arbeitsfähig" eingestuft und zur Sklavenarbeit in andere Konzentrationslager im Reichsgebiet verschleppt, nach Buchenwald, Mauthausen, Ravensbrück, Sachsenhausen und Dachau. „Vernichtung durch Arbeit" nannten das die Nationalsozialisten. Zurück in Auschwitz blieben ca. 2 900 Roma und Sinti, Kinder, ihre Mütter und Alte. Die SS brachte sie in der Nacht vom 2. auf den 3. August in die Gaskammern und verbrannte die Leichen in einer Grube neben dem Krematorium V.

Dazu vermerkt das Kalendarium unter dem 2. August 1944, dass die Belegstärke im Zigeuner-Familienlager B II e sich um 70 Häftlinge erhöht und 2885 Häftlinge beträgt. Am Nachmittag wird ein leerer Güterzug an der Eisenbahnrampe in Birkenau bereitgestellt. Aus dem KL Auschwitz werden 1408 ‚Zigeuner und Zigeunerinnen', die zuvor aus dem Lager B II e und den Blöcken

---

[35] a.a.O. S. 774.
[36] Kalendarium a.a.O. Seite 774, 775.

10 und 11 des Stammlagers als noch arbeitsfähig ausgesondert worden waren, herbeigebracht. Sie sollen in andere Konzentrationslager überstellt werden. Die Abfahrenden verabschieden sich durch den Zaun von den im Lager B II e zurückbleibenden Angehörigen. Gegen 19.00 Uhr verlässt der Zug die Rampe in Birkenau. Im Zug befinden sich 918 Männer, darunter 105 Jungen im Alter von 9 bis 14 Jahren, und 490 Frauen. Ziel des Zuges ist das KZ Buchenwald.

Der SS-Lagerarzt Mengele befiehlt während des Abendappells im „Zigeunerfamilien-Lager B II e" allen polnischen Ärzten und Pflegern hervorzutreten und weist sie sofort in die Strafkompanie im Lager B II d in Birkenau ein. Nach dem Abendappell wird im KL Auschwitz II (Birkenau) Lagersperre und im „Zigeuner-Familien-Lager B II e" Blocksperre angeordnet. Das Lager B II e sowie einige weitere Wohnbaracken, in denen sich noch Sinti und Roma befinden, werden von bewaffneten SS-Männern umstellt. In das Lager fahren Lastwagen ein, mit denen 2897 wehrlose Frauen, Männer und Kinder in die Gaskammern im Krematorium V gefahren werden. Nach der Mordaktion werden die Leichen der Ermordeten in der Grube neben dem Krematorium verbrannt.[37]

4.) Funktion der „Politischen Abteilung" in Auschwitz

Mit seiner Stellung und Funktion als „Zigeunerreferent" in der Politischen Abteilung von Auschwitz-Birkenau kam Broad eine Schlüsselrolle bei der Vorbereitung und Durchführung der Vernichtungsaktion gegen die Sinti und Roma in dem Konzentrationslager zu.

Die Politische Abteilung war eine in sachlicher Hinsicht selbständige, vom Lagerkommandanten unabhängige Abteilung. An ihrer Spitze stand als Leiter ein SS-Führer im Range eines Untersturmführers, der Beamter der Gestapo war.

Die politischen Abteilungen verfügten im System der Konzentrationslager über sehr weitreichende Kompetenzen. Diese betrafen den auf die Häftlinge bezogenen Bereich, zum anderen ihren Auftrag in Bezug auf die SS-Besatzung der Lager. Bezogen auf die Häftlinge der Konzentrationslager umfasste ihr Auftrag:

---

[37] Kalendarium a.a.O Seite 838.

– Die Führung und Ergänzung der namentlichen Häftlingskarteien und gegebenenfalls auf Anforderung anderer Institutionen der Lagerleitung bzw. des SS-Wirtschaftsverwaltungs-Hauptamt oder des RSHA, die Weiterleitung von Informationen über die Häftlinge einschließlich der Registrierung der neu eingelieferten Häftlinge und der Anlage ihrer Personenakten;

– die Durchführung von Ermittlungen gegen Häftlinge und die Vornahme der Vernehmung von Häftlingen auf Anforderung der regionalen Stellen der Gestapo, oder der Polizei, der SS-Zentralämter, der des Lagerkommandanten;

– die nachrichtendienstliche Überwachung der Häftlinge durch Spitzel und die Kontrolle des Informationsflusses aus dem Lager hinaus und in das Lager hinein;

– im Auftrag der Geheimen Staatspolizei bzw. Standgerichten die Bekämpfung der Korruption und des unerwünschten Handels zwischen Häftlingen und SS-Angehörigen

– die Überwachung der Massenvernichtungsaktion und die Kontrolle ihrer Geheimhaltung einschließlich der Durchführung der Liquidierung von bei Massenvernichtungsaktion eingesetzten Häftlinge des Sonderkommandos bzw. die Beauftragung der Politischen Abteilungen anderer Konzentrationslager, in die Angehörige des Sonderkommandos aus dem KL Auschwitz „evakuiert" wurden, mit der Durchführung ihrer Exekution.[38]

Die Politische Abteilung war auch zuständig für die gesamte Registrierung der Todesfälle und führte die Korrespondenz mit dem RSHA zur Organisation und Abwicklung der Massenvernichtungsaktionen - wie der Aktion gegen Sinti und Roma am 2. August 1944. Mit der Tätigkeit des eigenen Standesamtes war außerdem der Betrieb der Krematorien des KL Auschwitz verbunden. Die Bezeichnung „Krematorium" umfasste sowohl die Krematoriumsöfen und die Gaskammern als auch die dort als Arbeitskräfte eingesetzten Häftlinge (das „Sonderkommando"), die die Arbeit beaufsichtigenden SS-Angehörigen und eine festgelegte und mit den anderen Abteilungen des Konzentrationslagers strukturell und ad-

---

[38] Aus A. Lasik u.a. „Auschwitz, 1940 - 1945, Studien zur Geschichte des Konzentrations- und Vernichtungslagers Auschwitz", Bd. I, Aufbau und Struktur, Verlag Staatliches Museum Auschwitz-Birkenau Oswiecim 1999, S. 195 ff. mit weiteren Nachweisen.

ministrativ verbundene organisatorische Einheit.[39] Alle in den Krematorien eingesetzten SS-Angehörigen unterstanden faktisch der Politischen Abteilung, und die sonstigen SS-Angehörigen, die das Gelände betreten konnten, wurden durch die politische Abteilung überwacht.

Auf Anweisung der SS-Führung fertigten die SS-Angehörigen der politischen Abteilung (des Referats „Erkennungsdienst, Ermittlungen und Vernehmungen", dem Broad eine Zeit lang angehörte) auch Alben über die im KL Auschwitz durchgeführten Massenvernichtungsaktionen an. Aufgrund von nicht abschließend geklärten Umständen ist ein Bilddokument bekannt - bisher das einzige dieser Art - das genau den Prozess des Ausladens der zur Vernichtung antransportierten Opfer, ihre Selektion und den Transport zu den Gaskammern sowie in einem Wäldchen in Birkenau wartende Opfer, die wenig später getötet werden sollten, zeigt.[40]

Die Politische Abteilung stellte durch ihre Funktion und Aufgabenstellung einen spezifischen Kontrollapparat des im KL Auschwitz angewandten Terrors dar, einen Apparat, der den Terror durch Terror überwachte. Seine Rolle ließe sich mit der Funktion der Gestapo im Dritten Reich vergleichen (gewöhnlich bezeichneten die Häftlinge die Politische Abteilung als „Lagergestapo"). Die Chancen, dass Häftlinge das KZ überleben konnten, hingen deshalb in großem Maße von der Haltung der Angehörigen der Politischen Abteilung ab.[41]

Die Entwicklung des KL Auschwitz zwischen 1940 und 1945 hatte zur Folge, dass auch einige Strukturen der Politischen Abteilung in organisatorischer Hinsicht umgegliedert wurden. 1943 wurde im Lagerabschnitt B II b des Lagers Birkenau ein Außenposten der Politischen Abteilung errichtet. Gleichzeitig entstand im Lagerabschnitt B II e ein „Zigeuner-Referat", dessen Chef der weiter als Angehöriger des Referats Ermittlungen und Vernehmungen tätige SS-Rottenführer Pery Broad wurde.[42]

Broad war sowohl im Mai 1944, als der erste Versuch der Ermordung der 6000 Sinti und Roma an deren Widerstand scheiterte, als auch zur Zeit der Ver-

---

[39] A.a.O. S. 209.
[40] A.a.O. S. 212.
[41] A.a.O. Seite 219.
[42] A.a.O., S 217 mit weiteren Nachweisen.

nichtungsaktion am 2. August 1944 für die gesamten organisatorischen Belange, die Vorbereitung und Durchführung der Massenvernichtungsaktion als Leiter des „Zigeunerreferats" in der Politischen Abteilung maßgeblich zuständig und verantwortlich.

5.) Konkreter Vorwurf der Beteiligung an der Ermordung der Sinti und Roma in Auschwitz-Birkenau / Prozessgeschichte

Über mehr als 25 Jahre bemühten sich Organisationen ehemaliger Auschwitz-Häftlinge und ab 1987 auch der Zentralrat Deutscher Sinti und Roma darum, dass gegen Broad wegen der Ermordung von Sinti und Roma ein Ermittlungs- und Strafverfahren durchgeführt wird:

Der Vorsitzende des Internationalen Lagerkomitees (Comité International des Camps) mit Sitz in Wien, Hermann Langbein, der selbst zu den Überlebenden des KZ Auschwitz gehörte, schrieb am 24. Februar 1966 an den damaligen Hessischen Minister der Justiz, Dr. Lauritz Lauritzen: „Nun erfuhren wir, dass die 3. Strafkammer des Landgerichts in Frankfurt/M. die Enthaftung der im Auschwitz-Prozess verurteilten Stark und Broad verfügt hat". „Vollends befremde" das Komitee die Tatsache, dass „Senatspräsident Hofmeyer in seiner Urteilsbegründung" ausdrücklich hervorgehoben habe, „dass gravierende Beschuldigungen (… bei Broad alle Aussagen, die sich auf dessen Teilnahme bei der Vernichtung der Zigeuner am 1.8.44 bezogen), die dem Gericht glaubwürdig schienen, nicht bei dem Urteil berücksichtigt werden konnten, da die Anklagebehörde deswegen keine Nachtragsanklage erhoben hat".[43]

Minister Dr. Lauritz teilte dem Lager-Komitee mit Schreiben vom 8. März 1966 mit, „soweit es um die Einleitung eines neuen Ermittlungsverfahrens gegen Broad" ginge, habe er den Oberstaatsanwalt in Frankfurt/M. gebeten, ihm „in der Angelegenheit zu berichten". Sobald ihm dieser Bericht vorliege, werde er auf die Angelegenheit zurückkommen.[44]

---

[43] Schreiben des Internationalen Lagerkomitees vom 24. Februar 1967, Archiv Zentralrat Deutscher Sinti und Roma.
[44] Schreiben des Hessischen Ministers der Justiz vom 8. März 1967, Archiv Zentralrat Deutscher Sinti und Roma.

Ca. einen Monat später, am 13. April 1966, führte der Hessische Justizminister in einem ausführlichen Schriftsatz an Hermann Langbein aus, dass aufgrund der „Sachlage" der Oberstaatsanwalt in Frankfurt/M. „keinen Anlass gefunden" habe, gegen Broad „Nachtragsanklage zu erheben oder nochmals ein neues Ermittlungsverfahren einzuleiten". Broad habe eine Beteiligung an der Vernichtung des „Zigeunerlagers" stets bestritten. Das Amtsgericht in Frankfurt/M. habe durch Beschluss vom 23.12.1960 den Haftbefehl des Amtsgerichts Stuttgart dahin abgeändert, dass die „Beschuldigung zu Ziffer c. (nämlich die Beteiligung von Broad an der Vernichtung des Zigeunerlagers) entfiel, weil Broad zu dieser Zeit wahrscheinlich nicht im Lager Auschwitz war". Dieser Punkt sei deshalb auch nicht Gegenstand der gerichtlichen Voruntersuchung und der am 16.4.1963 erhobenen Anklage gewesen. Der Vorsitzende des Landgerichts habe in der Hauptverhandlung zwar erklärt, es „bestehe die Möglichkeit, dass Broad im Zeitpunkt der Räumung des Zigeunerlagers in Auschwitz war". Neben Zeugen, die Broad belastet hätten, wären andere Zeugen - vor allem Funktionshäftlinge - davon ausgegangen, „Broad sei mit Sicherheit nicht beteiligt gewesen"; oder sie hätten keine Angaben dazu gemacht.[45]

Zwei Tage nach Erhalt dieses Schreibens sandte das Internationale Lagerkomitee einen mehrseitigen Schriftsatz[46] an den Minister, wies detailliert auf die Aussagen mehrerer Belastungszeugen - insbesondere von Funktionshäftlingen - hin und teilte Beweistatsachen mit, die der bisherigen Bewertung der Beweislage durch Ministerium und Staatsanwaltschaft widersprachen.

Auf diesen Vortrag reagierte das Justizministerium mit einem 4-seitigen Schriftsatz des Staatssekretärs Rosenthal-Pelldram, vom 11. November 1966,[47] in dem die zuletzt vertretene Auffassung der Staatsanwaltschaft im Wesentlichen wiederholt wurde.

Nach weiterem Schriftwechsel zur Fortführung des Verfahrens beschied das Ministerium schließlich am 24. August 1967 das Internationale Lagerkomitee, es

---

[45] Schreiben des Hessischen Ministers der Justiz vom 13. April1967, Archiv Zentralrat Deutscher Sinti und Roma.
[46] Schreiben des Internationalen Lagerkomitees vom 16. April 1966, Archiv Zentralrat Deutscher Sinti und Roma.
[47] Schreiben des Hessischen Staatssekretärs der Justiz vom 11. November 1967, Archiv Zentralrat Deutscher Sinti und Roma.

Anhang

dürfe „richtig stellen, dass gegen den im Strafverfahren gegen Mulka und andere - 4 Ks 2/63 - (großes Auschwitz-Verfahren) Angeklagten Pery Broad eines neues Verfahren wegen einer Beteiligung an der Vernichtung des Zigeunerlagers nicht eingeleitet" worden sei. Insoweit müssten „Schreiben des Hessischen Ministers der Justiz missverstanden worden sein"[48].

Überrascht von dieser Mitteilung wandte sich am 2. September 1967 der Vorsitzende des Internationalen Lagerkomitee erneut an den neuen Hessischen Minister der Justiz, Dr. Johannes Strelitz, und forderte nochmals die Einleitung neuer Ermittlungen gegen den „im großen Auschwitz-Prozess verurteilten SS-Angehörigen Pery Broad,…weil er dringend verdächtig ist, bei der ‚Liquidierung' des Zigeunerlagers in Auschwitz-Birkenau verantwortlich mitgewirkt zu haben". Das Internationale Lagerkomitee habe bereits am 20.07.1967 die zuständige Staatsanwaltschaft in Frankfurt/M. davon verständigt, dass „die Schutzbehauptung, die Broad vorgebracht hat, er wäre zum Zeitpunkt der Liquidierung nicht in Auschwitz, sondern bei einem Schulungskurs in Arolsen gewesen, nicht nur durch mehrere Zeugenaussagen, sondern auch durch seine eigene Aussage, am 20.07.1947 in Nürnberg abgelegt, widerlegt erscheint". Damals habe Broad verschiedene Reisen, die seine Tätigkeit in Auschwitz unterbrochen hätten, erwähnt, aber keinen Schulungskurs in Arolsen.[49]

Justizminister Dr. Strelitz antwortete dem Internationalen Lagerkomitee am 17. September 1967: „Der Oberstaatsanwalt in Frankfurt am Main hat mir bestätigt, dass die Beteiligung des SS-Angehörigen Pery Broad an der Vernichtung des Zigeunerlagers in Auschwitz in dem Verfahren 4 Js 1031/61 im Zusammenhang mit den Vorwürfen gegen den Beschuldigten Sawatzki geprüft werde". Der Minister bittet um „Verständnis", dass es bei dem Umfang des Verfahrens „nicht leicht" sei, „wegen jedem einzelnen Beschuldigten den Sachbearbeiter eines anderen Ermittlungsverfahrens anzusprechen". Er habe den Oberstaatsanwalt in Frankfurt/M. gebeten, „dafür Sorge zu tragen, dass in Zukunft eine Unterrichtung seiner Sachbearbeiter, die mit der Aufklärung der

---

[48] Schreiben der Oberstaatsanwaltschaft Frankfurt/M. vom 24. August 1967, Archiv Zentralrat Deutscher Sinti und Roma.
[49] Schreiben des Internationalen Lagerkomitees vom 2. Sept. 1967, Archiv Zentralrat Deutscher Sinti und Roma.

Verbrechen in Auschwitz betraut sind, über jedes einzelne Ermittlungsverfahren erfolgt."[50]

Der Zentralrat Deutscher Sinti und Roma erhielt während der Hauptverhandlung in dem Prozess gegen E.A. König beim Landgericht Siegen[51] im Jahre 1987 Kenntnis von dem Fall Pery Broad und den Vorwürfen gegen ihn. Broad sollte als Zeuge zur Entlastung des Angeklagten König, einem ehemaligen SS-Blockführer aus dem sogenannten „Zigeunerlager" B II e in Auschwitz-Birkenau, aussagen.

In dem Verhandlungstermin am 15. Dezember 1987 erstattete der Nebenklägervertreter im Auftrage des Zentralrats und im Auftrage überlebender Sinti, die in Auschwitz waren, erneut Strafanzeige gegen Broad. Die Nebenklageanwälte Ulrich Roeder und Arnold Roßberg trugen vor, Broad sei auch vor seiner Vernehmung in dem Verfahren gegen König entsprechend zu belehren. Er sei dringend verdächtig, hauptverantwortlich an der sog. „Liquidierung des Zigeunerlagers" am 2. August 1944 mitgewirkt zu haben. Der Zeuge Broad habe, um sich selbst zu schützen, ein erhebliches Interesse daran, die Vorgänge und Verhältnisse in dem sog. „Zigeunerlager" von Auschwitz-Birkenau anders darzustellen, als sie in Wahrheit waren. Die Nebenklage-Anwälte erklärten, der ehemalige SS-Mann Broad sei zudem verdächtig, in einem weiteren Fall einen Menschen durch schwere Misshandlungen bei einer Vernehmung getötet zu haben. Broad bestreite die Beteiligung an diesen Verbrechen, er versuche durch Schutzbehauptungen, er sei zum Zeitpunkt der Tat nicht im Lager gewesen, sich ein Alibi zu verschaffen. Er versuche dem entsprechend möglicherweise auch durch falsche Angaben den Angeklagten König zu schützen, um dessen Mitwirkung an den ihm vorgeworfenen Verbrechen zu verschleiern.

Die Nebenklageanwälte legten im Einzelnen auch die oben geschilderten Initiativen und Anträge des Internationalen Lagerkomitees dar und beantragten gegenüber der Staatsanwaltschaft, „das über 20 Jahre nicht zu einer Entscheidung geführte Verfahren mit dem schwerwiegenden Tatvorwurf gegen Broad aufzunehmen und einer Anklage zuzuführen". Dazu wurde die Vernehmung von drei

---

[50] Schreiben des Hessischen Ministers der Justiz vom 17.09.1967, Archiv Zentralrat Deutscher Sinti und Roma.
[51] Aktenzeichen: Ks 130 Js 2/84.

benannten Zeugen beantragt, die unmittelbare Angaben über die Vorwürfe gegen Broad machen konnten und dies auch schon in früheren Vernehmungen zu Protokoll gegeben hatten.[52]

Am 18. Januar 1988 wandte sich der juristische Vertreter des Zentralrats Deutscher Sinti und Roma wiederum mit einem formellen Schreiben an die zuständige Staatsanwaltschaft Frankfurt/M. und kündigte im Auftrage der Auschwitz-Überlebenden und Zeugin Martha E. einen Antrag auf Zulassung der Nebenklage in dem Verfahren gegen Broad an. Martha E., die auch in dem Prozess gegen E.A. König beim Landgericht Siegen als Nebenklägerin auftrat, hatte erlebt, dass ihr Vater und ihr Onkel in Auschwitz ermordet wurden. Sie hatte darüber hinaus eine Vielzahl weiterer Verwandten durch die Mordaktion an den im sogenannten „Zigeunerlager" ermordeten Sinti und Roma durch Gas am 2. August 1944 verloren. Der Rechtsvertreter stellte in dem Schreiben an die Staatsanwaltschaft Frankfurt/M. den Beweisantrag, zu dem Fall Broad zwei Zeuginnen (Elisabeth G. und Regina St.) erneut zu vernehmen, die in dem Verfahren gegen E.A. König und anderen vorausgegangenen Verfahren die Beteiligung Broads am 2.8.1944 bestätigt hatten. Außerdem wurden 3 weitere Zeugen (Stanoski W., Josef M. und Josef P.) namentlich benannt, die ebenfalls entsprechende Angaben machen konnten.[53]

Gleichzeitig wurde die Einsichtnahme in die kompletten Verfahrensakten gegen Broad beantragt.[54]

Nach erfolgter Akteneinsicht, die erst Anfang 1991 gewährt wurde, reichte der Zentralrat über seinen juristischen Vertreter am 12. April 1991 ein weiteres Mal bei der Staatsanwaltschaft einen ausführlichen Schriftsatz mit der Darstellung und Bewertung der Beweislage gegen Broad ein. Zugleich wurde eine Vollmacht des Mannheimer Sinto Reinhold L. vorgelegt, dessen Geschwister Karl Winterstein, geb. am 26.11.1936, Hildegard Winterstein, geb. 1.07.1939, Harri Lagrene, geb. 03.06.1941 und Gisela Lagrene, geb. 19.07.1942 nach den vorliegenden Dokumenten bei der Vernichtung des sog. „Zigeunerlagers" in

---

[52] Quelle: Schriftsatz der Rechtsanwälte Roeder, Roßberg vom 15.12.1987, Archiv des Zentralrats Deutscher Sinti und Roma.
[53] Quelle: Schriftsatz des Rechtsanwalts A. Roßberg vom 18.01.1988, Archiv a.a.O.
[54] Az.: 50 Js 32.245/87 StA Frankfurt/M.

Auschwitz-Birkenau am 2. August 1944 in den Gaskammern ermordet wurden. Entsprechende Urkunden wurden der Staatsanwaltschaft überreicht.

Die Vertreter des Zentralrats trugen vor, dass nach dem Ermittlungsergebnis, wie es sich aus den Akten ergebe, auch im Hinblick auf das fortgeschrittene Alter der Zeugen eine alsbaldige Anklageerhebung unbedingt geboten sei.[55]

Am 12. August 1991 schaltete sich der Vorsitzende des Zentralrats Deutscher Sinti und Roma, Romani Rose, persönlich ein und schrieb an den Generalstaatsanwalt bei dem Oberlandesgericht Frankfurt/M., Dr. Christoph Schaefer. Er bat dringend, in dem noch nicht abgeschlossenen Verfahren gegen Pery Broad „dafür Sorge zu tragen, dass der Beschuldigte jetzt auch vor Gericht gestellt wird". In seinem Schreiben erinnerte der Zentralratsvorsitzende daran, dass bei seinen persönlichen Gesprächen mit dem früheren Hessischen Justizminister, Karl Heinz Koch, und dem damaligen Staatssekretär, Volker Bouffier, an denen auch der damalige Generalstaatsanwalt, Christoph Kulenkampff, teilnahm, auch die Frage der notwendigen, raschen Anklageerhebung gegen Broad wegen der zur Last gelegten Mordtaten gegen Sinti und Roma in Auschwitz-Birkenau erörtert worden war. Generalstaatsanwalt Kulenkampff habe, so Rose, im Juni 1990 erklärt, dass „mit einer baldigen Anklageerhebung zu rechnen sei." Das Ministerium habe zugesagt, wie es in der gemeinsam mit dem Zentralrat am 22. Juni 1990 herausgegebenen Presseerklärung festgehalten ist, dass es eine beschleunigte Bearbeitung dieses seit 1967 anhängigen Verfahrens geben werde.

Darüber hinaus - schrieb der Zentralratsvorsitzende an Generalstaatsanwalt Kulenkampff - habe er jetzt erfahren, dass das Internationale Lagerkomitee durch seinen Vorsitzenden, Hermann Langbein, der Zentralen Stelle zur Verfolgung von NS-Verbrechen in Ludwigsburg mit Schreiben vom 10.3.1958 eine weitere Zeugenaussage zu Broad vorlegte, die bisher im Verfahren nicht berücksichtigt worden sei. In dieser unterschriebenen Zeugenerklärung des Wojciech B. wird neben der Bekundung, dass Broad an Folterungen und Erschießungen in dem sog. Bunker des Block 11 in Auschwitz zusammen mit den SS-Leuten Boger und Lachmann beteiligt gewesen sei, von dem Zeugen eindeutig erklärt, dass Broad (Zitat:) „an der Liquidierung des Zigeunerlagers und der anschließenden Verga-

---

[55] Quelle: Schriftsatz RA Roßberg vom 12.04.1991, Archiv a.a.O.

sung von einigen Tausend Zigeunern teilgenommen" habe. Als weitere Zeugen seien vom Lagerkomitee damals noch Felix A. und Susan E. F. genannt worden. Weitere Zeugenaussagen, die im Jahre 1959 in Stuttgart aufgenommen worden seien, seien ebenfalls unerklärlicherweise nicht in das Verfahren einbezogen worden, dies seien insbesondere die Aussagen der Zeugen Hugo B. vom 16.3.1959 und des Zeugen Adolf R. vom 23.2.1959, die ebenfalls konkrete Angaben über die maßgebliche Beteiligung an den Massenmordaktionen beinhalteten.

Es könne, so Rose in seiner Eingabe an den Generalstaatsanwalt, nach all den Erhebungen auch in dem großen Auschwitz-Prozess keinen Zweifel daran geben, dass Broad zu den furchtbarsten SS-Leuten gehörte. So sei er u.a. die rechte Hand Bogers, eines der brutalsten Folterer („Boger-Schaukel"), gewesen. Dieser klaren Beweislage müsse jetzt Rechnung getragen und gegen Broad Anklage erhoben werden. Der Zentralrat kündigte außerdem an, sich nochmals umgehend an das Justizministerium zu wenden.

Am 14. August 1991 bat der Vorsitzende des Zentralrats Deutscher Sinti und Roma, Romani Rose, die neue Hessische Ministerin der Justiz, Christine Hohmann-Dennhardt, dringend um ein persönliches Gespräch. Der Zentralrat habe die Mitteilung erhalten, dass sich der sachbearbeitende Staatsanwalt bei der Staatsanwaltschaft Frankfurt/M. für das Ermittlungsverfahren gegen Pery Broad „eine Einstellungsverfügung überlege", so seine telefonische Auskunft vom Vortage.[56]

Dies sei, schrieb Rose, nach der gesamten Behandlung dieses Verfahrens durch die Justiz in Hessen und in Anbetracht der persönlichen Zusagen ihres Amtsvorgängers, Justizminister Karl Heinz Koch, sowie des Generalstaatsanwaltes Kulenkampff „schlicht ein Skandal". Sie hatten jeweils erklärt, dass mit einer baldigen Anklageerhebung zu rechnen sei. Das Verfahren gegen Broad wegen Vernichtung des sogenannten „Zigeunerlagers" von Auschwitz-Birkenau werde, so Rose, seit Ende der 1950er Jahre „systematisch herausgezögert". Auch seit der Wiederaufnahme der Ermittlungen im Jahre 1987 könne man etwas dafür tun, um eine Anklage und gerichtliche Ahndung der vorgeworfenen Mordtaten Broads in Auschwitz durchsetzen, schrieb Rose an Ministerin Hohmann-Dennhardt. Das Fehlen wichtiger Beweismittel in der Aktenführung belege diese Einschätzung.

---

[56] Quelle: Schreiben des Zentralratsvorsitzenden Romani Rose vom 14. August 1991, Archiv des Zentralrats Deutscher Sinti und Roma.

Am nächsten Tag, den 15. August 1991, lud der Zentralrat Deutscher Sinti und Roma über den Stand dieses Verfahrens die Presse zu einer Konferenz für den 22. August 1991 nach Frankfurt ein.

Während dessen verteidigte der Generalstaatsanwalt beim Oberlandesgericht Frankfurt/M. die Vorgehensweise seiner Staatsanwälte.[57] Der Generalstaatsanwalt sei persönlich über das Ermittlungsverfahren gegen Pery Broad und die weiteren „wegen NSG-Verbrechen im Konzentrationslager Auschwitz geführten Verfahren" als bisheriger Leiter der zuständigen Staatsanwaltschaft „bestens informiert". „Nach den von hier aus im Wege der Dienstaufsicht getroffenen Überprüfungsmaßnahmen werden die bei der Staatsanwaltschaft Frankfurt/M. anhängigen Ermittlungsverfahren wegen nationalsozialistischer Gewaltverbrechen mit großer Sorgfalt, aber auch mit der gebotenen Beschleunigung geführt", schrieb die Generalstaatsanwaltschaft an den Zentralrat. Gerade die im „Auschwitz-Komplex" tätigen Staatsanwälte seien seit vielen Jahren in diesem Bereich tätig und verfügten über umfassende Kenntnisse von allen bisher zum Geschehen in den „Lagern Auschwitz und Birkenau" getroffenen gerichtlichen Erkenntnissen. Sie seien deshalb auch ehesten in der Lage, „einzelne Zeugenaussagen anhand dieser Erkenntnisse auf ihre Stichhaltigkeit und Beweiskräftigkeit zu überprüfen, heißt es in dem Schreiben der Generalstaatsanwaltschaft. Die vom Zentralrat benannten Zeugen seien der Staatsanwaltschaft bereits seit Jahren bekannt. Deren Aussagen würden bei der Entscheidung, ob gegen den Beschuldigten Broad Anklage zu erheben sein würde, selbstverständlich mitberücksichtigt, so das Schreiben. Schließlich „versichert" die Generalstaatsanwaltschaft, dass seitens der Justizbehörden des Landes Hessen „große Anstrengungen daran gesetzt werden, nationalsozialistische Gewaltverbrecher ihrer verdienten Strafe zuzuführen". Anklagen bedürften, heißt es, „angesichts der sich aus dem Zeitablauf ergebenden Beweisschwierigkeiten einer sorgfältigen Vorbereitung und auch einer gewissen Erfolgsaussicht, da Freisprüche in NSG-Prozessen von der internationalen Öffentlichkeit erfahrungsgemäß äußerst negativ beurteilt werden".[58]

In seiner Erklärung auf der anschließenden Pressekonferenz am 22. August 1991 in Frankfurt/M. verlangte Zentralratsvorsitzender Romani Rose die sofor-

---

[57] Schreiben der Generalstaatsanwaltschaft Frankfurt/M., Az: 401 E - 52/90 vom 15.8.1991, Archiv a.a.O.
[58] A.a.O.

tige Anklage und Verhaftung des früheren SS-Manns Pery Broad wegen Beteiligung am Massenmord an Sinti und Roma in Auschwitz.[59] Diese Forderung sei, so Rose, an das Hessische Justizministeriums gerichtet worden, nachdem die Frankfurter Staatsanwaltschaft erklärt habe, sie wolle - seit 30 Jahren verzögerten - die Ermittlungen einstellen, „die Verfügung sei nur noch nicht geschrieben".

Der Zentralrat erläuterte nochmals, dass eine Vielzahl unmittelbarer Augenzeugen in Vernehmungen heute und schon seit 1956 die maßgebliche Rolle Broads bei den Vorbereitungen und seine Anwesenheit bei der Vernichtungsaktion am 2. August 1944 bestätigt hatten. Rose wies auch auf die Verurteilung Broads im Jahre 1965 wegen Beihilfe bei der Ermordung von 2000 jüdischen Häftlingen hin und zitierte das damalige Gericht, Broad habe sich zu Morden an Juden „einspannen lassen, ohne je irgendwelchen Abscheu gegen die ungeheuerliche Ausrottung menschlichen Lebens Ausdruck zu geben". Broad sei dafür nicht einmal 2 Jahre in Haft gewesen.

Mehrere Hessische Zeitungen berichteten über die Pressekonferenz. Die *Gießener Allgemeine* schrieb am 31.08.1991 unter Überschrift „Neues NS-Verfahren - Suche nach Zeugin in USA", dass die Staatsanwaltschaft jetzt Ermittlungen in den USA aufgenommen habe. Wie die Staatsanwaltschaft Frankfurt/M. mitgeteilt habe, soll dabei geklärt werden, ob eine neu benannte Zeugin für das Verfahren zur Verfügung stehe.[60] Sie soll, so die Staatsanwaltschaft, „angeblich" Aussagen über eine mögliche Mitwirkung Broads an Morden im sog. „Zigeunerlager" in dem Vernichtungslager Auschwitz machen können.

Am 20. August 1991 teilte die Hessische Justizministerin dem Zentralrat in einem Schreiben, das in Heidelberg am 22. August 1991 kurz nach der Pressekonferenz vorlag, mit, dass sie „volles Verständnis für das Anliegen" habe angesichts der „grässlichen Verbrechen, die im Dritten Reich an den Angehörigen der Sinti und Roma verübt worden sind."[61] Da jedoch die Staatsanwaltschaft Frankfurt/M., so die Ministerin, zunächst berufen sei, festzustellen, ob die Ermittlungen genügend Anlass zur Erhebung der Anklage bieten, begrüße sie es sehr, dass, wie ihr mitge-

---

[59] Presseerklärung des Zentralrats Deutscher Sinti und Roma vom 22. August 1991.
[60] Artikel der Gießener Allgemeine vom 31.08.1991.
[61] Schreiben der Hessischen Justizministerin Hohmann-Dennhardt vom 20.08.1991, Archiv des Zentralrats Deutscher Sinti und Roma.

teilt würde, am 28. August 1991 ein Gespräch zwischen Vertretern des Zentralrats Deutscher Sinti und Roma, dem ermittelnden Staatsanwalt der Staatsanwaltschaft Frankfurt/M. und einem Vertreter der Generalstaatsanwaltschaft beim Oberlandesgericht Frankfurt/M. stattfinden werde. Dort solle die angesprochene Beweislage erörtert werden. Die Ministerin versichert, dass sie dem Anliegen weiterhin ihre „besondere Aufmerksamkeit widmen werde".

Zur Vorbereitung dieses Gesprächs sandte der Zentralrat am Folgetag der Generalstaatsanwaltschaft noch das Vorwort zu der - im Jahre 1966 von der Auschwitz-Gedenkstätte in Polen herausgegebenen - Nr. 9 der „Hefte von Auschwitz", in dem der Verfasser Jerzy Rawicz Ausführungen zu der Person und den Taten von Pery Broad macht[62].

In einer weiteren Pressemitteilung am 28. August 1991 verlangte der Zentralrat Deutscher Sinti und Roma eine offizielle Weisung des Justizministeriums für eine Anklageerhebung gegen Broad, nachdem die Staatsanwaltschaft bei einem Gespräch mit Vertretern des Zentralrats am selben Tage keine konkreten Auskünfte über den geplanten Fortgang des Verfahrens gab. Es wurde lediglich erklärt, dass „eine rasche Gesamtbewertung und dann abschließende Entscheidung beabsichtigt" sei.

Am 2. September 1991 legte der Rechtsvertreter des Zentralrats der Generalstaatsanwaltschaft in Frankfurt/M. nochmals eine eigene Bewertung der gegebenen Beweislage gegen Broad vor und begründete die Notwendigkeit einer Anklageerhebung. Über diese Vorlage informierte Zentralratsvorsitzender Romani Rose mit einem Schreiben am 3. September 1991 auch die Hessische Justizministerin und appellierte an sie, für eine baldige Anklageerhebung von ihrer Weisungsbefugnis gegenüber den Staatsanwaltschaften Gebrauch zu machen, Danach könne, so Rose, nach über 30 Jahren Ermittlungen „endlich ein unabhängiges Gericht über die Beweisunterlagen und Zeugenaussagen in einer ordentlichen öffentlichen Hauptverhandlung entscheiden."

Die Justizministerin lehnte diesen Appell am 23. September 1991[63] zunächst ab. Sie schrieb dem Zentralrat, sie sehe „sich daran gehindert", die Staatsanwalt-

---

[62] Schreiben des Zentralrats Deutscher Sinti und Roma vom 23.08.1991, Archiv a.a.O.
[63] Schreiben der Hessischen Justizministerin vom 23.09.1991, a.a.O.

schaft anzuweisen, Anklage zu erheben. Die Ermittlungen seien noch nicht abgeschlossen. Es würde der im Gesetz niedergelegten „Objektivität der Staatsanwaltschaft" Abbruch tun, so die Ministerin, und „nicht zuletzt unter dem Gesichtspunkt des Legalitätsprinzips zumindest angreifbar sein, wenn das Justizministerium in diesem Stadium ein bestimmtes Ergebnis anordnen wollte." Sie betonte: „Ich habe aber sichergestellt, dass sowohl der Generalstaatsanwalt wie auch mein Haus vor einer endgültigen Entscheidung der Staatsanwaltschaft umfassend über das Ermittlungsergebnis informiert werden, so dass auf diese Weise eine doppelte Nachprüfung stattfinden kann". Der Zentralrat begrüßte am 7. Oktober 1991[64] die Zusage der Ministerin zur Prüfung der Sache, kritisierte aber gleichzeitig, dass die Anklage keine zeitliche Verzögerung mehr dulde. Wenn die Staatsanwaltschaft noch nach einer weiteren Zeugin in den USA suchen wolle, die mit Namen und Anschrift bereits im Jahre 1959 zu den Akten mitgeteilt wurde, könne dies kein Anlass zum Aufschub der Anklage sein. Diese Zeugin könnte nach den früheren Ergebnissen allenfalls die Anklage stützen, nicht aber das bisherige Ermittlungsergebnis mit einer Reihe von Tatzeugen in Frage stellen.

Der Zentralrat Deutscher Sinti und Roma stellte in der Folgezeit bis zum April 1993 noch weitere Ermittlungen bei den inzwischen zugänglichen Archiven der Militärbehörden in Prag, bei der „Hauptkommission für die Erforschung des Verbrechens gegen das polnische Volk" in Warschau, bei dem Staatlichen Archiv in Lodz/Polen, dem Archiv in Opole, Polen, dem Yad Vashem in Israel und anderen Dienststellen an. Diese erbrachten aber keine entscheidenden neuen Erkenntnisse, sondern stützten die Beurteilung, dass die Alibibehauptungen Broads für den 2. August 1944 falsch waren.

Am 2. April 1993[65] teilte Staatsministerin Hohmann-Dennhardt dem Zentralrat mit, aus Sicht der Staatsanwaltschaft sei „das Verfahren soweit gefördert, dass eine abschließende Verfügung getroffen werden kann." Die Art der nach derzeitiger Aktenlage beabsichtigten Verfügung lasse aber einen Abschluss nicht zu, ohne dem Beschuldigten das ihm zustehende rechtliche Gehör zu gewähren. Dies sei aber aufgrund einer Erkrankung Broads derzeit nicht möglich. Diese Entwicklung sei „unvorhergesehen". Die Staatsanwaltschaft ergänzte, man werde

---

[64] Schreiben des Zentralrats Deutscher Sinti und Roma vom 07.10.1991, a.a.O.
[65] Schreiben der Hessischen Justizministerin vom 02.04.1993, a.a.O.

die Vernehmung vornehmen, sobald der Gesundheitszustand des Beschuldigten dies erlaube. Am 2. September 1993 wiederholte das Justizministerium auf nochmalige Anfrage des Zentralrats hin, dass bislang aufgrund einer Krankheit Broads seine Vernehmung nicht möglich gewesen sei.[66]

Am 12. Januar 1994 erhielt der Zentralrat ein Schreiben der Staatsanwaltschaft Frankfurt/M. mit folgendem Wortlaut:

„Der Beschuldigte Broad ist am 28.11.1993 verstorben. Sein Tod ist unter der Nummer 6980 beim Standesamt Düsseldorf registriert."[67]

Die *Frankfurter Rundschau* schrieb am 9. Februar 1994 in der Rubrik „Zur Person" über Pery Broad, das Verfahren bei der Staatsanwaltschaft Frankfurt/M. gegen ihn wegen der Ermordung der Sinti und Roma in Auschwitz sei seit 1967 dort anhängig gewesen, „ohne dass es zur Anklage gekommen wäre, obwohl mehrere Hessische Justizminister dem als Nebenkläger auftretenden Zentralrat Deutscher Sinti und Roma eine rasche Bearbeitung zugesagt hatten." Der Artikel endet mit der Feststellung: „Bereits 1987 konnte sich die *FR*-Korrespondentin in einem einschlägigen Bericht des Eindrucks nicht erwehren, dass hier die Sympathie der Justiz doch allzu deutlich zugunsten des Beschuldigten ausfiel."

6.) Bewertung der damaligen Beweislage

(a) Umfang der vorgeworfenen Tatbeteiligung Broads an der Vernichtungsaktion gegen die Sinti und Roma

Der Tatvorwurf gegen Broad wegen Mordes und Beihilfe zum Mord an den Sinti und Roma in Auschwitz-Birkenau beschränkt sich nicht auf seine Anwesenheit bei der Verladung der letzten ca. 2900 Häftlinge im sog. „Zigeunerlager" zum Transport in die Gaskammern in der Nacht zum 2. August 1944. Die Mordtaten an den Menschen, die von vornherein zur Vernichtung bestimmt waren, begannen mit ihrer Verschleppung und ihrer Inhaftierung in Auschwitz. Viele der Betroffenen starben schon während des Transportes und kurz nach der An-

---

[66] Schreiben der Hessischen Justizministerin vom 02.09.1993, a.a.O.
[67] Schreiben der Staatsanwaltschaft Frankfurt/M. vom 12.01.1994, a.a.O.

kunft im Lager an Hunger, vorsätzlich unversorgten Krankheiten und durch den gewalttätigen Terror der SS-Wachmannschaften. Broad war vorzuwerfen, dass er entsprechend seiner Aufgabe in der Politischen Abteilung beteiligt war an der bürokratischen Organisation und Überwachung dieser gesamten Vorgänge in Auschwitz - angefangen von der täglichen Zählung und listenmäßigen Erfassung der neben den Baracken aufgestapelten Leichen bis hin zur Selektion derjenigen, die am Ende in Auschwitz vergast oder zuvor in andere Konzentrationslager zur „Vernichtung durch Arbeit" verbracht wurden.

Mittäterschaft - soweit Broad selbst mit den Selektions-Listen über Leben und Tod entschied - und Beihilfehandlungen bei der Ermordung der nach Auschwitz deportierten Sinti und Roma sind bereits in der Tätigkeit Broads bei den Überwachungstätigkeiten als zuständiger „Zigeunerreferent" der „Lagergestapo" und bei der Organisation vor der letzten Vernichtungsaktion am 2. August 1944 zu sehen, an denen er nach Aussagen der überlebenden Zeugen maßgeblich und als hauptsächlich agierender Angehöriger der Politischen Abteilung teilnahm. Eine Reihe der Zeugen bestätigte in diesem Zusammenhang explizit die - im Übrigen historisch bekannte - Tatsache, dass diese SS-Abteilung für die Organisation der Massentötungen unmittelbar im Lager verantwortlich war. Mit der Politischen Abteilung und Broad wurde auch der telegrafische Verkehr der SS-Führung in Berlin abgewickelt, wie Broad selbst bestätigte.

(b) Zeugen für Schlüsselfunktion Broads beim Vernichtungsprozess

Ausführliche Angaben zur Schlüsselfunktion der politischen Abteilung bei der Organisation und Durchführung der Massenmordaktionen machte auch der ehemalige SS-Rapportführer im sog. „Zigeunerlager" Auschwitz, Georg Bonigut. Er bekundete in seiner Vernehmung am 16.07.1973 bei der Staatsanwaltschaft Frankfurt:

„Auf Befragen über die mir bekannten Tatsachen anlässlich der Liquidation des Zigeunerlagers erkläre ich wahrheitsgemäß folgendes:...

Nach meiner Erinnerung hörte ich eines Morgens bei Dienstbeginn von meinem Rapportschreiber, dass in der Nacht Angehörige der Politischen Abteilung im Zigeunerlager „durchgearbeitet" hätten. Was die Angehörigen der PA damals gemacht haben, wusste mir auch der Rapportschreiber nicht zu sagen. Er hatte die gesamten Karteikarten der Zigeunerhäftlinge den PA-Angehörigen auszuhändigen. Ich dachte mir, dass hier irgendwelche Vorbereitungen für die Räumung des Lagers getroffen wurden. Obwohl ich keinerlei Einzelheiten erfahren konnte, hatte ich von Stund an ein ungutes Gefühl. Ich habe daraufhin auch sofort meine Versetzung nach Monowitz beantragt. Auf Frage erkläre ich, dass ich hier die Vernichtung von Menschen, die mir menschlich sehr nahestanden, es handelte sich ja um viele Kriegsteilnehmer mit zum Teil hohen Auszeichnungen, voraus ahnte und unter keinen Umständen gewillt war, mich daran zu beteiligen... Nach etwa zwei bis drei Wochen erhielt ich eine von der Politischen Abteilung zusammengestellte Liste mit den Namen mehrerer hundert Zigeuner..."

Der Zeuge Dr. Stanislaw Cz., der politischer Häftling und als Sanitäter im sog. „Zigeunerlager" war, erklärte u.a. bei seiner Vernehmung am 28.11.1973 vor der polnischen „Bezirkskommission zur Untersuchung der hitlerischen Verbrechen" in Krakau:

„Ich erkläre, dass die von mir erwähnte Selektion auf den Blocks 20 und 22 sowie auf anderen Blocks bei Zigeunerinnen und Zigeunern durchgeführt wurde. Damals sah ich neben den herausgeführten Zigeunerinnen und Zigeunern (Muselmänner) Dr. Mengele, den SDG Bara, den SS-Mann Broad und, glaube ich, auch andere. Die ausselektierten Häftlinge wurden damals auf die Lastwagen verladen und in die Gaskammern gebracht. Ich habe diese Selektionen einige Male im Sommer 1943 gesehen."

Der ehemalige politische Häftling in Auschwitz, Adolf R. gab bereits am 23. Februar 1959 in seiner Vernehmung bei der Zentralen Stelle in Ludwigsburg an:

„... möchte ich noch darauf hinweisen, dass der SS-Rottenführer Broad hauptsächlich für das Zigeunerlager zuständig war...Etwa zur gleichen Zeit (1943, Anm. d. Verfassers) kamen ca. 20 Zigeuner, Frauen und Kinder unter ihnen, an, die nach ihrem Eintreffen im Lager sofort im kleinen Krematorium vergast werden sollten. Ich selbst sah, wie die ersten Ankömmlinge ahnungslos in das kleine Krematorium gingen, wie dann einige sich aber ganz entschieden wehrten. Sofort brachen Boger, Brock und Broad mit Hilfe ihrer Schusswaffen den Widerstand."

Die Staatsanwaltschaft Frankfurt/M. hielt am 1. August 1967 außerdem in einem Aktenvermerk ihre Erkenntnisse über einen Besuch bei den Zeugen Walter und Maria W. fest, die als Häftlinge das sog. Zigeunerlager in Auschwitz überlebt hatten. In dem Vermerk heißt es: „Von Broad berichteten beide Zeugen, dass sie der Meinung gewesen seien, Broad sei der entscheidende Mann im Lager gewesen." Angesprochen darauf, ob Broad bei Selektionen im „Zigeunerlager" dabei gewesen sei, „meinten die Zeugen, bei solchen Aktionen sei Broad grundsätzlich dabei gewesen", wenn sie auch nicht mehr mit Sicherheit Angaben machen konnten, ob sie ihn dabei gesehen hätten. „Es sei im Lager allgemein so gewesen, dass jeder der Ansicht gewesen sei, Broad sei der entscheidende Mann."

Die Zeugin Cilli R., die als Angehörige der Sinti mit ihrer Familie nach Auschwitz deportiert worden war, berichtete in ihrer Vernehmung bei der Staatsanwaltschaft Frankfurt/M. am 5. Mai 1967, die sich in Form eines Vermerks des Staatsanwaltes bei den Akten befindet:

„Broad: Saß auf der politischen Abteilung. Ist „Ocularus" genannt worden... Anfang 1944 seien Häftlinge aus der Tschechoslowakei gekommen. Damals war auch ihr Vater und sie, die zuvor auch von der Tschechoslowakei nach Auschwitz kamen, dieser Gruppe zugeordnet worden. Einige wenige Häftlinge sind dann nach Aufstellung ausgesondert worden, darunter auch ihr Vater und sie. Die Aussonderung habe vorgenommen der Lagerführer, der Arbeitsdienstführer mit Pfeife, die Blockführer; Broad habe man extra hierzu herbeigeholt. Auch er sei daran beteiligt gewesen. Die nicht ausgesonderten Häftlinge sind anschließend vergast worden."

Die Zeugin Elisabeth G., die mit ihrer Familie aus Deutschland nach Auschwitz deportiert worden war und als Blockschreiberin in der Blockführerstube eingesetzt wurde, berichtete bei ihrer Vernehmung im großen Auschwitz-Verfahren am 10. März 1959 beim LKA Baden-Württemberg:

„Mitte des Monats Juni 1944 hieß es, dass alle Zigeuner vergast werden sollten. Dieses war auf einmal Lagergespräch und wurde uns auch von dem SS-Ober- oder Hauptscharführer Puch - wie ich mich soeben erinnere stammte er aus Frankfurt/M. - bestätigt. Auf wessen Anordnung die Vergasung durchgeführt werden sollte, ist mir nicht bekannt, ich habe auch hierüber auf der Schreibstube nichts erfahren. Die Pol. Abteilung hatte aber auf alle Fälle damit zu tun, denn diese mussten ja alle Vergasun-

gen bestätigen und hierüber berichten. Bei dieser Vergasung waren auch Broad und Boger als Angehörige der Politischen Abteilung beteiligt."

Josef K., ehemaliger Häftling im sog. „Zigeunerlager", sagte am 19. Mai 1967 bei der Staatsanwaltschaft Frankfurt/M. aus:

„Der SS-Mann Broad von der Politischen Abteilung ist mir ein Begriff. Vorne bei der Blockführerstube hatte er ein Zimmer für sich. Dort befand sich auch sein Kapo Bogdan. Broad und Bogdan waren gefürchtet im Lager. Ich selbst habe gesehen wie Broad meinen Cousin aus dem Block herausgeholt hat und zur Blockführerstube hin geprügelt hat. Broad soll, wie im Lager gesprochen wurde, viel dafür gesorgt haben, dass Häftlinge in den Stehbunker im Hauptlager kamen. Diese Häftlinge hat man später nicht mehr gesehen."

Horst J., ebenfalls früherer „Funktionshäftling" im sog. „Zigeunerlager", sagte am 18.01.1963 vor der Staatsanwaltschaft aus:

„Ich sagte bereits, dass mir Boger und Broad persönlich bekannt sind. Dies kam daher, weil ihre Diensträume sich unmittelbar im Bereich des Zigeunerlagers, in dem ich kommandiert war, befanden. Boger und Broad haben während ihrer Tätigkeit in der politischen Abteilung zahlreiche Häftlinge bei Vernehmungen persönlich misshandelt und veranlassten durch ihre Anklagen bei den zuständigen SS-Dienststellen die Exekution (Erschießung bzw. Erhängung und Vergasung) von Häftlingen der verschiedensten Nationalitäten".

(c) Zeugen für die Anwesenheit Broads bei der Vernichtungsaktion am 2. August 1944

Aus der Verfahrensakte ergibt sich, dass eine ganze Reihe unmittelbarer Zeugen, die sogenannte „Funktionshäftlinge" in der Verwaltungsbaracke („Blockführerstube") des Abschnitts B II e (sog. „Zigeunerlager") waren und für Broad und die Politische Abteilung als Schreiber/innen oder Läufer Arbeiten verrichten mussten, seine Tatbeteiligung an der Vernichtungsaktion gegen die Sinti und Roma am 2. August 1944 und seine Anwesenheit bei der Aktion bestätigt haben. Die Zeugen gehörten nicht zu den Sinti und Roma, sondern waren als politische Häftlinge, oder weil sie Juden waren, in das Lager deportiert worden und von der Mordaktion am 2. August 1944 im „Zigeunerlager" nicht betroffen. In Vernehmungen seit den 1950er Jahren bezeugten sie die Mitwirkung Broads. Dabei sind auch solche Zeugen von Bedeutung, die - ebenfalls schon früher - bekundet haben, diese Tatsache noch im Lager von Mithäftlingen erfahren zu haben. Die belastenden Aussagen, die unabhängig voneinander erfolgten, sind detailliert und korrespondieren miteinander und sind daher unbedingt glaubhaft.

Der Zeuge Josef Pawel P., der als politischer Häftling und Blockschreiber im sog. Zigeunerlager war und Broad kannte, erklärte am 3. Juli 1969 vor der staatlichen Bezirkskommission in Krakau/ Polen:

„Als Ältester des Lagerabschnitts ... war ich im Zigeunerlager zur Zeit der Liquidierung dieses Lagers im Sommer 1944, Juli oder August, ein genaues Datum weiß ich nicht mehr. Was diese Liquidierung anbetrifft, so erinnere ich mich, dass eines Tages im Sommer in den späten Nachmittagsstunden oder bereits am frühen Abend im Zigeunerlager die sog. Blocksperre angeordnet wurde. Dann bemerkte ich nach einiger Zeit vom Block aus, in dem ich verschlossen war, durch einen Spalt in der Tür, dass zum Gebäude der Blockführerstube dieses Lagers der Chef des Krematoriums Moll in Begleitung einiger SS-Männer, außerdem von der Politischen Abteilung Broad und Boger kamen... Als es bereits dämmerte, kamen auf das Gelände des Zigeunerlagers Lastwagen, aus denen vor dem Tor eine SS-Abteilung herausstieg. Dann hörte ich auf dem Gebiete des Lagers Schreie in deutscher Sprache, die den Zigeunern befahlen, aus den Baracken herauszukommen. Unter Weinen und Schreien der Zigeuner wurden sie auf Lastwagen verladen und in Richtung des 4. und 5. Krematoriums gefahren...".

Josef Pawel P. wiederholte diese Angaben bei einer weiteren richterlichen Vernehmung im Jahre 1974:

„Die Liquidierung des Zigeunerlagers war im August...Beteiligte SS-Leute waren Broad, den ich selbst gesehen habe und Boger, der die Aktion leitete..."

Ähnlich berichtete der Zeuge Henryk F., der politischer Häftling in Auschwitz war und dort als Sanitäter im sog. Zigeunerlager arbeiten musste, vor der polnischen Bezirkskommission im Verfahren gegen Dr. Mengele am 5. April 1974:

„Die Liquidierung des Zigeunerlagers spielte sich so ab, dass die SS-Männer zuerst das ganze Lager umstellten und man dann Block für Block die Zigeuner aus den einzelnen Blocks zu treiben begann...Die Zigeuner wurden dann auf Lastwagen verladen und ins Krematorium gebracht...In dem Augenblick, als wir männliche

Sanitäter aus dem Zigeunerlager herausgeführt wurden, stand Dr. Mengele noch am Tor des Lagers und lächelte uns an. Am Tor neben Dr. Mengele standen noch die SS-Funktionäre Broad und Grabner."

Ausführliche Schilderungen der Vernichtung der Sinti und Roma gab die als Jüdin nach Auschwitz deportierte Regina St. Bei ihrer Zeugenvernehmung am 10. September 1974 vor einem deutschen Gericht, das zu der Einvernahme nach Tel Aviv gereist war, sagte sie:

„In der Kommandantur arbeitete ich in der Schreibstube für den SS-Mann Broad, der dem Rang nach ein Rottenführer war und dem das Dezernat für Zigeuner und andere Gruppen von Insassen unterstand…Mitte Januar 1944 gelangte ich in das sogenannte „Zigeunerlager", welches ein Teil des Lagers Birkenau war. Das Zigeunerlager wurde nachher liquidiert… Ich kann Einzelheiten über die Liquidierung des Zigeunerlagers Birkenau berichten…Bis Mitte Juli 1944 befanden sich im Zigeunerlager ca. 5000 Häftlinge, Männer, Frauen und Kinder. Diese Zigeuner kamen aus den verschiedensten Gegenden. Auch aus Polen und Ungarn. Ungefähr um den 20. Juli herum wurden ca. 1000 Häftlinge Männer und Jünglinge, ausgesondert, die irgendwie als Frontkämpfer registriert waren, und auch etliche Frauen, wobei ich nicht sagen kann, warum gerade sie dieser Gruppe angeschlossen wurden. …Sie wurden in das Hauptlager nach Auschwitz transportiert…"

Über die Vernichtung der zurückgebliebenen Häftlinge des Lagers sagt die Zeugin:

„Ich befand mich (zum Zeitpunkt der Liquidierung, Anm. der Verfassers) zusammen mit anderen Schreibkräften in Block 1 des Lagers, erhielt aber die Anweisung, in ein mehr nach innenliegendes Zimmer zu gehen und konnte daher nicht sehen, was sich draußen abspielte. Dem Geschrei und dem Jammern nach, welches wir von draußen hörten, war es klar, dass man die Zigeuner auf LKW geladen hatte und diese dann aus dem Zigeunerlager wegtransportiert hatte. Wir konnten anhand des Motorlärms und auch des Geschreis feststellen, dass diese Häftlinge in Richtung des Vergasungsstalls gebracht wurden und dort abgeladen wurden. Dann wurde es still. Nach einer gewissen Zeit kam mein Vorgesetzter in Begleitung eines noch höheren SS-Mannes ins Büro und gab mir die Anweisung, einen Bericht nach Berlin anzufertigen, der als Telegramm abgehen sollte. Ich kann mich noch daran erinnern, dass ich so aufgeregt war, dass ich mehrmals Fehler in dem Konzept machte, bis mein Vor-

175

gesetzter dann beschloss, den Bericht allein zu schreiben. Zwei Worte, die den Inhalt dieses Berichts ausdrücken, sind mir noch heute in Erinnerung, nämlich ‚Exekution vollzogen'. ..

Der Vorgesetzte, der in der Nacht der Liquidierung des Zigeunerlagers mir die Anweisung gab, das Telegramm aufzusetzen, war Broad. Ich bin mir dessen ganz sicher."

Die Zeugin Regina St. bestätigte diese Angaben in weiteren Vernehmungen am 29.10.1978 und am 13.07.1988 bei dem Landgericht in Siegen. Dort fügte sie noch hinzu:

„Was Broad bei der Vernichtung des Zigeunerlagers gemacht hat, habe ich nicht gesehen. Er ist eine Woche später zu einem Kurs nach Arolsen gekommen, von dem er aber schnell zurückkam. Ich habe ihn noch gefragt, was mit den Akten geschehen soll.

Ich werde nunmehr von dem Richter gefragt, ob es zutrifft, dass Broad von mir eine halbe Stunde oder eine Stunde vor der Vernichtung noch die Listen bekommen hat, die ich in seinem Auftrag über die Insassen habe herstellen müssen: Ja ich habe ihm diese Listen übergeben. Broad hat diese Listen von mir verlangt."

Tadeusz J., der als politischer Häftling Lagerschreiber in Auschwitz-Birkenau war, gab am 22. November 1968 bei der Bezirkskommission Krakau zu Protokoll:

„Auf die Frage des vernehmenden Staatsanwaltes erkläre ich, dass an der Aktion der Liquidierung des Zigeunerlagers am 1. August 1944 der Rapportführer Buntrock, Blockführer Perschel und die SS-Funktionäre Kurmanik, Blass, Zielke, Wolf und Götze teilnahmen, die sich innerhalb des Zigeunerlagers befanden, das Heraustreiben der Zigeuner aus den Baracken bewachten und diese Zigeuner abzählten. Außerhalb des Zigeunerlagers neben dem Wachhäuschen befanden sich während dieser Aktion die SS-Funktionäre: Clausen, der diese ganze Aktion leitete, und Kommandant der diese Aktion durchführenden SS-Männer war, ferner Lachmann, Broad, Hustek, Hösler und Sawatzki, welche die aus dem Lager herausgeführten Zigeuner zählten".

Der Zeuge Jozef M., der ebenfalls aus politischen Gründen in Auschwitz inhaftiert war und als Funktionshäftling im sog. „Zigeunerlager" arbeiten musste, erklärte am 5. September 1966 gegenüber dem Oberstaatsanwalt in Frankfurt/M.:

"An der Liquidierung des Zigeunerabschnitts in der Nacht vom 1. zum 2. August 1944 nahmen folgende SS-Männer teil: Willi Sawatzki, Boger, Broad und andere. Zigeunerfamilien wurden auf Lastkraftwagen eingeladen, die diese Leute einige Male um das ganze Nebenlager Birkenau fuhren. Gegen 10 der 11 Uhr wurden sie vor das Krematorium II, vielleicht aber auch vor das Krematorium III angefahren."

Diese Aussage über die Vernichtung der Sinti und Roma bestätigte der Zeuge nochmals in einer Anhörung bei der Bezirkskommission in Polen am 29.10.1969 und führte aus:

"Von der Tür der Kantine aus sah ich damals, dass auf dem Platz vor dem Block 4 die Zigeuner mit ihren Familien auf die Lastwagen aufgeladen wurden. Diese Zigeuner wurden von den SS-Männern auf die Lastwagen geladen. Unter den sich an dieser Aktion beteiligenden SS-Männern sah ich Boger, Broad, Sawatzki. Der Transportführer war Buntrock. Während die Zigeuner auf die Lastwagen verladen wurden, hörte man ihre Schreie…"

In ihrer Vernehmung bei dem Landesgericht in Bratislawa/damals CSSR sagte die Zeugin Renee Gl., die als Häftlingsdolmetscherin und –schreiberin in Auschwitz-Birkenau arbeiten musste:

"Für die politische Abteilung wurde ich aufgrund meiner deutschen Sprachkenntnisse genommen... Meine Arbeit bestand im Ausschreiben von Kartotheken und in einigen Fällen schrieb ich auch für Pery Broad… Ich weiß davon, dass die SS-Angehörigen Boger und Broad das ganze Zigeunerlager, das sich im Konzentrationslager Auschwitz befand, liquidiert haben. So wurden ganze Familien von Zigeunern im Gas getötet…"

Dr. Ceslaus G., der im sog. Zigeunerlager als sog. „Blockältester" des Krankenbaus arbeiten musste, bestätigte als weiterer Augenzeuge der Mordaktion am 2. August 1944 diese Angaben. Er war als politischer Häftling nach Auschwitz deportiert worden, weil er einer Geheimen Widerstandorganisation in Polen angehört hatte. Er gab bei der Staatsanwaltschaft Frankfurt/M. am 21. November 1960 zu Protokoll:

"Wie ich schon erwähnte, blieb ich bis zur Liquidierung des Zigeunerlagers in Birkenau und konnte die Vernichtung der Zigeuner als Augenzeuge beobachten… Nach meiner Erinnerung war an dieser Aktion vor allem noch Rapportführer Plagge

und einige Angehörige der PA maßgebend beteiligt; ich glaube, dass damals auch Boger und Broad anwesend waren."

Im weiteren Verlauf der Vernehmung ergänzt der Zeuge die Angaben nochmals:

„Broad: Er war Angehöriger der PA, vor allem im Zigeunerlager. Ich glaube, mich mit Sicherheit daran erinnern zu können, dass er auch an der Liquidierung des Z-Lagers im Sommer 1944 beteiligt war."

Die Zeugin Edith Schl., die ebenfalls als Funktionshäftling im „Zigeunerlager" war, gab im Jahre 1962 bei der Staatsanwaltschaft in Israel an:

„Mir ist auch bekannt, dass Boger an den Selektionen auf der Rampe in Birkenau und in Auschwitz im sog. Kleinen Krematorium beteiligt war. Er war zusammen mit Broad an der Liquidierung des Zigeunerlagers in Birkenau beteiligt."

(d) Alibibehauptung Broads für den 1./2. August 1944 nicht glaubhaft

Die Alibibehauptung Broads, er sei bei der Liquidierung des „Zigeunerlagers am 2. August 1944 nicht anwesend, sondern bei einem „Führervorbereitungs-Lehrgang" in Arolsen gewesen, ist demgegenüber nicht glaubhaft, sondern offensichtlich nachträglich erfunden und konstruiert. Erstmals berief er sich in seiner staatsanwaltlichen Vernehmung Ende April 1959 darauf, wobei seine Angaben in der Folgezeit variierten und auch mit den bekannt gewordenen Unterlagen nicht überstimmten. Am 30.4.1959 sagte er aus:

„Da ich Abiturient war, kam ich im Sommer 1944 und zwar in den Monaten Juni, Juli zur SS-Führerschule Arolsen. Wegen meiner Kurzsichtigkeit wurde ich jedoch zurückgestellt und kam nach Auschwitz zurück, wo ich meine Tätigkeit in der PA wieder aufnahm...Dass das Zigeunerlager aufgelöst bzw. liquidiert werden sollte, habe ich nicht gewusst."

Später erklärt er, er habe sich „freiwillig zur Front gemeldet" und sei deshalb zur Führerschule gekommen. Er habe sich auch im August 1944 dort aufgehalten.

Wahrscheinlich hielt Broad nach Bekanntwerden der Ermittlungen und Vorwürfe gegen ihn Ende der 1950er Jahre über seine Funktion in Auschwitz diese Schutzbehauptung für notwendig. Jedenfalls hatte er sich noch am 20. Oktober

1947 im Nürnberger Prozess anders eingelassen, wie es das Internationale Lagerkomitee durch seinen Vorsitzenden Hermann Langbein schon am 2. Sept. 1967 der Staatsanwaltschaft mitgeteilt hatte.

Der Version Broads ab dem Jahre 1959 widerspicht vor allem direkt sein sehr ausführlicher Bericht, den er 1946 in schriftlicher Form vorgelegt hatte und der in den sog. Auschwitz-Heften Nr. 9 veröffentlicht wurde. Dort schildert er bis ins Detail auf mehreren Seiten die Vorbereitung und Durchführung der Vernichtungsaktion im sog. „Zigeunerlager" als eigene Erlebnisse wie in der Rolle eines unbeteiligten Zuschauers. U.a. schreibt er dort:

„Man wollte die Zigeuner vernichten, hatte aber in Berlin allem Anschein nach Angst vor der eigenen Courage und zögerte lange mit der Entscheidung. Im Juli 1944 fielen die Würfel. Himmler hatte befohlen, dass alle Arbeitsfähigen in Lagern verbleiben und die Übrigen vergast werden sollten. Die Familien wurden auseinander gerissen. Von ihren Eltern und Kindern haben die zum Arbeitseinsatz bestimmten Mischlinge niemals mehr etwas gehört oder gesehen."

Ab 1959 will er von einem Vernichtungsbefehl nichts mehr gewusst haben.

Entscheidend in Bezug auf seine Alibiversion ist die oben schon zitierte Zeugenaussage seiner damaligen Häftlingsschreiberin Regina St., die seine Anwesenheit bei Vernichtungsaktion bestätigte und weiter sagte:

„Was Broad bei der Vernichtung des Zigeunerlagers gemacht hat, habe ich nicht gesehen. Er ist eine Woche später zu einem Kurs nach Arolsen gekommen, von dem er aber schnell zurückkam. Ich habe ihn noch gefragt, was mit den Akten geschehen soll."

Diese Zeugenangabe deckt sich auch mit den Vermerken auf der aufgefundenen Karteikarte von Arolsen, die vom 18. August 1944 datiert und auf die unten nochmals eingegangen wird.

In Anbetracht der Kriegssituation im Juli/August 1944 (nach Stalingrad) erscheint es aus Sicht Broads vielleicht plausibel, wenn er - um sich zu schützen - einzelnen Schreiberinnen, die für ihn arbeiteten, vor der geplanten Massenmordaktion (und bevor diese Schreiberinnen aus dem „Zigeunerlager" weggebracht wurden) erklärte, dass er sich entfernen („etwas reisen") werde vor dem Abtransport der Häftlinge des sog. „Zigeunerlagers" in die Gaskammern. Eine der betreffenden Frauen (Zeugin H. W.) hatte diese Angabe gemacht. Eine andere Zeugin

179

(Hilli W.) war sich in ihrer Erinnerung nicht sicher und war zum Zeitpunkt der Massenmordaktion am 2. August 1944 nicht mehr im Lager Auschwitz, sondern in ein anderes KZ deportiert worden.

Die Staatsanwaltschaft Frankfurt erhielt vom Bundesarchiv am 23. August 1988 als einziges Dokument mit dem Namen Pery Broad über die „Führerbewerber"-Lehrgänge die Kopie der Vorder- und Rückseite einer Karteikarte. Diese Karteikarte trug das Ausstellungsdatum „v. 18.08.1944" und enthielt die folgenden handschriftlichen Aufschriften (in Klammern kursiv die Interpretation des Bundesarchivs, die nicht auf der Karte standen):

- erled. Bew. *(erledigter = abgelehnter Bewerber)*
- 18. F.B. eingetroffen zurückgeschickt *(18. SS-Führerbewerberlehrgang)*
- FHA Amt XI *(SS-Führungshauptamt, Amt XI - Führerausbildung)*
- Amtsgr. D KL Auschwitz *(Amtsgruppe D des SS-Wirtschaftsverwaltungshauptamtes; diese Organisationseinheit war seit März 1942 für die Verwaltung der KL zuständig)*
- Hochgradig schwachsichtig. WDB liegt nicht vor: *(Wehrdienstbeschädigung)*

Die im Jahre 1988 im Bundesarchiv aufgefundene Karteikarte könnte (sofern die Eintragungen authentisch sind) lediglich einen Aufenthalt Broads am 18.8.1944 und ein entsprechendes Eintreffen nach dem 3. August 1944 in Arolsen belegen, ergibt aber kein Alibi für den 1. bis 3. August 1944. Das Bundesarchiv teilte außerdem der Staatsanwaltschaft mit, dass Broad in keiner Lehrgangsliste der SS-Führerschule aufgeführt sei.

Die Karteikarte widerlegt auch die spätere Einlassung Broads, dass er zunächst mehrere Wochen in Arolsen verblieben sei, bevor man ihn zurückschickte. Denn am 16. August 1944 hielt er sich ausweislich seines eigenen Schreibens von diesem Tage in Auschwitz und nicht in Arolsen auf. Er schrieb mit dem Absender: „Pery Broad, SS-Rottenführer, KL-Auschwitz, Kdtr. Abt. II", „Auschwitz, den 16.8.1944" an das „Rasse- und Siedlungsamt-SS - Heiratsamt- Burghof/ Kyffhäuser" ein „Einschreiben", in dem er mitteilte, dass er die beabsichtige Heirat mit Brunhilde Neuling „rückgängig gemacht" habe. Dieses Dokument wurde ebenfalls aufgefunden.

Die Angaben der Karteikarte bestätigen die zitierte Zeugenaussage seiner damaligen Häftlingsschreiberin Regina St., die über seine Anwesenheit bei der Vernichtungsaktion und erst spätere Abreise nach Arolsen und schnelle Rückkehr berichtete.

Bezeichnend in diesem Zusammenhang ist auch die Tatsache, dass die Zeugin P. aus dem Umfeld von Broad ihn im Juni/Juli 1944 in Berlin gesehen haben will.

Broad selbst schrieb in seiner umfangreichen Erklärung bei den Britischen Truppen unmittelbar nach Kriegsende: „Am 18. Juni 1942 wurde ich in die Politische Abteilung der Kommandantur Auschwitz abbeordert, wo ich unter Untersturmführer Grabner arbeitete. Mein Dienst in Auschwitz wurde durch einen Urlaub nach Berlin im Dezember 1942, sowie durch kurze Kurierreisen nach Riga, Berlin und verschiedene andere Orte im Reichsgebiet unterbrochen."

Von einer angeblichen Abordnung zu dem SS-Führerlehrgang in Arolsen 1944 findet sich hier kein Wort. Zur Zeit der obigen „Erklärung unter Eid" (1946) hatte Broad noch keinen Grund mit einem gerichtlichen Strafverfahren zu rechnen. Die ersten Ermittlungen gegen ihn wegen der Verbrechen in Auschwitz-Birkenau wurden erst 10 Jahre später eingeleitet und bis zu seinem Tode im Jahre 1994 nicht beendet.

Das Verfahren gegen Michael Scheftner 1989/1991

Beihilfe zum Mord bei Erschießungsaktion der SS-Einsatzgruppen an 30 Roma-Angehörigen[68]

1.) Vorgeschichte

Am 13. Dezember 1989 schrieb der vom Zentralrat Deutscher Sinti und Roma beauftragte Rechtsanwalt an den Vorsitzenden der 2. Strafkammer des Landgerichts Kassel, dass der Zentralrat sich an dem Verfahren gegen Michael Scheftner (Az.: 132 Js 29 806/81) im Interesse der Opfer beteiligen will. Mitglieder des Zentralrats und seiner Landesverbände hätten auch nahe Angehörige durch Taten der sogenannten „Einsatzgruppen" verloren. Der Zentralrat beabsichtige, einen Prozessbeobachter an der Hauptverhandlung in dem genannten Verfahren teilnehmen zu lassen. Inwieweit ein Anschluss von Einzelpersonen[69] als unmittelbare Nebenkläger in Betracht kommt, solle noch anhand der Ermittlungsakten geprüft werden.

Der Zentralrat bat um eine Information zu den anberaumten Hauptverhandlungsterminen.

Am 1. März 1991 sandte die 2. Strafkammer des Landgerichts Kassel dem Prozessbevollmächtigten des Zentralrats ein Schreiben mit der Benachrichtigung zu den anstehenden Terminen. Die Hauptverhandlung gegen Michael Scheftner sollte nach diesem Beschluss des Gerichts an sechs Verhandlungstagen durchgeführt werden, nämlich am 17., 20., 24., 25., 26., und 27. September 1991 im Saalbau des Gerichtsgebäudes in Kassel.

Vor Prozessbeginn, am 12. September 1991, gab der Zentralrat Deutscher Sinti und Roma eine Pressemitteilung über die anstehende Hauptverhandlung

---

[68] Der folgende Beitrag - zusammengestellt von Arnold Roßberg - beruht im Wesentlichen auf der Anklageschrift und den Protokollen über die Prozessbeobachtung des Verfahrens, Az.: 132 Js 29806/81 2 (4) Ks, beim Landgericht Kassel gegen Michael Scheftner. Das Urteil des LG Kassel vom 26. Sept. 1991 in dieser Sache ist anschließend im vollständigen Originaltext dokumentiert.
[69] Nach der Strafprozessordnung (§ 395) können nur die nahen Verwandten eines Mordopfers (Kinder, Eltern, Geschwister, Ehegatten oder Lebenspartner) als Nebenkläger in einem Verfahren auftreten.

heraus, in der er darauf hinwies, dass er in Gesprächen beim Hessischen Justizminister nach den jahrelangen Verzögerungen auf die Prozesseröffnung gedrängt habe. Im Hinblick auf den Anklagevorwurf der Mitwirkung an der Erschießung sämtlicher Roma einer ukrainischen Ortschaft, erläuterte der Zentralrat, dass diese Roma-Familien wie in anderen Gemeinden und Städten Ost- und Westeuropas in dem Ort fest beheimatet waren und als Handwerker und Bauern in dem Dorf lebten.

Die sogenannten „Einsatzgruppen", die die Massenmord-Aktion durchführten, hätten, so der Zentralrat in seiner Pressemitteilung, aus Waffen-SS, Gestapo, SD-Sondereinheiten, Polizei- und Wehrmachtsangehörigen bestanden. Sie ermordeten hinter der Ostfront seit Mai 1941 zehntausende Sinti und Roma. Der Zentralrat zitierte den damaligen SS-Einsatzgruppenleiter Otto Ohlendorf mit seiner Aussage im Jahre 1947 im Nürnberger Kriegsverbrecherprozess: „Es bestand kein Unterschied zwischen den Zigeunern und Juden, für beide galt damals der gleiche Befehl". Aufgrund dieses als „Führerbefehl" bezeichneten Geheimbefehls fanden Massenerschießungen und sogenannte „Gaswagen"-Einsätze in Osteuropa und auf dem Balkan statt, heißt es in der Erklärung des Zentralrats.

2.) Anklagesatz

Bereits am 10. Mai 1985 erhob die Staatsanwaltschaft bei dem Landgericht Kassel Anklage gegen den im Jahre 1918 in Jamburg/Sibirien (damalige UdSSR) geborenen Michael Scheftner. Er wurde angeklagt, in Siwaschi (einem Dorf nahe Tschernobyl in der damaligen UdSSR) am 6. Mai 1942 „vorsätzlich einem anderen zu dessen vorsätzlich begangener rechtswidriger Tat - nämlich der heimtückischen Tötung von Menschen - Hilfe geleistet zu haben.

Im konkreten Anklagesatz heißt es, am 6. Mai 1942 seien „sämtliche im Dorf Siwaschi (Ukraine) lebenden Zigeuner - ca. 30 Männer, Frauen und Kinder" - von einem unbekannt gebliebenen SS-Mann, der vermutlich den Dienstgrad eines Scharführers oder Oberscharführers bekleidet habe und Angehöriger des Einsatzkommandos 10a gewesen sei, erschossen worden."

Der SS-Angehörige sei damals - zusammen mit einem Fahrer - am Abend des vorangegangenen Tages mit einem LKW in Siwaschi erschienen. Auf seine Veranlassung seien dann durch die Kreispolizei, deren stellvertretender Leiter der Angeschuldigte zu dieser Zeit war, sämtliche „Zigeuner"[70] verhaftet worden. Als Grund der Verhaftung sei den „Zigeunern" von der Polizei mitgeteilt worden, dass sie auf Grund eines Befehls der deutschen Besatzungsmacht nach Bessarabien umgesiedelt würden. In Wirklichkeit war jedoch die Erschießung der „Zigeuner" beabsichtigt gewesen, so die Anklage.

Um dieses Vorhaben zu verdecken, hätte man den Betroffenen gestattet, persönliche Sachen sowie Vieh mitzunehmen. Nachdem die „Zigeuner" - zum Teil mit einem LKW, zum Teil zu Fuß - zu einer in der Nähe des Dorfes gelegenen ehemaligen Schafweide gebracht worden seien, habe man sie über Nacht in eine Erdhütte eingesperrt.

Am frühen Morgen sei dann in der Nähe der Erdhütte eine Grube ausgehoben worden, zu der die „Zigeuner" in mehreren Gruppen hingebracht und von dem SS-Angehörigen erschossen worden seien. Zu Beginn der Erschießung habe der Angeschuldigte, dem sämtliche Umstände dieser Tötungsaktion bekannt gewesen seien, mehreren Polizisten befohlen, die Grube zu umstellen, damit keiner der „Zigeuner" die Möglichkeit hatte zu fliehen. Zuvor hätte der Angeschuldigte laut Anklage bereits die Befehle des SS-Angehörigen, die dieser an die „Zigeuner" gerichtet habe, in die russische Sprache übersetzt.

Als Beweismittel verweist die Anklageschrift auf drei separate Einlassungen des Angeschuldigten aus den Jahren 1974, 1982 und 1984. Außerdem werden insgesamt acht Zeugen benannt, die alle in der damaligen UdSSR wohnhaft waren, die meisten auf der Krim/Ukraine.

3.) Ermittlungsergebnis der Staatsanwaltschaft zur Person Michael Scheftner

Der Angeschuldigte, dessen Eltern Volksdeutsche waren, wurde am 27.03.1918 in Jamburg, Kreis Tabuny, Region Altaj/Sibirien/UdSSR geboren. Im Jahre 1939

---

[70] Sprachgebrauch der Staatsanwaltschaft.

sei seine Familie, nachdem sie zuvor seit 1930 im Gebiet Dniepropietrowsk gewohnt hatte, in das in der Ukraine gelegene Dorf Siwaschi gezogen.

Kurz nach dem Einmarsch der deutschen Truppen im September 1941 sei der Angeschuldigte, der zu dieser Zeit auf der Kolchose „Pariser Kommune" als Traktorfahrer gearbeitet habe, als Dolmetscher bei einer in Siwaschi stationierten Schlachterkompanie dienstverpflichtet worden. Am 18. Oktober 1941 sei der Angeschuldigte zur ukrainischen Polizei in Siwaschi gekommen. Schon nach relativ kurzer Zeit sei er stellvertretender Leiter der Polizei geworden.

Im August 1942 habe der Angeschuldigte selbst die Leitung der Polizei übernommen, der er bis zum Oktober 1943 angehört habe. Ab Dezember 1943 sei der Angeschuldigte Angehöriger der deutschen Polizei in Nikulijef/Ukraine gewesen, wo er zunächst einer Wachkompanie zugeteilt worden sei. Im April 1944 sei Scheftner nach Rumänien gekommen und im August 1944 nach Ungarn.

Als Angehöriger des SS-Polizeiregiments 38, das später in Polizeiregiment 8 umbenannt worden sei, sei der Angeschuldigte am 2. Mai 1945 in der Nähe von Lübeck in amerikanische Kriegsgefangenschaft genommen worden, aus der er am 16. Juni 1945 entlassen worden sei.

Der Angeschuldigte war danach immer auf freiem Fuß und wohnte bis zur Anklageerhebung in Kassel. Zu diesem Zeitpunkt war er Rentner, nachdem er in den Jahren zuvor bis zum Rentenalter als Maschinenführer gearbeitet hatte.

4.) Ermittlungsergebnis der Staatsanwaltschaft zum vorgeworfenen Sachverhalt

Die Staatsanwaltschaft Kassel führt im wesentlichen Ermittlungsergebnis ihrer Anklageschrift aus, dass dieses Ermittlungsverfahren auf Grund einer diplomatischen Note des sowjetischen Außenministeriums vom 28. August 1981 eingeleitet worden sei. Der Note wären Vernehmungsprotokolle von 11 russischen Zeugen, Tatortskizzen und -fotografien beigefügt gewesen.

Gegenstand des Verfahrens seien die Erschießung von ca. 30 sog. „Zigeunern" in der Nähe der Ortschaft Siwaschi, sowie die Erschießung von ca. 15 weiteren „Zigeunern" in der Nähe des Dorfes Pawlowka im Mai 1942 gewesen. Dem Angeschuldigten wurde vorgeworfen, aktiv an der Durchführung der Erschießung beteiligt gewesen zu sein.

Soweit der Vorwurf einer Beteiligung an der Erschießungsaktion in der Nähe Pawlowka in Rede stand, sei das Verfahren eingestellt worden. Grund sei gewesen, dass keiner der vernommenen Zeugen Angaben über eine konkrete Beteiligung des Angeschuldigten an dieser Erschießungsaktion gemacht habe, und der Angeschuldigte selbst jegliche Beteiligung bestritten habe.

Bezüglich Siwaschi stellte sich der erhobene Vorwurf im Einzelnen wie folgt dar:

Im Mai 1942 habe Scheftner als Stellvertretender Leiter der Kreispolizei Siwaschi befohlen, alle dort ansässigen „Zigeuner" zu verhaften. Zur Begründung sei den Betroffenen mitgeteilt worden, dass sie aufgrund eines Befehls der deutschen Besatzungsmacht nach Bessarabien „umgesiedelt" würden und man gestattete ihnen zur Verdeckung der geplanten Tötung noch persönliche Sachen und Vieh mit auf den bereitstehenden LKW zu nehmen. Nachdem man sie zu einer in der Nähe des Dorfes gelegenen Erdhütte gebracht hatte, sperrte man sie dort zunächst über Nacht ein.

Am folgenden Morgen sei dann ein - namentlich nicht ermittelter - SS-Scharführer oder Oberscharführer mit einem Fahrer und einem führenden Polizisten der Kreispolizei Siwaschi erschienen. Der Leiter der Kreispolizei Gallutschenko oder Scheftner als sein Stellvertreter hätten dann befohlen, die „Zigeuner" in mehreren Gruppen auf den LKW zu verladen, um sie zu einer ca. 700 Meter entfernten, in der Nacht ausgehobenen Grube zu fahren. An der Grube habe der SS-Mann mit vorgehaltener Pistole den Betroffenen befohlen, ihre Oberbekleidung und ihren Schmuck abzulegen. Sein Befehl sei dabei von dem Angeschuldigten in russischer Sprache weitergegeben worden. Als Scheftner ebenfalls seine Pistole gezogen habe, hätte der SS-Mann „abgewinkt" und Scheftner habe seine Pistole wieder eingesteckt. Anschließend habe Scheftner mehreren Polizisten befohlen, sich im Halbkreis um die Grube aufzustellen, um zu verhindern, dass einer der Roma-Angehörigen fliehen konnte.

Die Erschießung sei dann von dem SS-Mann allein durchgeführt worden.

Die Ermittlungen bezüglich der Identität dieses SS-Angehörigen seien trotz umfangreicher Nachforschungen ergebnislos geblieben. Auch aus den Akten der

Staatsanwaltschaft München, die ein gesondertes Verfahren über die Einsätze des Sonderkommandos D führte, dem der SS-Mann mit hoher Wahrscheinlichkeit angehörte, hätten sich keine Erkenntnisse zu seiner Person ergeben. Ebenso ergebnislos seien die Nachforschungen nach der Person des Begleiters des SS-Scharführers bzw. Oberscharführers geblieben.

Der Angeschuldigte selbst habe in seinen Vernehmungen des Vorverfahrens folgendes zu der vorgeworfenen Tatbeteiligung erklärt:

Im April 1942 seien zwei SS-Angehörige - ein SS-Scharführer oder Oberscharführer (Unteroffizier) namens „Karl" und ein Fahrer, der einen Mannschaftsdienstgrad bekleidet habe - mit einem LKW in dem Dorf Siwaschi erschienen. Beide hätten bei den Dorfbewohnern gebrauchte Kleidungsstücke gegen Lebensmittel eingetauscht. Der SS-Unteroffizier habe Scheftner mitgeteilt, dass seine Einheit in Mariupol stationiert sei. Aus dem Kennzeichen des LKW habe man ersehen können, dass die SS-Leute der Abteilung 10 a angehörten.

Am 5. Mai 1942 seien dieselben SS-Angehörigen erneut in Siwaschi erschienen - wiederum mit einem LKW. Am späten Abend des gleichen Tages habe der Dienststellenleiter der Polizei, Galutschenko, befohlen, dass alle ortsansässigen „Zigeuner" abgeholt und zu einer in der Nähe des Dorfes gelegenen ehemaligen Schafweide abtransportiert werden sollten. Gallutschenko habe erklärt, dass die „Zigeuner" „evakuiert" würden.

Im Morgengrauen habe Scheftner jedoch bemerkt,, dass mehrere Zivilisten in einiger Entfernung von der Schafweide eine Grube aushoben. Er habe in dem Moment geahnt, dass die „Zigeuner" nicht evakuiert, sondern „erschossen werden" sollten. Gegen 7.00 Uhr sei der SS-Unteroffizier namens „Karl" erschienen und habe von den Roma-Angehörigen („Zigeuner") die Ausweise verlangt. Danach habe er - über seinen Chauffeur - den Leuten befohlen, in Gruppen auf den LKW zu steigen. Mit dem LKW, so Scheftner, seien die „Zigeuner" dann zu der ausgehobenen Grube gefahren worden. Dort habe „Karl", nachdem die Menschen in die Grube gesprungen seien, diese einzeln erschossen. Ein Befehl oder ein Urteil sei vor der Tötung der sog. „Zigeuner" nicht vorgelesen worden.

Vor bzw. während der Erschießung habe Scheftner, so seine Einlassung vor der Anklageerhebung, weder Befehle an die Opfer übermittelt, noch in anderer Weise einen Tatbeitrag geleistet.

Diese Einlassung sei laut Staatsanwaltschaft aber im Hinblick auf die glaubhaften und übereinstimmenden Aussagen der der Augenzeugen L. und R. als reine Schutzbehauptungen anzusehen. Nach deren Aussagen bestehe kein Zweifel darüber, dass Scheftner vor der Erschießung Befehle des unbekannt gebliebenen SS-Manns „Karl" an die „Zigeuner" weitergegeben habe und während der Erschießung Absperrmaßnahmen angeordnet und durchgeführt habe.

Zum anderen spreche der gesamte Geschehensablauf der Erschießungsaktion (Erscheinen von SS-Angehörigen in Siwaschi, nachfolgende Verhaftung der „Zigeuner" durch den SS-Mann und Vornahme von Absperrmaßnahmen durch die örtliche Behörde) dafür, dass es sich bei der Tötung um eine Maßnahme handelte, die dem Aufgabenbereich des Einsatzkommandos 10 a zugeordnet werden muss.

Das Einsatzkommando 10 a war Teil der Einsatzgruppe D. Aufgabe dieser Einheit, die vor dem „Russlandfeldzug" im Mai 1941 zusammengestellt worden war, war es, die in den von deutschen Truppen besetzten Gebieten lebenden Juden wegen ihrer Rassenzugehörigkeit ebenso wie die in diesen Gebieten lebenden sog. „Zigeuner" zu töten. (Betroffen waren auch die russischen Kommissare und Insassen von Heil- und Pflegeanstalten). Entsprechend diesem Auftrag führte - wie sich aus mehreren Verfahren bei der Staatsanwaltschaft München I gegen ehemalige Angehörige des Einsatzkommandos 10 a ergibt - dieses Einsatzkommando in dem ihm zugewiesenen Gebiet (süd-Ukraine, Kaukasus) zahlreiche Vernichtungsaktionen durch.

Nach den gewonnenen Erkenntnissen der Staatsanwaltschaft seien von dem Kommando in den Jahren 1941 bis Anfang 1943 mehrere tausend Menschen - Männer, Frauen und Kinder - getötet worden. Die zur Tötung vorgesehenen Personen seien entweder mit Gewalt aus ihren Wohnungen getrieben oder aber unter irgendeinem Vorwand - oft den der „Umsiedlung" - veranlasst worden, sich an einem Sammelplatz einzufinden. Nach Wegnahme von Geld und Wertsachen seien sie dann unter scharfer Bewachung entweder mit Fahrzeugen oder zu Fuß nach außerhalb der jeweiligen Orte gebracht und dort entweder an Panzergräben, natürlichen Bodenvertiefungen oder in selbst geschaufelten Gruben gruppenweise mit Feuerwaffen getötet worden.

Ab Februar/März 1942 hätten auch noch sogenannte Gaswagen Verwendung gefunden, in denen die Opfer in hermetisch abgeschlossenen Kastenaufbauten durch eingeleitete Auspuffgase einen Vergiftungs- und zum Teil Erstickungstod gefunden haben, so die Staatsanwaltschaft in der Anklage.

5.) Protokoll der Hauptverhandlung beim Landgericht Kassel[71]

a.) 17. September 1991

Der Prozessbeginn fand mit großer öffentlicher Beteiligung statt. Der offenkundig viel zu kleine Sitzungssaal ist vollbesetzt, viele Zuschauer bekommen keinen Zutritt. Außerdem befinden sich ca. 10 Zeitungsjournalisten und zu Beginn zwei Fernsehteams im Zuschauerbereich.

Der Vorsitzende Richter eröffnet die Hauptverhandlung. In lockerem Tonfall spricht er von „sehr wichtigen Leuten", die „sich in diesem Verfahren bemüht" hätten, und kolportiert, dass die Zeugen aus der Sowjetunion aus ihm nicht bekannten Gründen in Begleitung eines Staatsanwaltes nach Deutschland gekommen seien. Dazu wechselt der Vorsitzende noch einige humorige Bemerkungen mit dem Sitzungsvertreter der Staatsanwaltschaft Kassel. Anschließend erklärt der Vorsitzende Richter, dass von Seiten des Gerichts eine Betreuung der Zeugen hinsichtlich Unterkunft, Verpflegung und Transport vom und zum Flughafen nicht beabsichtigt sei. Der Vorsitzende habe aber den Versuch unternommen, den Polizeipräsidenten in Kassel dazu zu bewegen.

Anschließend erfolgte die Verlesung des Anklagesatzes durch den Staatsanwalt. Wie sich am Anfang der Verhandlung herausstellte, hatte die Schwurgerichtskammer des Landgerichts Kassel das Verfahren nach Anklageerhebung zunächst nicht eröffnet, mit der Begründung, die angeklagten Taten seien verjährt. Kern der ursprünglichen Argumentation des Landgerichts Kassel war, dass die vorgeworfene Beihilfe zu einer vollendeten Mordtat nur einer kurzen Verjährungsfrist unterliege und nicht wie die Mordtat selbst grundsätzlich nicht verjährt. Diese Argumentation ist nicht nur in der Sache unrichtig, sondern widersprach auch der ständigen höchstrichterlichen Rechtsprechung. Auf eine eingelegte Beschwerde der Staatsanwaltschaft hin war die Sache dem Oberlan-

---

[71] Erstellt vom Prozessbeobachter des Zentralrats Deutscher Sinti und Roma, Rechtsanwalt Arnold Roßberg.

desgericht Frankfurt vorgelegt worden, das in einem Beschluss die Einstellung des Verfahrens durch das Landgericht Kassel für unrechtmäßig erklärt hatte und das Hauptverfahren unter Zuweisung an eine andere Kammer des Landgerichts Kassel eröffnete.

Nach der Anklageverlesung erfolgte zunächst die Vernehmung des Angeklagten zur Person. Scheftner hatte u.a. bis zur Pensionierung in den Diensten der Stadt Kassel gestanden.

In seiner Vernehmung zur Sache bemüht sich Scheftner den Tathergang aus der Sicht eines Beobachters zu schildern, der selbst in keiner Weise beteiligt gewesen sein will. Damals im Mai 1942 sei Gallutschenko Chef der Polizei in Siwaschi gewesen. Er selbst habe die Funktion eines Dolmetschers gehabt. Auf die Frage der Funktion und der Tätigkeit Scheftners bei der Polizei in Siwaschi gehen bei der Befragung anschließend weder das Gericht, noch die Staatsanwaltschaft und die Verteidigung näher ein.

Scheftner erklärt, wie auch in früheren Vernehmungen, damals sei ein deutscher SS-Angehöriger in Siwaschi erschienen, der während seines anschließenden Aufenthaltes bei ihm in der Wohnung gewohnt habe. Dieser habe die Anordnung für die Verhaftung der Roma-Familien gegeben, die dann „von anderen Beamten der Polizeidienststelle in Siwaschi durchführt" worden sei. Scheftner selbst sei zu den Betroffenen erst dazugekommen, als sie bereits in der Scheune zusammengetrieben waren. Er sei auf dem LKW des SS-Mannes mitgefahren und habe „die Aushebung der Grube und ihre Erschießung mit angesehen. Ihm sei „dabei schlecht geworden". Er habe unmittelbar daneben gestanden, aber nichts getan. Er sei „zur Salzsäule erstarrt" gewesen. Nach Durchführung der Mordaktion in Siwaschi sei er mit dem SS-Angehörigen in den nächsten Ort gefahren. Auch dort habe er nur dabeigestanden, als der deutsche SS-Angehörige zusammen mit einem eigenen mitgebrachten Dolmetscher die festgenommenen Roma - Männer, Frauen und Kinder - zur Erschießung brachte. Er selbst habe nur in einem Fall übersetzt, als er eine Familie gerettet habe", die er als „Moldawier-Zigeuner" identifiziert habe. Diese seien dann aufgrund seiner Intervention von dem SS-Angehörigen nicht erschossen worden.

b.) 20. September 1991

Am zweiten Verhandlungstag wurde die aus der Sowjetunion angereiste Zeugin Krawec, die Schwester des Angeklagten, vernommen.

Sie beteuerte zunächst mehrfach, dass sie „vom KGB erpresst" worden sei und hier bei Gericht „nicht alles sagen" wolle. Zur Sache befragt erklärte sie, ihr Bruder, der Angeklagte, sei damals „kein Polizeibeamter, sondern nur Dolmetscher" gewesen. Sie selbst wisse nicht davon, dass Menschen erschossen worden seien. Sie habe damals lediglich mitbekommen, dass „ein Soldat" im Mai 1942 bei ihnen in der Wohnung gewesen sei, der mit ihrem Vater und ihrer Mutter gesprochen habe. Der SS-Mann habe über eine Woche bei ihnen gewohnt. Ihr Vater sei Schneider gewesen und hätte für ihn Kleider umgenäht.

c.) 24. September 1991

Zur Fortsetzung der Beweisaufnahme am dritten Verhandlungstag des Prozesses hatte das Landgericht Kassel die Dolmetscherin S.-K. geladen, die auch aus anderen Verfahren bekannt war.

Zu Beginn der Verhandlung rief das Gericht den Staatsanwalt aus der Sowjetunion, der die Zeugen begleitet hatte und sich im Zuschauerraum befand, nach vorn und befragte ihn zu seiner Aufgabe und Funktion in diesem Verfahren. Er erklärte dazu, dass er Vertreter der Staatsanwaltschaft der UdSSR sei und im Rahmen des zwischen beiden Ländern bestehenden Rechtshilfeabkommens seit 25 Jahren zur Begleitung von Zeugen ins Ausland eingesetzt werde. Diese Begleitung und Betreuung sei notwendig, da die Zeugen wegen Ihres Alters und ihres Gesundheitszustandes den weiten Reisen und den damit verbundenen Belastungen nicht immer gewachsen seien. Andere Gründe für seine Anwesenheit gäbe es nicht. Insbesondere sei er über den Gegenstand des Verfahrens nicht informiert und habe insbesondere darüber mit den Zeugen keine Gespräche geführt. Auf Fragen der Verteidiger erklärte er außerdem, dass er kein Agent des KGB sei.

Als im Anschluss an diese Befragung der anwesende Sitzungsvertreter der Staatsanwalt im Rahmen der öffentlichen Sitzung und vor dem Publikum und den Medien ausführlich die Frage der Kostenerstattung mit dem russischen Staatsanwalt erörterte, rief dies bei vielen Beteiligten Befremden hervor. Unmittelbar daraufhin wurden die drei anwesenden Zeugen aus der Ukraine aufgerufen.

Vor der Zeugenvernehmung intervenierte jedoch die Verteidigung des Angeklagten und beantragte, die Dolmetscherin, Frau S.-K., wegen Besorgnis der Befangenheit abzulehnen. Sie sei Angehörige des KGB, seit 1971 von dort in einer Vielzahl von NS-Verfahren eingesetzt worden, verfüge über hervorragende Kontakte zu allen russischen Stellen und sei auf diesem Wege bereits in das Ermittlungsverfahren einbezogen worden. Ihre Visa, so der Verteidiger Scheftners, würden jeweils durch die sowjetischen Behörden bzw. diplomatischen Vertretungen im Libanon, Libyen und Syrien verlängert.

Das Gericht lehnte nach kurzer Beratung den Befangenheitsantrag gegen die Dolmetscherin als unbegründet ab.

Der anschließend vernommene erste Zeuge Iwan G. gab zu seiner Person an, im Jahre 1924 geboren zu sein und immer noch in Siwaschi auf der Krim zu leben. Er sei jetzt Rentner.

Das Gericht befragte ihn zunächst, ob er wegen des hier angeklagten Falles bereits in der Sowjetunion strafrechtlich zur Verantwortung gezogen worden sei. G., der im Jahre 1942 ebenfalls zu der Polizeitruppe gehörte, die bei der Mordaktion an den Roma-Familien eingesetzt war, gab an, dass er lediglich wegen „Kollaboration" nach 1945 in einem Lager habe leben müssen. Dabei habe es sich jedoch nicht um ein Straflager gehandelt, sondern er hätte die Auflage bekommen, für die betreffenden zwei Jahre seinen Wohnort in Siwaschi nicht ohne Erlaubnis der örtlichen Behörden zu verlassen. Nach zwei Jahren sei er „von den Vorwürfen freigesprochen worden".

Zur Sache erklärte der Zeuge Iwan G. dass er an einem Tage im Mai 1942 von Scheftner gerufen worden sei. „Wir sollten die Zigeuner abholen. Wir zwei Leute, Scheftner und ich, sollten die Zigeuner holen". Sie lebten auf der Kolchose „Pirdena". Iwan G. sei auf dieser Kolchose geblieben, während sein Kollege zu dem Haus, in dem die „Zigeuner" gewesen seien, ging und anschließend die Meldung herausgegeben habe, dass „keine Zigeuner" mehr da seien.

Erst am nächsten Morgen sei er dann zu dem Feld gekommen, auf dem auch die „Erschießungstruppe" war. Er sei angekommen, als die letzten erschossen wurden. Neben dem SS-Mann habe Scheftner gestanden. Die Aktion sei bereits beendet gewesen, Scheftner und der SS-Mann hätten lediglich „dagestanden".

Als weiterer Zeuge wurde anschließend Iwan R. aufgerufen, der zu seiner Person angab, im Jahre 1923 geboren zu sein. Wegen dieser Tat und seiner eventuellen Beteiligung als Polizeiangehöriger sei er in der Sowjetunion bisher nicht verurteilt worden. Auch wegen Kollaboration habe er kein Strafverfahren bekommen. Er sei auch nie angeklagt gewesen.

Zur Sache berichtete Iwan R., er hätte Scheftner schon seit 1941 gekannt und mit ihm zusammen auf der Kolchose gearbeitet. Bei Einrichtung der Polizeibehörde seien er und Scheftner jeweils rekrutiert worden. Der Dorfälteste hätte ihn, Iwan R., „dazu gezwungen." In der Zeit von 1942 bis 1943 sei das Polizeikommando „von Scheftner" zusammengestellt worden.

Im Mai 1942 habe der Angeklagte den Befehl gegeben, alle im Bereich befindlichen „Zigeuner" zusammen zu holen. „Wir bewegten uns nach Westen - Richtung Bessarabien". Die abgeholten „Zigeuner" seien „von uns" aus den Kolchosen („Pariser Kommune") zu dem Schaftstall geführt worden. Dort seien sie zunächst in einer Erdhütte untergebracht worden. „Nach einer halben Stunde oder einer Stunde kam ein Auto, auf das die ‚Zigeuner' aufgeladen wurden". Mit dem Auto sei ein deutscher Offizier mit einem Chauffeur gekommen. Den Dienstgrad der ankommenden habe er nicht erkannt. „Von dort fuhr das Auto zur Grube, die bereits ausgehoben war". Von wem die Grube ausgehoben worden sei, wisse er nicht. Bei der Grube hätten Scheftner und „Gruschenko" (phonetisch, wahrscheinlich Gallutschenko) und weitere Polizisten gestanden. Der deutsche Offizier habe Scheftner einen Befehl gegeben. Was er genau gesagt habe, wisse Iwan R. heute nicht mehr.

Scheftner habe anschließend gesagt, alle sollten sich sofort entkleiden und in die Grube gehen. Dann habe der Offizier mit der Erschießung begonnen. „Als alle erschossen waren, gab uns Scheftner den Befehl, nach Hause zu gehen", so der Zeuge.

Als dritter Zeuge wurde vom Gericht der ebenfalls aus der Sowjetunion angereiste Pawel L., geboren auf der Krim im Jahre 1920, vernommen. Der Zeuge erklärte zunächst, er habe Gedächtnisprobleme („Probleme mit dem Kopf").

Anfangs wusste er nicht den Namen des Dorfes anzugeben, in dem er wohne, sagte jedoch kurz darauf, dass er in Mischnegorsk wohne. Scheftner sei früher sein Nachbar gewesen. Er sei in der Sowjetunion verurteilt worden und habe in einem Bergwerk arbeiten müssen. Mit welchem Vorwurf er verurteilt worden sei, könne er nicht mehr genau sagen. Er glaube aber wegen Kollaboration mit den deutschen Besatzern. Der Prozess und die Verurteilung seien in Kiew gewesen. Anschließend sei er nach Hause geschickt worden.

Zu den Anklagevorwürfen gegen Scheftner berichtete Pawel L., er sei damals an einem Tag im Mai 1942 von Scheftner gerufen worden. Scheftner habe ihm bedeutet, eine Gruppe von Frauen zum „Schweinestall zu führen". „Wir führten „Zigeunerfrauen" dorthin, wir gingen zu Fuß nebenher". Er glaube, sie seien vorher mit dem Auto dorthin gebracht worden. „Wir gingen dorthin, wohin Scheftner uns befohlen hatte". Der Angeklagte und alle anderen Polizisten seien dorthin gekommen und zwar seien sie mit einem Auto, das mit einer Plane bedeckt war, zu dem Platz gefahren. Dort sei der LKW geöffnet worden und den Leuten wurde befohlen, auszusteigen. Ein Deutscher, „der stolz ausgesehen habe", sei dabei gewesen und habe Scheftner einen Befehl gegeben. Ein dienstmäßig älter Aussehender sei daraufhin nach hinten gegangen und habe zu den Leuten auf dem Auto gesagt, sie sollten erschossen werden. „Wir standen vor dem Auto ca. 20 Meter entfernt". Scheftner sei ebenfalls 20 Meter von dem Wagen entfernt neben dem Zeugen gestanden. Der Angeklagte habe „am Auto nichts weiter getan".

Einem der Polizeibeamten von Siwaschi habe Scheftner verboten, selbst mit dem Gewehr zu schießen und zu ihm noch gesagt: „Was machst Du, du Schwein?" Der Deutsche habe dann selbst geschossen. Die Zahl der erschossenen Männer, Frauen und Kinder kenne er nicht. Niemand habe sie gezählt. Scheftner habe noch mit einem Lächeln gesagt: „Geh' Du zu denen, die die Leute aus dem Auto herausführen." Der Deutsche habe zwei Kinder herausgenommen und gesagt, er, L., solle die zwei Kinder halten. Danach hätte der Deutsche ein Kind genommen und es erschossen. Anschließend sei ihm befohlen worden, weg zu gehen. Er sei wieder zu dem Angeklagten gegangen. Da er es nicht ausgehalten habe, sei er aber jetzt weiter weggegangen. Nach der Erschießungsaktion sei die Grube von ihm unbekannten Leuten zugeschüttet worden. Er selbst habe geweint. Für ihn sei es schlimm gewesen, die Kinder zu halten. Anschließend sei er auf den LKW gestiegen und nach Hause gefahren.

Im Anschluss an die Vernehmung des Zeugen Pawel L. wurde nochmals der Zeuge Iwan G. in den Zeugenstand gerufen. Er erklärte auf Befragen, damals sei Gallutschenko Leiter der Polizei in Siwaschi, ihm direkt nachgeordnet sei Scheftner gewesen. Er wisse nicht mehr ganz sicher, ob zur Tatzeit tatsächlich noch Gallutschenko Chef der Polizei gewesen sei. Er meine eher, dass Gallutschenko schon vor der Tatzeit im Mai 1942 von Scheftner abgelöst worden sei.

Der Zeuge Iwan G. wisse nicht mehr genau, ob Scheftner oder Gallutschenko den Befehl zur Verhaftung der „Zigeuner" gegeben habe. Jedenfalls habe es einen Befehl gegeben.

Scheftner habe 2-3 Meter weit entfernt von dem Schützen an der Grube gestanden. Auf die Frage, ob der Zeuge sich noch an Befehle oder Erklärungen von Scheftner erinnere, erklärte er nunmehr, dass er sich an die Befehle nicht erinnere.

In diesem Zusammenhang hielt das Gericht nicht seine Aussage am vorherigen Tag der Hauptverhandlung vor, sondern brach die Befragung ab. Auch die früheren Vernehmungsprotokolle, in denen andere detaillierte Aussagen enthalten waren, wurden weder vom Gericht noch von der Staatsanwaltschaft vorgehalten, um die Sachverhalte näher aufzuklären.

d.) 25. September 1991

Das Gericht setzte die Vernehmung des Zeugen Pawel L. fort, der die Fragen zunächst nicht vollständig versteht. Über das Datum seines Eintritts in die Polizei in Siwaschi könne er keine Angaben machen. Auf die Frage des Vorsitzenden Richters erklärte er, dass Gallutschenko am Tag der Erschießungsaktion nicht mehr Chef der Polizei in Siwaschi gewesen sei.

Die Dolmetscherin, Frau S. K., bemerkte während der Vernehmung des Zeugen, dieser hätte gelegentlich „Ausfälle" und werde deshalb in seinem Hotel eingeschlossen.

Auf weiteres befragen erklärte Pawel L„ „Mischka Scheftner" hätte damals befohlen, die „Zigeuner zusammen zu holen". Gallutschenko sei an dem Tag 200 Kilometer entfernt gewesen. Scheftner sei sein Vorgesetzter bei der Polizei gewesen. Der „andere Deutsche" hätte die Befehle erteilt. Auf die Frage, ob man zu Fuß oder mit dem Auto die Roma-Familien zu dem Erschießungsort gebracht habe, erklärte der Zeuge, am Tattage sei es über die Straße von Siwaschi zu Fuß geschehen. Wo die Häuser zu Ende gewesen seien, sei der Schweinestall gewesen, in den die „Zigeuner" zunächst eingesperrt worden seien. Er schätzte die Anzahl der Roma-Frauen auf 15 Personen. An Männer könne er sich nicht erinnern. Die Grube sei von ihrem Standort aus zu sehen gewesen. Die Leute hätten in die Grube steigen und sich ducken müssen. Scheftner habe den Befehl gegeben. Geleitet habe alles ein Deutscher, der Deutsche habe geschossen.

Der Zeuge wirkt bei der Befragung teilweise unkonzentriert bzw. nicht richtig orientiert. Auf manche Fragen weigert er sich augenscheinlich zu antworten und die Erinnerung an die Geschehnisse überhaupt aufkommen zu lassen. Der Zeuge erwähnte noch einen weiteren Polizeiangehörigen namens Gorobet, der selbst zweimal auf die Roma-Familien geschossen habe. Dem Zeugen selbst habe Scheftner verboten, zu schießen.

Nach diesen Angaben führte das Gericht keine weitere Befragung des Zeugen Pawel L. durch, sondern der Vorsitzende Richter erklärte lapidar, die heutigen Aussagen würden früheren Vernehmungsprotokollen widersprechen. Er halte es aber nicht für sinnvoll, diese im Einzelnen mit dem Zeugen durchzugehen und schloss mit der Bemerkung, er „wolle dem lieben Gott mit der Vernehmung des Zeugen L. nicht länger die Zeit stehlen." Vorhalte an den Zeugen erfolgten durch keinen der Prozessbeteiligten.

Als nächstes vernahm das Gericht den Zeugen Iwan R.. Er sei 1941 zu der Polizei in Siwaschi gekommen, er sei von der Kolchose zu dem Dorfältesten geschickt worden. An die Jahreszeit könne er sich mehr erinnern, nur noch daran, dass Gallutschenko seinerzeit der Polizeichef gewesen sei, allerdings nur für ca. noch ein halbes Jahr. Zur Tatzeit sei Scheftner Polizeichef gewesen, der nach der Entlassung Gallutschenkos sein Nachfolger geworden sei. Dieser Amtswechsel hätte vor der Tatzeit im Mai 1942 stattgefunden.

4.00 Uhr in der Frühe habe er von Scheftner den Befehl zur Verhaftung der „Zigeuner" erhalten. Er wisse nicht, ob Gallutschenko zu diesem Zeitpunkt anwesend gewesen sei. Zusammen mit dem Zeugen Pawel L. habe er eine Familie abgeholt und zu dem Stall gebracht. Diese Familie habe ungefähr 5 Kilometer von der Polizeistation entfernt auf der Kolchose als Bauern gelebt. Scheftner sei dorthin nicht mitgegangen.

Später sei Gallutschenko hinzugekommen, als die Erschießungsaktion stattgefunden habe. Bei den Erschießungen selbst seien der SS-Soldat und sein Chauffeur dabei gewesen. Sie seien mit dem LKW vorgefahren. Der Offizier hätte Scheftner Befehle, die Scheftner an die Polizeiangehörigen weitergegeben habe, erteilt, dass die „Zigeuner" auf den LKW geladen werden sollten. Gallutschenko sei nach Meinung des Zeugen zu dieser Zeit dabei gewesen, er sei sich insoweit aber nicht ganz sicher.

Unter den Opfern seien 5 oder 6 Männer gewesen, die zu der Gruppe gehörten. Mit einem folgenden LKW seien weitere Personen zu der Erschießungsstelle gebracht worden. Die Entfernung von der Erdhütte zu der Grube habe ca. 400 - 500 Meter betragen. Bei der zweiten Fahrt des LKW seien etwa 8 Personen, Frauen und Männer, auf dem LKW gewesen. Die Namen der Opfer seien dem Zeugen nicht bekannt.

Der SS-Offizier habe Scheftner Befehle gegeben und Scheftner habe diese für die Polizeiangehörigen übersetzt. Es sei in erster Linie darum gegangen, dass die Leute von dem Lastwagen herunterkommen und zur Grube gehen sollten. Der SS-Offizier habe sodann an Scheftner den weiteren Befehl gegeben, dass die Leute sich entkleiden und sich mit dem Gesicht nach unten in die Grube legen sollten. Dann habe der SS-Angehörige „seine Arbeit begonnen und geschossen". Scheftner hätte anschließend das Kommando an die Polizeiangehörigen gegeben, nach Hause zu gehen. Sie seien dann zu Fuß nach Hause gegangen. Kinder, so der Zeuge, habe er bei der Aktion nicht gesehen.

Während seiner Aussage beteuerte der Zeuge Iwan R. mehrfach, dass er den Angeklagten „nicht belasten" wolle. Auch nach der Vernehmung dieses Zeugen stellte der Vorsitzende Richter mit einem Satz fest, dass sich diese Aussage „nicht im Geringsten" mit früheren Aussagen decke, hielt Iwan R. jedoch aus den früheren Vernehmungsprotokollen nicht eine einzige Passage vor. Das Gericht bemühte sich auch nicht, durch nähere Befragung zu einzelnen Punkten den Tathergang aufzuklären und nach dem Hintergrund für etwaige unterschiedliche Angaben zu fragen. Der Zeuge beteuerte nochmals, dass er nur aufgrund seiner heutigen Erinnerung über die Geschehnisse aussagen könne, an den Inhalt früherer Vernehmungsprotokolle, die auch schon Jahre zurücklägen, könne er sich nicht mehr erinnern. Auch die Staatsanwaltschaft verzichtete auf eine weitere Befragung des

Zeugen. Der Sitzungsvertreter stellte lediglich die Frage, ob der Zeuge noch an anderen Erschießungsaktionen teilgenommen habe. Der Zeuge verneinte das. Anschließend entließ das Gericht den Zeugen und - nachdem keine weiteren Anträge gestellt wurden - schloss das Gericht die Beweisaufnahme.

e.) 26. September 1991, letzter Verhandlungstag

Der letzte Verhandlungstag begann mit dem Plädoyer der Staatsanwaltschaft, deren Vertreter zunächst auf die allgemeine Situation in der besetzten Ukraine im Jahre 1942 einging. Er wies auf die Mordaktionen der Einsatzgruppen der SS, des SD und der Wehrmacht hin, die unter dem Kommando des SS-Generals Ohlendorf zur Vernichtung der Juden und andere „rassisch unerwünschte Personen" wie die „Zigeuner" gerichtet hatten. Grund sei der „Rassenhass der Nationalsozialisten gegen die Zigeuner" gewesen. Nach Auffassung der Staatsanwaltschaft stünde nach der Hauptverhandlung fest, dass an dem Tattage im Mai 1942 die Roma-Familien des Ortes Siwaschi, mindestens 20 bis 30 Personen, erschossen worden seien. Der Vertreter der Staatsanwaltschaft betonte, dass er schon früher Verfahren geführt habe, bei denen sog. „Zigeuner" Gegenstand gewesen seien.

Die Problematik dieses Falles sähe er darin, dass die Beweisaufnahme „keine Anhaltspunkte für eine Mittäterschaft Scheftners" ergeben habe. Er habe nach Auffassung der Staatsanwaltschaft die Taten „nicht als eigene gewollt". In den Aussagen der Zeugen „passe gar nichts mehr zusammen", so dass dem Angeklagten „auch keine Beihilfehandlung nachweisbar" sei. Dem Angeklagten sei auch zu Gute zu halten, dass er davon ausging, dass „umgesiedelt" werden solle.

Die Geschehnisse müssten, so der Anklagevertreter, „aufgrund des Zeitablaufs im Dunkeln bleiben". Den Zeugen aus der Sowjetunion könne man nach der langen Zeit keinen Vorwurf machen.

Der Staatsanwalt machte in seinem Plädoyer keine Ausführungen zu möglichen Kriterien für die Bewertung derartiger Zeugenaussagen und setzt sich auch nicht konkret mit den eventuell widersprechenden Inhalten auseinander, sondern verweist lediglich auf den Zeitablauf. Er verliert kein Wort zu dem Kerntatbestand, nämlich die von dem Zeugen eindeutig wiedergegebene Übersetzungstätigkeit Scheftners und der von allen Zeugen bestätigten Anwesenheit der gesamten Polizeitruppe zur Bewachung des grausamen Erschießungsvorgangs. Auf Vorvernehmungen der einzelnen Zeugen, die zehn Jahre und älter sind, aber detaillierte Schilderungen enthalten, geht das Plädoyer der Anklage ebenfalls nicht ein. Stattdessen werden eher zweifelhafte und allgemein gehaltene Ausführungen über einen möglichen Befehlsnotstand vorgetragen.

Das Plädoyer des Staatsanwalts endet mit dem Antrag, den Angeklagten von dem Anklagevorwurf freizusprechen.

Die Verteidiger Scheftners schlossen sich diesem Antrag an.

Nach kaum einstündiger Beratung erging das Urteil des Landgerichts Kassel, das den Angeklagten auf Kosten der Staatskasse freisprach.

Es folgt der Abdruck des Urteils des Landgerichts Kassel:

132 Js 29806/81
2 (4) Ks

Kr 2

Urteil bei der Geschäftsstelle eingegangen am
16.10.1991
Schwarz - JOS
Urkundsbeamter der Geschäftsstelle

Die Rechtskraft ist eingetreten
am 24.10.1991.

Kassel, 16. Okt. 1991
Schwarz, JOS
Urkundsbeamter der Geschäftsstelle des Landgerichts

LANDGERICHT KASSEL

IM NAMEN DES VOLKES

Urteil

In der Strafsache

gegen   den Rentner Michael **S c h e f t n e r**,
            geboren am 27. März 1918
            in Jamburg (Sibirien/UdSSR),
            wohnhaft Kurze Erlen 13, 3500 Kassel,
            verheiratet, Deutscher,

wegen   Verdachts der Beihilfe zum vielfachen Mord,

hat die 2. große Strafkammer des Landgerichts Kassel als Schwurgericht in den Sitzungen vom 17., 20., 24., 25. und 26. September 1991, an denen teilgenommen haben:

Vorsitzender Richter am Landgericht
Gemmer
als Vorsitzender,

Das Verfahren gegen Michael Scheftner 1989-1991

- 2 -

Richter am Landgericht Kirsch,
Richter am Landgericht Scharf
als beisitzende Richter,

Soldat Franz Toby,
Rentner Wilhelm Breithaupt
als Schöffen,

Staatsanwalt Schaub
als Beamter der Staatsanwaltschaft,

Rechtsanwalt Rosenkranz, Vellmar,
als Verteidiger,

Justizangestellte Stange am 20. September 1991,
Justizangestellte Weida am 17., 24., 25., 26. September 1991
als Urkundsbeamtin der Geschäftsstelle,

in der Sitzung vom 26. September 1991

F Ü R   R E C H T   E R K A N N T :

Der Angeklagte wird **freigesprochen**.

Die Kosten des Verfahrens einschließlich der notwendigen Auslagen des Angeklagten fallen der Staatskasse zur Last.

- 3 -

G R Ü N D E

- abgekürzt gemäß § 267 Abs. V StPO -

I.

Die Staatsanwaltschaft beim Landgericht Kassel hat dem Angeklagten mit Anklageschrift vom 10. Mai 1985 zur Last gelegt, am 6. Mai 1942 in Siwaschi (Ukraine) einem bislang unbekannt gebliebenen SS-Angehörigen Hilfe zur heimtückischen Erschießung von ca. dreißig Zigeunern (Männern, Frauen und Kindern) geleistet zu haben.

Die Staatsanwaltschaft hat dazu im einzelnen ausgeführt, daß am 6. Mai 1942 sämtliche, im Dorf Siwaschi (Ukraine) lebende Zigeuner von einem unbekannt gebliebenen SS-Mann, der vermutlich den Dienstgrad eines Scharführers oder Oberscharführers bekleidet und Angehöriger des Einsatzkommandos 10 a gewesen sei, erschossen worden seien. Der SS-Angehörige sei - zusammen mit einem Fahrer - am Abend des vorangegangenen Tages mit einem LKW in Siwaschi erschienen. Auf seine Veranlassung seien dann durch die Kreispolizei, deren stellvertretender Leiter der Angeklagte zu dieser Zeit gewesen sei, sämtliche Zigeuner verhaftet worden.
Als Grund der Verhaftung sei den Zigeunern von der Polizei mitgeteilt worden, daß sie aufgrund eines Befehls der deutschen Besatzungsmacht nach Bessarabien umgesiedelt würden. In Wirklichkeit sei jedoch die Erschießung der Zigeuner beabsichtigt gewesen. Um dieses Vorhaben zu verdecken, habe man den späteren Opfern gestattet, persönliche Sachen sowie Vieh mitzunehmen. Nachdem die Zigeuner - zum Teil mit einem LKW, zum Teil zu Fuß - zu einer in der Nähe des Dorfes gelegenen

- 4 -

ehemaligen Schafweide gebracht worden waren, habe man sie dort über Nacht in eine Erdhütte eingesperrt. Am frühen Morgen des folgenden Tages sei dann in der Nähe der Erdhütte eine Grube ausgehoben worden, zu der die Zigeuner in mehreren Gruppen hingebracht und von dem SS-Angehörigen dort erschossen worden seien.

Der Angeklagte habe zu Beginn der Erschießung mehreren Polizisten befohlen, die Grube zu umstellen, damit keiner der Zigeuner die Möglichkeit habe, zu fliehen. Hierbei seien ihm sämtliche Umstände dieser Tötungsaktion von Anfang an bekannt gewesen. Zuvor habe er noch die Befehle des SS-Angehörigen, die dieser an die Zigeuner gerichtet habe, in die russische Sprache übersetzt.

Aufgrund der von der Strafkammer durchgeführten Hauptverhandlung ließ sich dem Angeklagten nicht mit der für eine Verurteilung erforderlichen Sicherheit eine Beihilfe bei der heimtückischen oder aber grausamen Tötungsaktion des unbekannt gebliebenen SS-Offiziers nachweisen.

II.

Der Angeklagte hat sich im einzelnen wie folgt eingelassen:

Er sei in Jamburg im Gebiet Taburi geboren worden. Dieser Ort liege hinter dem Ural. Sein Vater sei selbständiger Landwirt gewesen. In der Familie habe man deutsch gesprochen. Er habe mehrere Geschwister, einen älteren Bruder, Jahrgang 1910, der 1933 verstorben sei. Ferner habe er eine ältere Schwester, die ebenfalls inzwischen verstorben sei. Von den vielen Kindern der Familie, von denen er selbst das vierte gewesen sei, lebe heute noch eine Schwester, die 1990 aus der Sowjetunion habe ausreisen dürfen. Die von den Eltern bewirtschaftete Landwirtschaft habe etwa 30 Hektar gehabt. Er selbst sei mit neun Jahren eingeschult worden. Bei seinem Geburtsort habe es sich um ein deutsches Dorf gehandelt, das von russischen Dörfern umgeben gewesen sei. Er sei in der nahegelegenen Stadt auch zur Schule gegangen. Dort habe er ein wenig russisch gelernt. Der Schulbesuch habe nur etwa drei Jahre gedauert. 1929 habe sein Vater die Landwirtschaft aufgegeben. Die Familie habe nach Kanada auswandern wollen. In Moskau habe man zwei Monate gewohnt. Dort sei man schließlich verhaftet und nach Slaworoth zurückgebracht worden. 1930 sei die Familie in die Nähe von Dnjepopetrovsk verschlagen worden, wo man etwa ein Jahr geblieben sei. 1931 sei man dann in Richtung Kaukasus weitergezogen. Dort habe man auf einer Kolchose gearbeitet bis Ende Juli 1932. Dort hätten dann immer wieder Durchsuchungen stattgefunden, und die Familie sei wieder in Richtung Dnjopopetrovsk gelangt, wo man bis etwa November 1932 geblieben sei. Danach sei die Familie ins Donezgebiet gegangen. Dort sei die wirtschaftliche Lage noch schlechter gewesen. Man habe schließlich betteln müssen, um überhaupt am Leben zu bleiben. Überhaupt sei es immer wieder zu Verfolgungen gekommen, in deren Verlauf die Familie im April 1939 nach Siwaschi gekommen sei. Dort habe der Vater auf einer Kolchose in einer Schreinerwerkstatt gearbeitet. Er - der Angeklagte - selbst sei damals einundzwanzig Jahre alt gewesen und habe auf dem Feld gearbeitet. Nach Ausbruch des deutsch-russischen Krieges im Jahre 1941 sei der Vater weggegangen. Er habe sich bei den Russen nach Sibirien zur Arbeit verpflichtet. Er - der Angeklagte - selbst habe als Traktorfahrer auf der Kolchose gearbeitet. Dort sei er einmal als Mittelsmann zwischen den Russen einerseits und den Deutschen beim Viehhandel eingesetzt und als Dolmetscher gebraucht worden. Im Jahre 1941 sei schließlich ein Sonderführer namens Brunecker nach Siwaschi gekommen. Zu dessen Aufgaben habe es gehört, die Polizei aufzubauen. Ende 1941 sei die Front etwa 60 bis 80 Kilometer von Siwaschi verlaufen. Er selbst sei Ende 1941 bei der Ortspolizei in Siwaschi eingetreten, deren Chef zu dieser Zeit ein Mann namens Rehberg gewesen sei. Dessen Nachfolger sei dann ein Ukrainer namens Galutschenko geworden. Er - der Angeklagte - sei gleichsam dessen Stellvertreter gewesen und in der Bevölkerung auch so angesehen worden. Er - der Angeklagte - sei vor allem als Dolmetscher tätig gewesen. Er habe eine Pistole besessen. 1942 sei er jedoch noch nicht mit einer Uniform ausgestattet gewesen; Uniformen habe die Polizei erst 1943 erhalten. Am 28. Oktober 1943 habe er - der Angeklagte - Siwaschi wegen des Rückmarsches der deutschen Truppen verlassen. Die Zeugen Lojko und Remenjuk kenne er von der Kolchose als Arbeitskollegen. Lojko sei etwa im Dezember 1941 zur Polizei gekommen, Remenjuk sei schon dabeigewesen, als er eingetreten sei. Zu ihren hauptsächlichen Aufgaben als Polizei habe es gehört, vor der Ortskommandantur Wache zu stehen.

Zu dem ihm zur Last gelegten Tatgeschehen selbst hat sich der Angeklagte wie folgt eingelassen:

Er sei gegen 17.00 Uhr am 5. Mai des Jahres 1942 nach Hause gekommen. Bereits früher sei ein SS-Mann, den er nur mit dem Vornamen Karl kennengelernt habe, da gewesen. Dieser habe Kleidungsstücke gegen Nahrungsmittel bei den Dorfbewohnern eingetauscht. Seine Mutter habe dem Angeklagten gesagt, daß Karl wieder da sei. Dieser Karl habe Quartier in der Familie bezogen, wobei er sein - des Angeklagten - Bett benutzt habe. Karl habe den Dienstgrad eines Schar- oder Oberscharführers der SS bekleidet. Angehörige der SS hätten sich Quartiere dort genommen, wo sie gerade wollten. Für Karl habe er - der Angeklagte - nicht gedolmetscht. Karl habe selbst einen Dolmetscher dabeigehabt. Hierbei habe es sich um einen Volksdeutschen gehandelt, der als Kraftfahrer für Karl fungiert habe.

Am 5. Mai 1942 habe er - der Angeklagte - Karl überhaupt nicht gesehen. Dieser habe sich wohl in der Ortskommandantur aufgehalten. Er - der Angeklagte - sei zu seiner Freundin gegangen, wo er sich bis gegen 24.00 Uhr aufgehalten habe. Zunächst habe der Chef der Polizei Galutschenko Dienst versehen. Galutschenko sei verheiratet gewesen. Er - der Angeklagte - haben Galutschenko dann immer nach Mitternacht abgelöst. Dies sei mit Galutschenko so vereinbart gewesen.

Von der Freundin sei er zur Polizeiwache gegangen. Als er dort angekommen sei, habe ihm Galutschenko gesagt, Zigeuner seien auf der Schafweide und sollten evakuiert werden. Zu diesem Zeitpunkt habe er - der Angeklagte - überhaupt erstmals von Zigeunern erfahren. Mit einem Pferdewagen sei er dann gemeinsam mit Galutschenko zur Weide gefahren, die etwa 3,5 bis 4 Kilometer außerhalb der Ortschaft gelegen habe. Die Polizisten seien schon draußen gewesen. Auf der Weide habe es zwei Schafställe und ein Haus für Hirten gegeben. Die Zigeuner hielten sich in diesem Bereich auf, wobei sie zum Teil im Hirtenhaus und zum Teil draußen waren. Zu diesem Zeitpunkt habe man noch nichts von den späteren Vorfällen ahnen können. Die Zigeuner hätten sich unterhalten. Man stand oder saß zusammen. Galutschenko habe zu ihm gesagt, daß am nächsten Tag Mitglieder der SS kommen würden, um die Zigeuner zu evakuieren. Er - der Angeklagte - habe sich unterhalten und geraucht. Schließlich sei der Polizist Horobetz um den Schafstall herumgegangen. Horobetz habe dann in einiger Entfernung gesehen, daß dort eine Grube ausgehoben wurde. Horobetz habe ihm dies erzählt, woraufhin auch er - der Angeklagte - nachgesehen habe. Nun seien ihm - dem Angeklagten - erstmals Bedenken gekommen. Er habe nun geahnt, daß etwas Schlimmes passieren würde. Die Entfernung zu der Grube schätze er aus heutiger Sicht auf etwa 500 oder 600 Meter. Am nächsten Morgen, als es hell wurde, etwa gegen 6.00 oder 7.00 Uhr, sei dann Karl mit einem Fahrer gekommen. Bei dem Fahrer habe es sich um einen Unteroffizier der Wehrmacht gehandelt. Beide hätten einen russischen Lastwagen benutzt. Galutschenko habe ihn - den Angeklagten - gerufen und ihn aufgefordert, zu übersetzen. Er - der Angeklagte - habe dies aber abgelehnt. Zur Begründung habe er angegeben, der Fahrer von Karl könne schließlich auch deutsch und russisch. Dies habe er - der Angeklagte - Karl auch direkt gegenüber gesagt. Karl habe ihn in diesen Moment angesehen, als ob er ihn durchbohren wolle. Er habe dann aber von den Zigeunern die Personalausweise verlangt. Der Fahrer habe dies übersetzt. Der Fahrer sei es auch gewesen, der die Ausweise an Karl gegeben habe. Karl habe dann sechs oder sieben Männer aufgefordert, auf den Lastwagen zu steigen. Sieben oder acht Polizisten seien ebenfalls mitgefahren. Horobetz und Galutschenko sowie er selbst hätten ebenfalls mitfahren müssen. Andere Polizisten seien beim Schafstall geblieben. Der Fahrer sei dann an der Grube ausgestiegen. Er habe den Karabiner genommen und in die Luft geschossen. Er habe auch befohlen, daß sich die Zigeuner ausziehen sollten. Die Männer seien dann in die Grube gestiegen und dort von dem SS-Mann mit dem Karabiner mit Einzelschuß erschossen worden. Er selbst - der Angeklagte - sei entsetzt gewesen. Er habe etwa 10 Meter entfernt gestanden und habe nicht gewußt, was er dazu sagen sollte.

Der LKW sei dann schließlich noch einmal zurückgefahren und habe Frauen und etwa zwei Kinder geholt, wobei die genaue

Anzahl der Personen heute nicht mehr erinnerlich sei. Auch diese Personen seien dann von dem SS-Mann mit Einzelfeuer erschossen worden. Insgesamt seien etwa 20 bis 25 Personen von dem unbekannt gebliebenen SS-Mann namens Karl erschossen worden.

Nachdem die Erschießungsaktion in Siwaschi abgeschlossen gewesen sei, sei man gemeinsam mit anderen Polizisten nach Popelnak, einem etwa 20 Kilometer entfernt gelegen Ort, gefahren. Dort habe Karl ihm - dem Angeklagten - erneut gesagt, daß er nunmehr dolmetschen solle, da ihm diese Leute ja nicht bekannt seien. Auch hier seien wieder Ausweise eingesammelt worden. Bei den versammelten Leuten habe es sich aber um Moldawier gehandelt, was er - der Angeklagte - Karl erklärt habe. Karl habe schließlich von der Erschießung dieser Personen Abstand genommen. Man sei dann mit dem LKW weiter nach Pawlowka gefahren. Hier habe es wiederum eine Erschießungsaktion des SS-Mannes gegeben. Dieser habe Leute in einen stillgelegten Brunnen hineingeschossen.

Der Angeklagte hat bestritten, am Abend vor der Erschießungsaktion in Siwaschi einen Befehl zur Verhaftung der Zigeuner gegeben zu haben. Er hat dazu angegeben, zu diesem Zeitpunkt überhaupt nicht auf der Polizeikommandantur gewesen zu sein. Von der Existenz der Zigeuner auf der Schafweide habe er erst erfahren, als die Verhaftungsaktion bereits abgeschlossen gewesen sei. Er habe auch erst geahnt, das etwas Schlimmes passieren würde, nachdem er im Morgengrauen bemerkt habe, daß in einer Entfernung von etwa 500 oder 600 Metern eine Grube ausgehoben worden sei.

Auf der Schafweide selbst habe er keinerlei Befehle an die Zigeuner übersetzt. Dies habe er vielmehr mit dem Hinweis abgelehnt, daß er dies nicht könne, da er die Leute kenne.

— 10 —

Auch bei der Erschießungshandlung des SS-Mannes Karl habe er selbst in keiner Weise aktiv etwas getan, was dessen Handlungsweise unterstützt hätte. Er habe sich vielmehr abseits gestellt und die Aktion aus einer Entfernung von etwa 10 Metern entsetzt beobachtet. Befehle an die herumstehenden Polizeikräfte habe er auch zu diesem Zeitpunkt weder gegeben noch übersetzt. Allerdings stelle er nicht in Abrede, bei der ersten Fahrt mit dem LKW von dem Hirtenhaus zur Grube auf dem Trittbrett des LKW's mitgefahren zu sein. Hier sei ihm aber nichts anderes übriggeblieben, wenn er nicht habe Gefahr laufen wollen, selbst erschossen zu werden. Eine Pistole habe er zu keinem Zeitpunkt gezogen. Überhaupt habe er nichts unternommen, was die Tötungshandlungen des Karl habe fördern können.

III.

1. Soweit der Angeklagte die vorstehende Sachverhaltsdarstellung gegeben hat, konnte hierauf allein eine Verurteilung wegen Beihilfe zum Mord nicht gestützt werden.

Denn der Angeklagte hat in Abrede gestellt, die später Erschossenen unter einem Vorwand auf die Erschießungsstelle gelockt zu haben. Er hat in diesem Zusammenhang angegeben, er selbst habe erst zu einem viel späteren Zeitpunkt geahnt, was später passieren würde. Der Vorwurf heimtückischen Handelns läßt sich mithin auf die Aussage des Angeklagten selbst nicht stützen.

- 11 -

Auch eine Verurteilung wegen Beihilfe zur grausamen Tötung einer Vielzahl von Personen ließ sich auf die Einlassung des Angeklagten selbst nicht stützen. Zwar war die Tötungshandlung an sich, die der SS-Angehörige Karl an einer unbekannt gebliebenen Anzahl von Personen durchgeführt hat, grausam. Denn durch die Tötungshandlung hat er den Opfern aus gefühlloser, unbarmherziger Gesinnung heraus besondere Schmerzen und Qualen zugefügt. Hierbei ergibt sich die Grausamkeit aus den Umständen, unter denen die Tötung eingeleitet und vollzogen worden ist (vgl. dazu BGH NJW 1971, S. 1190). Die Opfer wurden nämlich in Gruppen zur Erschießungsgruppe gebracht. Sie mußten sich hier ihrer Oberbekleidung entledigen und dann in die Grube hineinsteigen, wo sie von dem Haupttäter durch Einzelschüsse getötet wurden. Hierbei haben die später Getöteten die Erschießung der anderen Opfer zum Teil mitansehen müssen. Die nicht zur ersten Gruppe gehörenden Opfer mußten zu den Leichen der vorher Getöteten in die Grube hinabsteigen. Es bedarf keiner näheren Erörterung, daß mit dieser Vorgehensweise unmenschliche seelische Qualen verbunden waren, die die Opfer erlitten haben, die in der schrecklichen Gewißheit ihres kurz bevorstehenden, unabwendbaren Todes einige Minuten oder auch längere Zeit in der Nähe der Erschießungsstätte warten mußten. Hierbei mußten sie das Krachen der Schüsse mitanhören oder sogar mit eigenen Augen mitverfolgen, welches Schicksal sie selbst in Kürze ereilen würde. Dieses kaum zu beschreibende Entsetzen erfuhr dann noch eine Steigerung, wenn Kinder den Tod ihrer Mütter oder Mütter den Tod ihrer Kinder miterleben mußten oder wenn die Opfer in den Gruben die Leichen ihrer Leidensgenossen sehen oder sich gar auf die blutigen, leblosen Körper ihrer bereits erschossenen Verwandten oder Bekannten legen mußten.

Der vom Angeklagten geschilderte Tatbeitrag, der sich in einem Dabeisein und in einem Mitfahren auf dem Trittbrett des LKW's erschöpft, kann aber noch nicht als Beihilfe in Sinne des § 27 StGB angesehen werden. Beihilfe im Sinne der genannten Vorschrift ist die dem Täter vorsätzlich geleistete, für die Begehung einer rechtswidrigen Tat kausale Hilfe. Hierbei muß der Gehilfe das Zustandekommen der Haupttat wollen, zu deren Förderung er tätig wird. Es genügt allerdings schon die Hilfe bei einer vorbereitenden Handlung. Zwar braucht die Beihilfe nicht Bedingung für den Erfolg der Haupttat zu sein, sie muß aber die Tatbestandsverwirklichung fördern, das heißt bei Tätigkeitsdelikten die Tathandlung erleichtern, bei Erfolgsdelikten muß sie zur Erreichung des Erfolges beitragen. Zwar ist der bedingte Gehilfenvorsatz nicht schon deswegen ausgeschlossen, weil sich der Gehilfe von der Haupttat bewußt distanziert hat, wie es der Angeklagte hier dem Schwurgericht geschildert hat. Allerdings ist ein Gehilfenvorsatz dann in Frage zu stellen, wenn die betreffende Handlung zum Gelingen der Tat erkennbar wenig beizutragen vermochte, wie es hier der Fall ist. Der Angeklagte war bei der Erschießungshandlung, wie er selbst es geschildert hat, nur insoweit beteiligt, als er auf dem Trittbrett des LKW's gemeinsam mit mehreren anderen Polizisten mitgefahren ist. Hierbei ist davon auszugehen, daß er hierdurch eine Förderung der Erschießungshandlung schon objektiv nicht bewirkt hat. Er hat sich überdies vom Handlungsvorsatz her lediglich unauffällig nach außen hin verhalten wollen, um so nicht selbst mit dem SS-Mann in Konflikt zu geraten. Eine objektive Förderungshandlung der Erschießungsaktion an sich und ein dementsprechender Förderungswille des Angeklagten erscheint nach alledem nicht hinreichend sicher festzuste-

- 13 -

hen, weswegen auf die eigenen Angaben des Angeklagten eine Verurteilung wegen Beihilfe zur grausamen Tötung einer Vielzahl von Zigeunern nicht gestützt werden konnte.

2. Aufgrund der Hauptverhandlung waren aber auch keine tragfähigen Feststellungen mehr dazu möglich, daß der Angeklagte Beihilfe zur heimtückischen Ermordung der Zigeuner geleistet hat.

Heimtückisch im Sinne des § 211 StGB handelt zwar auch derjenige, der einen anderen nach einem wohlüberlegten Plan mit Tötungsvorsatz in einen Hinterhalt lockt und dadurch eine bis zur Tatausführung fortwirkende günstige Gelegenheit zur Tötung schafft, wenn er dem Opfer in offen feindlicher Haltung aus dem Hinterhalt gegenübertritt (vgl. dazu BGHSt 22, S. 77 ff).

Zwar bestand insoweit nach Aktenlage gegen den Angeklagten der dringende Verdacht, daß er selbst die Befehle zur Verhaftung der Zigeuner gegeben hat. Hierbei soll er nach den in den Akten befindlichen Vernehmungsprotokollen angeordnet haben, dieses unter dem Vorwand einer späteren Evakuierung nach Bessarabien zu tun.

Die vor dem Schwurgericht durchgeführte Hauptverhandlung durch Vernehmung der Zeugen Lojko, Remenjuk und Garamas hat keine sicheren Feststellungen dafür erbracht, daß dieser Tatvorwurf zutreffend ist.

Zwar hat der Zeuge Remenjuk in seiner Vernehmung zunächst bekundet, der Angeklagte Scheftner habe den Befehl gegeben, alle Zigeuner zusammenzuholen, um sie nach Bessara-

– 14 –

bien zu schicken. Der Zeuge Remenjuk war sich dann aber bei einer erneuten Befragung und auf Vorhalt nicht mehr sicher, ob es der Angeklagte gewesen ist, der diesen Befehl gegeben hat. Der Zeuge wollte schließlich auch nicht mehr ausschließen, daß möglicherweise Galutschenko als damaliger Chef der Polizei den Befehl zur Verhaftung der Zigeuner gegeben hat. In seiner erneuten Befragung hat sich dann der Zeuge Remenjuk überdies in eine Vielzahl von Widersprüchen verwickelt. Bei ihm waren deutliche – nach der langen Zeit auch nicht verwunderliche – Erinnerungslücken zu verzeichnen, so daß auf seine Aussage hin eine Verurteilung des Angeklagten nicht hätte gestützt werden können. Dies gilt insbesondere mit Blick auf einige gewichtige Widersprüchlichkeiten in seinen Aussagen zu dem bisherigen Ermittlungsergebnis. So hat der Zeuge Remenjuk insbesondere auf mehrfaches Befragen hin strikt in Abrede gestellt, daß bei der Erschießungsaktion überhaupt Kinder mit unter den Opfern gewesen seien. Die Schwurgerichtskammer ist aber sowohl aufgrund der Angaben des Angeklagten selbst als auch aufgrund des übrigen Ermittlungsergebnisses davon überzeugt, daß durch die Hand des Kriegsverbrechers Karl zumindest auch zwei Kinder in Siwaschi ums Leben gekommen sind, weswegen schon aus diesem Grunde der Aussage des Zeugen Remenjuk mit größter Vorsicht zu begegnen war. Er hat im übrigen in der Hauptverhandlung davon gesprochen, bei der 2. Fahrt der Zigeuner zum Erschießungsort dabei gewesen zu sein, während er in seinen früheren Vernehmungen detaillierte Äußerungen über seine Teilnahme an der 1. Transportfahrt gemacht hat. Letzteres ließ er nicht mehr gelten und erklärte, dies nie so gesagt zu haben, so daß letztlich auf diese Aussage keinerlei Feststellungen gegründet werden konnten.

Auch der Zeuge Garamas konnte nicht mehr präzise angeben, ob es der Angeklagte oder aber Galoteschenko gewesen ist, der Anordnungen in bezug auf die Anordnungen der Zigeuner gegeben hat. Der Zeugen Garamas konnte zwar noch bestätigen, daß man Leute nach Bessarabien schicken wollte. Auf konkreteres Befragen wußte er jedoch nicht mehr, wer welchen Befehl oder welche Anordnung gegeben hat. Der Zeuge Garamas hat sich dann gegenüber seinen Vernehmungen zu früherer Zeit in Widersprüche verwickelt. Auf die Frage, in welcher Kolchose Verhaftungen durchgeführt worden seien, hat er geantwortet, dies sei auf einer Kolchose namens Pivdena gewesen. Auf die Frage, ob er diese Kolchose nicht mit einer Kolchose namens Sirka, von der er früher gesprochen hatte, verwechsele, hat er angegeben, er habe Zigeuner aus der Kolchose Pivdena geholt. Zu dem Handeln des Angeklagten Scheftner am Erschießungsort selbst und zu seinen möglicherweise begangenen Tatbeiträgen kurze Zeit vorher konnte der Zeuge Garamas eine konkrete Aussage nicht machen, vielmehr war die Aussage des Zeugen Garamas durch ganz erhebliche Erinnerungslücken gekennzeichnet. Die Kammer hat versucht, diese Erinnerungslücken durch Vorhalte früherer Aussagen auszuräumen. Auch dies erbrachte jedoch keine Klarheit. So ist dem Zeugen unter anderem seine Aussage vom 25. April 1980 (Band I Blatt 170 f) vorgehalten worden. Auf Vorhalt seiner Aussage Blatt 175 der Akten, wonach er die Leichen von etwa 30 erschossenen Zigeunern habe in der Grube liegen sehen, hat der Zeuge Garamas nachdrücklich bekundet, eine solche Aussage anläßlich seiner früheren Vernehmung nicht gemacht zu haben. Über die Anzahl möglicherweise erschossener Personen könne er überhaupt nichts sagen. Er habe an der Grube auch keine Polizisten gesehen. Letztlich habe er nur kurz hingeschaut. Die Schüsse seien von einem SS-Mann abgegeben worden.

Schließlich konnte sich auch durch Einvernahme des Zeugen Lojko kein klares Bild des Geschehnisse gewinnen lassen. In der Aussage des Zeugen Lojko haben sich eine solche Anzahl von Widersprüchen ergeben, daß auf die Aussage dieses Zeugen keinerlei Feststellungen gestützt werden konnten. Dies lag im wesentlichen daran, daß der Zeuge offensichtlich durch einen bei ihm persönlich stark fortgeschrittenen Alterungsprozeß, durch erlittene Entbehrungen (offensichtlich längerfristige Einweisung in ein Arbeitslager) in seinem Erinnerungsvermögen stark nachgelassen hat. Der Zeuge war trotz intensiver Bemühungen des Schwurgerichts nicht imstande, dem Gericht eine nachvollziehbare und zusammenhängende Darstellung der Ereignisse zu geben. Hierbei hat er teilweise die vom Vorsitzenden an ihn gestellten Fragen nicht richtig verstanden. Er litt unter starken Konzentrationsstörungen und war mit einer Vielzahl von Fragen und Vorhalten offenbar überfordert. Dies hat der Zeuge dann auch durch mehrfache Bemerkungen, daß er Schwierigkeiten mit dem Kopf habe, selbst eingeräumt. Gerade der persönliche Eindruck vom Zeugen Lojko war es, der es der Kammer ausgeschlossen erscheinen läßt, auf die Bekundungen dieses Zeugen auch nur irgendwelche Feststellungen zu gründen.

IV.

Danach steht nach dem Ergebnis der Beweisaufnahme lediglich fest, daß am 6. Mai 1942 nahe des Ortes Siwaschi von einem bislang unbekannt gebliebenen SS-Mannes mit Vornamen Karl eine nicht genau feststellbare Anzahl von Zigeunern (Männer, Frauen und Kinder) grausam getötet wurden. Ein Tatbeitrag des Angeklagten, der diese grausame oder heimtückische Tötungshandlung dieses SS-Angehörigen gefördert hätte, war weder nach der Einlassung des Angeklagten noch nach den vernommenen Zeugen hinreichend sicher festzustellen. Daß der Angeklagte den Befehl zur Verhaftung der Zigeuner unter einem Vorwand gegeben hat, ließ sich durch die Einvernahme der drei aus der Sowjetunion angereisten Zeugen nicht feststellen. Ebenso war nicht sicher festzustellen, daß der Angeklagte irgendwelche Befehle des SS-Mannes in die russische Sprache übersetzt hat. Schließlich hat die Einvernahme der Zeugen auch keine Feststellungen dafür erbracht, daß der Angeklagte Befehle an untergeordnete Polizeibeamte gegeben hat, um so die Flucht der Zigeuner von der Erschießungsstelle zu vereiteln oder zu erschweren.

Eine Verurteilung wegen Beihilfe zum grausamen oder heimtückischen Mord an einer unbekannten Anzahl von Zigeunern schied daher aus.

Eine Verurteilung wegen Mordes aus niedrigen Beweggründen mußte schon deshalb unterbleiben, weil weder das Ermittlungsergebnis noch die Einlassung des Angeklagten irgendwelche Anhaltspunkte dafür erbracht hat, daß er selbst aus Gründen der Rasse oder weil er sich nationalsozialistisches Gedankengut insoweit zu eigen gemacht hätte, gehandelt hat.

- 18 -

V.

Dem Angeklagten war mithin die Tat aus tatsächlichen Gründen nicht nachzuweisen.

Er war somit mit der Kostenfolge aus § 467 Abs. I StPO freizusprechen.

Zugleich für den infolge Versetzung an
das OLG Frankfurt/Main und infolge des
Urlaubs an der Unterschriftsleistung verhinderten Richter Kirsch

Gemmer   Gemmer   Scharf
Vors. Richter am LG   Richter am LG

Kassel, den

Ausgefertigt

Urkundsbeamter der
Geschäftsstelle

Frankfurter Rundschau · Seite 17 · Freitag, 27. September 1991, Nr. 225

Freispruch im NS-Prozeß

„Beihilfe zum Mord nicht nachweisbar"

KASSEL. Mit einem Freispruch endete gestern vor dem Kasseler Landgericht das Verfahren gegen den 73jährigen Rentner Michael Scheftner. Ihm war zunächst Beihilfe zum NS-Mord an „Zigeunern" im ukrainischen Ort Siwaschi vorgeworfen worden. Der Versuch, den vor fast 50 Jahren begangenen Massenmord aufzuklären und herauszufinden, ob 13 oder tatsächlich 30 Roma erschossen wurden und welche Rolle Scheftner als damals stellvertretender Polizeichef in Siwaschi gespielt hat, ist, so formulierte es gestern der Vertreter der Staatsanwaltschaft, „fehlgeschlagen".

Das Gericht sah es ebenso: Der Nachweis der Beihilfe zum Mord „war nicht möglich", erklärte die 2. Strafkammer in ihrer Urteilsbegründung. Was im Mai des Jahres 1942 passiert sei, so sagte der Vorsitzende Richter Gemmer zu Scheftner, „das wissen Sie nur ganz allein und damit müssen Sie leben".

Mit dem Freispruch des 73jährigen folgte das Gericht nicht nur der Verteidigung, sondern auch dem Vertreter der Staatsanwaltschaft. Für unschuldig hält der den Rentner aus Kassel erklärtermaßen zwar nicht. Nach den strafrechtlichen Maßstäben freilich habe er „als unschuldig zu gelten".

Es war ein schwieriger Prozeß — nicht nur, weil Hinweise auf die Beteiligung Scheftners an der Erschießung der Roma erst rund 40 Jahre nach der Tat von den sowjetischen Behörden kamen. Es dauerte noch einmal fast zehn Jahre, bis Scheftner auf der Anklagebank Platz nehmen mußte: Zunächst waren sich die Gerichte nicht einig darüber, ob der Tatbestand der Beihilfe zum (NS-)Mord verjährt war, dann gab es Probleme mit der Ladung der in der Ukraine lebenden Augenzeugen, die – wie Scheftner – damals bei der Polizei in Siwaschi arbeiteten. Als sie in dieser Woche schließlich, in Begleitung eines Staatsanwaltes aus Moskau, ankamen, zeichnete sich bereits das Dilemma ab: Es waren Zeugen, deren Schilderungen aufgrund ihres Gesundheitszustandes, der zum Teil offensichtlichen Gebrechlichkeit und nicht zuletzt der großen zeitlichen Distanz zu den Vorfällen im Jahre 1942 als wenig brauchbar gewertet wurden. Sie hatten nicht nur massive Erinnerungslücken. Sie hatten bisweilen auch Mühe, den oft kompliziert formulierten Fragen des Gerichtes zu folgen und den Sinn ihrer Aussage, für die sie aus ihrer Heimat die lange Reise antraten, zu erkennen.

„Warum sind wir hier?", fragte einer, „alle wissen doch, was passiert ist". Widersprüche zu ihren ersten, von der sowjetischen Staatsanwaltschaft protokollierten Aussagen traten zutage. Am Ende ihrer Vernehmung, so sahen es alle Prozeßbeteiligten, „paßte nichts, gar nichts mehr". Auch für die Staatsanwaltschaft stand dann zuletzt nur noch fest, daß damals Männer, Frauen und Kinder grausam ermordet wurden: „Die Menschen mußten ihre Kleidung ablegen, Kinder wurden in Gegenwart ihrer Mütter erschossen, Lebende mußten auf Tote steigen". Daß Scheftner dabei war, stand ebenfalls „außer Frage".

Seine Erklärungen, mit denen er abstritt, im Zusammenhang mit der Ermordung der Roma Befehle (weiter-)gegeben zu haben, wurden von der Staatsanwaltschaft „mit Vorbehalt" zur Kenntnis genommen. „Ich persönlich glaube dem Angeklagten einiges nicht", sagte Staatsanwalt Schaub. Gleichwohl ging er davon aus, „daß Scheftner nichts selbst tat, was die Erschießung gefördert hat" — jedenfalls sei eine solche Beteiligung auch nach der Zeugenvernehmung „nicht nachweisbar" gewesen.

Angesichts der Beweislage „konnte nur dieses Urteil und kein anderes herauskommen", sagte Richter Gemmer am Schluß, denn auf die Aussagen und eklatanten Widersprüche eine strafrechtliche Verurteilung zu stützen, „sieht sich dieses und jedes andere Gericht außerstande". Der Zentralrat Deutscher Sinti und Roma hat schon kurz nach der Urteilsbegründung Vorwürfe gegen die Justiz erhoben. Es seien keine Bemühungen der Staatsanwaltschaft erkennbar gewesen, durch intensive und detaillierte Befragung die konkreten Aktivitäten Scheftners bei der Mordaktion zu klären. ari

die tageszeitung ■ FREITAG, 27.9.91

Schneller Freispruch in NS-Prozeß

Frankfurt am Main (taz) — Der Ex-Polizist Michael Scheftner (73), der sich vor dem Landgericht Kassel wegen des Vorwurfs der Beihilfe an der Ermordung von 30 Sinti und Roma im Mai 1942 in der Ukraine verantworten mußte (taz vom 26.10), ist gestern überraschend schnell freigesprochen worden – kurz nach Abschluß der Beweisaufnahme. Scheftner, so das Gericht, sei eine konkrete Tatbeteiligung nicht nachzuweisen.

Auch die Staatsanwaltschaft hatte in einem Kurzplädoyer Freispruch für Scheftner gefordert. In einem Gespräch mit der taz protestierte der Zentralrat der Sinti und Roma in Heidelberg gegen den „Freispruch im Schnellverfahren". Die Vorwürfe richten sich vor allem gegen den Vertreter der Staatsanwaltschaft, der „keinerlei Bemühungen" gezeigt habe, durch detailliertere Befragung der Zeugen die konkreten Aktivitäten Scheftners bei dem Massaker aufzudecken. Romani Rose vom Zentralrat: „Ein derartiges Vorgehen in Strafverfahren gegen Beteiligte einer Massenmordaktion ist wenig geeignet, Vertrauen in die Rechtsstaatlichkeit dieser Verfahren zu fördern."

Das Verfahren gegen Michael Scheftner 1989-1991

Hessische/Niedersächsische Allgemeine · Mitteldeutsche Allgemeine
unabhängig Zeitung für Deutschlands Mitte nicht parteigebunden

MITTWOCH, 25. SEPTEMBER 1991   5

NS-PROZESS
Zeugen belasten Angeklagten

Drei aus der Sowjetunion angereiste Zeugen haben den wegen Beihilfe zum Massenmord angeklagten Michael Scheftner gestern vor dem Kasseler Landgericht belastet.

Drei Zeugen aus der Sowjetunion sagten gestern im Kasseler NS-Prozeß aus.   (dpa-Funkbild)

KASSEL ■ Fast 50 Jahre sind vergangen, seit im ukrainischen Dorf Siwaschi vermutlich 30 Roma von einem (unbekannten) SS-Mann erschossen wurden. Deshalb hat es wohl niemanden verwundert, daß die Zeugen, die gestern befragt wurden und die inzwischen 67, 68 und 71 Jahre alt sind, offensichtlich Erinnerungslücken haben. In der Tendenz waren die Aussagen der aus der UdSSR angereisten Zeugen freilich belastend für Michael Scheftner (73), der wegen Beihilfe zum Mord vor der 2. Strafkammer steht.

Der Angeklagte, der damals stellvertretender Polizeichef in Siwaschi gewesen sein soll, habe den Befehl gegeben, die „Zigeuner" an einem Ort zu versammeln, sagten zwei der Zeugen (alle damals auch bei der Polizei in Siwaschi) aus. Im Verlauf der weiteren Befragung korrigierte einer bereits diese Aussage: Es könne auch sein, daß der Vorgesetzte des Angeklagten diesen Befehl gegeben habe.

Einige Situationen scheinen sich freilich im Gedächtnis eingebrannt zu haben. „Scheftner sagte, alle (Roma) sollten vom Auto steigen, sich entkleiden und in die Grube gehen", gab einer der Zeugen zu Protokoll. Dann seien die Menschen erschossen worden. Der dritte Zeuge schilderte unter Tränen, daß ihm der SS-Mann zunächst zwei kleine Kinder in den Arm gelegt habe. Dann habe er eines nach dem anderen wieder genommen, erschossen „und in die Grube geworfen". Scheftner – sein damaliger Nachbar – habe, als an der Grube die ersten Schüsse fielen, aufbegehrt: „Was machst Du Schwein da!", habe er gerufen.

Der Angeklagte selbst hatte bereits am ersten Prozeßtag die gegen ihn erhobenen Vorwürfe bestritten. Er habe von dem geplanten Mord nichts gewußt und selbst auch keine Befehle – etwa zur Verhaftung der Roma – gegeben. Daß „etwas Schlimmes passieren würde", sei ihm erst angesichts der Grube klar geworden.

Der gestrige Verhandlungstag gestaltete sich nicht nur schwierig, weil alle Fragen und Aussagen übersetzt werden mußten. Schon kurz nach der Eröffnung gab es eine Unterbrechung, weil der Anwalt Scheftners die Dolmetscherin für befangen erklärte. Unter anderem aufgrund ihrer Kontakte zu sowjetischen Behörden bestehe der Verdacht, so die Begründung, daß sie „Agentin des russischen Geheimdienstes" sei. Das Gericht sah dafür keine Anhaltspunkte und wies deshalb den Antrag zurück.

Der Prozeß wird heute mit der weiteren Befragung der sowjetischen Zeugen fortgesetzt.

(ari)

Ermittlungen in Argentinien 1992

Nachdem die argentinische Regierung Anfang 1992 die Akten über frühere NS-Angehörige zur Einsichtnahme freigegeben hatte, reisten zwei Mitarbeiter des Zentralrats Deutscher Sinti und Roma nach Buenos Aires, um in den dortigen Archiven nach Dokumenten über den Verbleib von SS-Leuten, die an den Völkermordmaßnahmen gegen die Sinti und Roma beteiligt waren, zu suchen.

In einer Pressemitteilung vom 7. April 1992 appellierte der Vorsitzende des Zentralrats Deutscher Sinti und Roma, Romani Rose, anschließend an den Argentinischen Staatspräsidenten, Carlos Menem, auch die entgegen seinem Dekret vom 3. Februar 1992 in Behörden noch zurückgehaltenen Akten dem Generalarchiv in Buenos Aires überstellen zu lassen. Es gehe um Unterlagen über Naziverbrecher, die nach 1945 nach Argentinien geflohen waren. Die Mitarbeiter des Zentralrats hatten während ihrer Recherchen vom 3. bis zum 6. April 1992 in Buenos Aires festgestellt, dass einschlägige Akten aus dem Außenministerium, dem Justizministerium, den regionalen Polizeibehörden und insbesondere den Justizarchiven in dem Generalarchiv fehlten. Informationen und Namen aus den bislang im Generalarchiv vorliegenden Akten der Argentinischen Bundespolizei und Gendarmeria Nacional über Josef Mengele, Martin Bormann und andere sollten anhand der in Deutschland vorhandenen Unterlagen ausgewertet werden.

Die beiden Mitarbeiter des Zentralrats suchten in Buenos Aires insbesondere nach Hinweisen auf flüchtige SS-Leute aus dem Vernichtungslager Auschwitz, vor allem auf Dr. Hans Wilhelm König, alias Edmund König. Dr. König wurde vorgeworfen, als KZ-Arzt und Assistent von Josef Mengele an der Ermordung von Sinti und Roma in den Jahren 1943 und 1944 im Konzentrationslager Auschwitz-Birkenau beteiligt gewesen zu sein. Dr. Königs Zulassung zum Beruf des Arztes, mit der er unter Aliasnamen nach 1945 in Spanien lebte, hatte auch in Argentinien Gültigkeit. Für die Suche nach ihm übergab der Zentralrat dem Generalarchiv in Argentinien weitere Angaben zur Person Dr. Königs und zu dem gegen ihn bestehenden Haftbefehl der Staatsanwaltschaft Frankfurt am Main. (siehe auch den anschließend dokumentierten Presse-Artikel der Zeitung „Pàgina/12", der am 7. April 1992 in Buenos Aires erschien)

Zentralratsvorsitzender Rose bedauerte in seinem Appell an Staatspräsident Menem außerdem, dass in den im Generalarchiv vorliegenden Akten über Josef Mengele ein ganzer Teil fehle. Mengele war von Mai 1943 bis August 1944 SS-Lagerarzt für den als „Zigeunerlager" bezeichneten Abschnitt B II e des KZ Auschwitz-Birkenau und tötete bei seinen Experimenten zahlreiche Kinder der Sinti und Roma. Auf Befehl des Reichsführers SS, Heinrich Himmler, wurden ab März 1943 über 20 000 Sinti und Roma aus elf Ländern Europas nach Auschwitz deportiert und die überwiegende Mehrheit dort ermordet.

Anfang 1994 wurde in Argentinien der frühere Kommandeur der Sicherheitspolizei und des SD in Rom, Erich Priebke, festgesetzt, der bis dahin unbehelligt in Bariloche/Süd-Argentinien gewohnt hatte. Dort lebte er unter seinem echten Namen, mit gültigen argentinischen Papieren und wurde u.a. dort Vorsitzender des Trägervereins der deutschen Schule und genoss hohes Ansehen, insbesondere in der deutschen Gemeinde.

Ihm wurde vorgeworfen, maßgeblich an dem „Massaker in den Ardeatinischen Höhlen" beteiligt gewesen zu sein. Nach einem Anschlag des italienischen Widerstands auf deutsche Soldaten überstellte am 24. März 1944 die italienische Kommandantur auf Anforderung der Deutschen 335 Zivilisten, die in den Ardeatinischen Höhlen (Fosse Ardeatine), einem unbenutzten Steinbruchgelände nahe Rom, erschossen wurden. Einer der Beteiligten war Erich Priebke. Die höheren Offiziere der SS, darunter auch Priebke, bildeten die Erschießungskommandos und erschossen die ersten zwölf Opfer eigenhändig.

Nach seiner Auslieferung nach Italien wurde Priebke zunächst von einem erstinstanzlichen Militärgerichtshof freigesprochen. Priebke hatte sich auf einen „Befehlsnotstand" berufen. Am 15. Oktober 1996 erklärte der Kassationsgerichtshof den Freispruch für nichtig. In einem neuen Verfahren wurde ein Strafmaß von 15 Jahren verhängt. Aufgrund von Amnestiegesetzen wurde die Strafe um zehn Jahre reduziert und zugleich die Untersuchungshaft angerechnet. Im Frühjahr 1998 wurde Erich Priebke schließlich von einem Militär-Berufungsgericht in Rom zu lebenslanger Haft verurteilt.

Im Juni 2010 war Erich Priebke als Kandidat der NPD für das Amt des Bundespräsidenten im Gespräch. Er starb im Jahre 2013.

(Text: Arnold Roßberg)

Página/12

Martes 7 de abril d
Buenos Aires

GITANOS TRAS LOS NAZIS EN LA ARGENTINA
"Aún se está ocultando documentación"

(Por Raúl Kollmann) Representantes de la comunidad gitana de Alemania reclamaron ayer al presidente Carlos Menem "la entrega de documentación, que evidentemente todavía se está reteniendo u ocultando, referida a los nazis que vivieron en la Argentina". Arnold Rossberg y Fritz Greussing revelaron que su misión en Buenos Aires fue estudiar los archivos recientemente abiertos por el Gobierno con el objetivo de encontrar datos sobre 160 integrantes de las SS nazis del campo de concentración de Auschwitz, y en especial sobre el Dr. Hans Wilhelm König, alias Edmund König, un médico que fuera colaborador de Joseph Mengele y responsable del asesinato masivo de gitanos entre 1943 y 1944. En diálogo exclusivo con *Página/12*, ambos dirigentes de los Sinti y Roma —nombre con el que se denomina a los gitanos— señalaron que König vivió en España a partir de 1945 y hay rastros de que en los años 70 ejerció la medicina en este país. Los investigadores se mostraron decepcionados por la escasa relevancia de la documentación de los archivos y como un aporte simbólico entregaron al Archivo General la copia de una orden firmada por Mengele en la que instruye a sus ayudantes para que realicen cortes histológicos en la cabeza de un niño gitano de 12 años.

La organización Zentralrat Deutsche Sinti und Roma, que es conducida por Romani Rose y representa a los gitanos de toda Alemania, envió a Buenos Aires a dos de sus investigadores más importantes para cruzar la información acumulada por ellos durante veinte años con la que surge de los archivos abiertos en la Argentina. De los 160 nombres que trataban de investigar ninguno aparece en la documentación recientemente dada a conocer y no hay dato alguno sobre König, el médico que recibía a los trenes que llegaban a Auschwitz cargados de gitanos y decidía quién iba directamente a las cámaras de gas y quién era utilizado para los experimentos pseudomédicos más siniestros. La fiscalía de Frankfurt emitió en su contra una orden de captura.

Arnold Rossberg señaló que "no están los registros de ninguna de las investigaciones realizadas en Argentina, no hay datos de las diligencias policiales, ni declaraciones de testigos, ni la versión de lo que dijeron los vecinos de los nazis prófugos. Por otra parte, no hay papel alguno sobre Mengele a partir de 1961. Esta todo absolutamente incompleto". La expectativa de los dirigentes Sinti y Roma estaba en que en las investigaciones sobre Mengele aparecieran datos vinculados con König y alguno de los 160 carceleros de Auschwitz que todavía estarían con vida. Rossberg aseguró que "se ha detectado que siempre hubo contacto entre ellos, aun en los pocos momentos en que fueron perseguidos. Nosotros participamos de la acusación contra Ernest August König, un administrador de Auschwitz que fue condenado por un tribunal de Essen, a principios de 1991, a tres cadenas perpetuas por sus crímenes. La relación que mantenía con los que hablan sido sus ayudantes en el campo de concentración era tan estrecha que uno de ellos, Heinz Kühneman, se presentó como testigo en su favor. De inmediato el juez ordenó su detención y ahora afronta un juicio porque cuando los prisioneros llegaban al campo de concentración él se apropiaba violentamente de todo objeto de valor que poseyeran. Tenemos datos que lo mismo ocurrió con Mengele y sus ex ayudantes, pero la documentación de los archivos no nos ha servido para avanzar en la investigación".

En su reclamo al presidente Menem, los delegados gitanos señalan que "falta la documentación de los ministerios de Justicia y de Relaciones Exteriores, de varias dependencias de la Policía Federal, las fiscalías y unidades policiales de numerosas regiones". Para ayudar en la búsqueda del médico Hans König, el Zentralrat Sinti y Roma hizo entrega a la embajada alemana y al Archivo General de la Nación un juego completo de datos de identificación del genocida y, en forma simbólica, se agregó al dossier de Josef Mengele la orden de realizar "cortes histológicos" en la cabeza del niño gitano. La declaración de los gitanos recuerda que 20.000 de ellos murieron en las cámaras de gas de Auschwitz y un total de 500.000 fueron asesinados en los años del terror nazi.

Página/9

Das Verfahren gegen Hans L. im Jahre 2013/2014:

Beihilfe zum Mord als Angehöriger der SS-Wachmannschaft in Auschwitz

1. Der Beschuldigte

Der in Litauen geborene, 94-jährige Hans L. wurde im Mai 2013 von der Staatsanwaltschaft Stuttgart verhaftet. Die Verhaftung war Teil einer großen Aktion verschiedener Staatsanwaltschaften und der Zentralen Stelle in Ludwigsburg, die sich gegen 30 noch lebende SS-Wachmänner von Auschwitz richtete. Die Initiative dazu war auch von dem Simon-Wiesenthal-Zentrum in Israel öffentlich unterstützt worden. L. lebte nach dem Krieg zunächst in den U.S.A., seit 1983 hält er sich in Deutschland auf. Er gehörte zu den Personen, die auf Betreiben des US-Justizministeriums aus den U.S.A. ausgewiesen worden war. Nachdem in den U.S.A. entgegen seinen Angaben im Einbürgerungsverfahren seine Angehörigkeit zu der Lagermannschaft von Auschwitz als SS-Mitglied bekanntgeworden war, führte das „Office of Special Investigations (OSI)" des US-Justizministeriums ein Verfahren zur Aberkennung der amerikanischen Staatsbürgerschaft durch. Das Verfahren endete mit der Ausweisung des Beschuldigten im Dezember 1982 und mit seiner anschließenden Übersiedlung aus den U.S.A. nach Deutschland. Hans L. hatte im Jahre 1941 bei der deutschen Einwanderungszentrale die Einbürgerung und „Aufnahme in den deutschen Staatsverband" beantragt, wobei er angab zwar als litauischer Staatsbürger geboren, aber deutscher Abstammung zu sein. Der Antrag führte zur Verleihung der deutschen Staatsbürgerschaft im Jahre 1943. Über die Person von Hans L. wurde nach dessen Festnahme im Jahre 2013 ausführlich in den Medien berichtet.

2. Initiative für eine Zulassung der Nebenklage

Im Mai 2013 zeigte der Zentralrat Deutscher Sinti und Roma bei der Staatsanwaltschaft Stuttgart zu dem dortigen Ermittlungsverfahren an, dass er die Beteiligung als Nebenkläger in dem Prozess für Überlebende von Auschwitz und

Nachkommen dort ermordeter Sinti und Roma (Zoni Weiss, Rudolf Steinbach, und Romani Rose) prüfen wolle und beantragte die Einsichtnahme in die Ermittlungsakten.

Zoni Weiss ist Angehöriger der Sinti-Minderheit in den Niederlanden. Seine Eltern Johannes Weiss und Jacoba Gerada Weiss wurden im Mai 1944 in das NS-Konzentrations- und Vernichtungslager Auschwitz deportiert. Die Mutter wurde dort ermordet. Sein Vater wurde 1944 in das KZ Mittelbau-Dora verlegt und dort ermordet. Zoni Weiss, der in Deutschland nach seiner Gedenkansprache im Deutschen Bundestag am 27. Januar 2011 bekannt wurde, musste als Kind die Deportation seiner Eltern miterleben. Er selbst konnte mit Hilfe eines holländischen Polizisten fliehen und sich verstecken. Er überlebte die NS-Verfolgung. Rudolf Steinbach war selbst Häftling in Auschwitz und war im Jahre 1943 zusammen mit seiner Familie als Angehörige der deutschen Sinti dorthin verschleppt worden. Seine Mutter Lydia Blida Steinbach, seine Schwestern Ursula und Katarina Steinbach, sowie seine Brüder Eduard Steinbach und Georg Steinbach wurden in Auschwitz von der SS ermordet. Die Namen sind im Auschwitz-Gedenkbuch untereinander mit den weiteren Daten aufgeführt. Romani Rose ist der Vorsitzende des Zentralrats Deutscher Sinti und Roma. Er verlor 13 Personen seiner Verwandtschaft in den verschiedenen NS-Konzentrationslagern. Sein Großvater Anton Rose wurde ebenfalls in Auschwitz ermordet.

3. Die Tatvorwürfe der Anklage[72]

Die Staatsanwaltschaft Stuttgart erhob im September 2013 Anklage (111 Seiten) gegen Hans L., der sich zu diesem Zeitpunkt noch in Untersuchungshaft befand. Hans L. wurde beschuldigt, er habe in 12 Handlungen, und zwar bei den Taten jeweils in 190 bis 1761 tateinheitlichen Einzelfällen, „anderen zu deren vorsätzlich begangenem Mord durch heimtückische und grausame Tötung rechtswidrig Hilfe geleistet."

---

[72] Die folgende Textzusammenstellung von Arnold Roßberg zitiert Auszüge der Anklageschrift der Staatsanwaltschaft Stuttgart in dem Verfahren 9 Js 94162/12 gegen Hans L. sowie Auszüge des Beschlusses des Landgerichts Ellwangen vom 27. Februar 2014, Az.: 1 Ks 9 Js 94162.

Hans L. sei im Konzentrationslagerkomplex Auschwitz vom 23. 10. 1941 bis zu seiner Versetzung in die Marschkompanie am 17. Februar 1945 im Rahmen der Räumung des Lagers als Angehöriger des SS-Totenkopf-Sturmbannes Auschwitz eingesetzt worden. Er habe dort unter anderem Wachdienst verrichtet und durch seine Tätigkeit im Wachdienst den Lagerbetrieb und damit das Tötungsgeschehen unterstützt. Die Anklage bezog sich auf die Bewachung in Auschwitz ankommender Transporte mit deportierten Häftlingen. Noch auf der sog. „Rampe" selektierten SS-Ärzte und andere SS-Angehörigen einen geringen Teil von ihnen aus, die man in das Lager aufnahm, während alle anderen sofort ermordet wurden. Die Tötungen erfolgten in aller Regel durch Vergasungen in eigens dafür geschaffenen Anlagen , sog. Gaskammern, durch Zyklon B. Die regelmäßig mit der Eisenbahn angekommenen Häftlinge wurden bei Bedarf nach ihrer „Arbeitsfähigkeit" selektiert und die als nicht arbeitsfähig eingestuften oder nicht für Arbeiten benötigten Menschen sofort unter der Vorspiegelung, es gehe zum Duschen, wurden zu den Gaskammern geleitet.

Die Anklage der Staatsanwaltschaft beschreibt die Vorgänge:

„Die übrigen als arbeitsfähig eingestuften Häftlinge kamen später durch unmenschliche Sklavenarbeit oder auf andere erbarmungslose Weise ums Leben, etwa infolge medizinischer Experimente, durch Erschießen und Misshandlungen. Die Lagerbedingungen waren darauf ausgerichtet, letztlich den Tod der Häftlinge herbeizuführen. In engsten Baracken, völlig unzureichend vor Witterungseinflüssen geschützt, mussten die Opfer leben und härteste Arbeiten bei Mangel- und Unterernährung durchführen. Damit wurde die Absicht verfolgt, die Häftlinge zugrunde zu richten, was im Begriff der NS-Führung „Vernichtung durch Arbeit" zum Ausdruck kam. Letztlich wurde das Ziel verfolgt, sämtliche Häftlinge zu töten. Häftlinge, die nicht in andere Konzentrationslager überstellt wurden, überlebten das Lager Auschwitz nur wegen ihrer Befreiung oder vereinzelt durch Flucht.

Nach der Ankunft wurde allen Ankommenden vorgespiegelt, es handele sich um ein Arbeitslager und Tötungen seien nicht beabsichtigt; allenfalls Flucht oder ähnliche Zuwiderhandlungen würden mit dem Tode bestraft. Diese Täuschung wurde durch verschiedene aktive Maßnahmen hervorgerufen und aufrechterhalten, etwa mittels Hinweisen, es gehe nur zu Duschen und mit entsprechender Weg- und Gebäudebeschilderung, weshalb die ankommenden Häftlinge arg- und wehrlos waren und die Vorgehensweise der SS als „heimtückisch" im Sinne der gesetzlichen Mordmerkmale anzusehen war.

Das gilt auch für das Mordmerkmal der „grausamen" Begehungsweise: Das verwendete Giftgas Zyklon B war ein Schädlingsbekämpfungsmittel. Sein chemischer Wirkstoff Cyan-Wasserstoff ist im Volksmund als Blausäure bekannt. Zyklon B führt zu innerer Erstickung, bei der es gleichzeitig zu einer Lähmung des Atemzentrums, auftretenden Angstsymptomen, Schwindelgefühl und Erbrechen kommt. Bei einer entsprechenden Konzentration tritt der Tod rasch ein. In den Gaskammern wurde das Zyklon B meist in körniger Form durch verschiedene Einwurf-Einrichtungen in die dicht gedrängte Menge der ahnungslosen Opfer eingebracht. Es fiel zu Boden und breitete sich über Minuten hinweg aus. Die Opfer starben daher nicht unverzüglich, sondern erkannten vielmehr spätestens jetzt die Tötungsabsicht. Schrecken und Panik breiteten sich aus. Die Opfer versuchten, in dem Raum möglichst nach oben zu gelangen, um das Gift nicht einzuatmen. Der Todeskampf dauerte etliche Minuten. Die Schreie der Opfer waren weithin hörbar. Teilweise mussten nach Öffnen der Gaskammern die Opfer mit Axtschlägen getrennt werden, so waren sie durch die Todeskämpfe ineinander verhakt."[73]

Die Häftlinge waren - für alle SS-Angehörigen im Lager erkennbar - nicht nach formalen Rechtsverfahren oder gerichtlich verurteilt worden, sondern befanden sich aus rassistischen Gründen („aus Gründen der ‚Rasse'") im NS-Jargon, bzw. wegen ihrer ethnischen oder religiösen Zugehörigkeit, wegen ihrer sexuellen Orientierung oder wegen ihrer Parteinahme im Krieg in dem KZ-Lager. Die Täter handelten „aus gefühlloser und unbarmherziger Gesinnung". Dem Angeschuldigten warf die Anklage vor, durch jede seiner Tätigkeiten im Lager das arbeitsteilige Lagergeschehen als Ganzes unterstützt zu haben. Ihm seien - wie allen SS-Angehörigen in dem Lager - die die generellen Abläufe, die Hintergründe und die Zielrichtung sowie der Ablauf des Tötungsgeschehens jedenfalls nach kurzer Lagerzugehörigkeit bekannt gewesen, und er habe sie letztlich billigend in Kauf genommen.

---

[73] Anklageschrift der Staatsanwaltschaft Stuttgart in dem Verfahren 9 Js 94162/12 gegen Hans L. vom September 2013, S. 4.

Die Anklageschrift führt für die Zeit von 6.12.1942 bis zum 24.01.1943 zehn ankommende Transporte mit Menschen aus verschiedenen Orten und Ländern (Deutschland, Holland, Belgien, KZ Theresienstadt) auf. Zum Zeitpunkt von deren Eintreffen und der anschließenden Tötung der Mehrzahl dieser Personen in den Gaskammern habe der Angeschuldigte Bereitschaftsdienst als Wachmannschaft gehabt. Außerdem habe der Angeschuldigte bei zwei ankommenden Transporten mit anschließenden Tötungsaktionen in der Zeit vom 16.05.1943 bis 27.06.1943 Wachbereitschaft gehabt. Er habe dadurch Mithilfe zum Mord an mindestens 10 510 Menschen geleistet und sich damit der Beihilfe zu Mord strafbar gemacht.

4. Zum persönlichen Hintergrund des Beschuldigten

Laut Anklageschrift der Staatsanwaltschaft[74] geriet Hans L. nach Kriegsende in britische Gefangenschaft, aus der er aber alsbald entlassen wurde. In der Nachkriegszeit lebte er bis zu seiner Auswanderung nach Chicago/USA im Jahre 1956 in Geesthacht in Schleswig-Holstein. Das Land Schleswig-Holstein legte im Rahmen eines Namensfeststellungsverfahrens den Namen des Beschuldigten im Jahre 1954 auf eine andere Schreibweise als ursprünglich fest. Sein polizeiliches Führungszeugnis wies bei Einwanderung in die U.S.A. keine Eintragungen auf.

Aus den Antragsunterlagen aus dem Einwanderungs- und Einbürgerungsverfahren des Beschuldigten in die U.S.A. aus den Jahre 1956 und folgende ergibt sich außerdem, dass er unmittelbar nach der Einreise in Chicago eine Stelle als Hilfsarbeiter im Holzzuschnitt für die Gitarrenfabrik „Harmony" bekam.

Seit seiner Übersiedlung im Jahre 1983 nach Deutschland lebte Hans L. in einer mittelgroßen Stadt in Süddeutschland mit Ehefrau und zwei Kindern. Seine Ehefrau und der 1954 geborene Sohn sind zwischenzeitlich verstorben. Die Tochter lebt noch in den U.S.A.

Die Anklage stellte ferner fest, der Gesundheitszustand des Angeschuldigten sei "altersgemäß gut" und habe es ihm erlaubt, sich bis zur Inhaftnahme trotz

---

[74] Anklageschrift der Staatsanwaltschaft Stuttgart in dem Verfahren 9 Js 94162/12 gegen Hans L. vom September 2013, S. 21 ff.

zweier Bypässe am Herzen in jeder Hinsicht selbst zu versorgen. Er habe insbesondere seinen Haushalt, seine Einkäufe und seine Bank- und sonstigen Geschäfte vollständig ohne Hilfe erledigt. Der vorsorglich bei der Durchsuchung und Haftvorführung im Mai 2013 hinzugezogene Notarzt habe den Angeschuldigten untersucht und mündlich volle Transport- und Haftfähigkeit und einen in Relation zum fortgeschrittenen Alter sehr guten Gesundheitszustand erklärt.

Hans L. war vom 06.05.2013 bis zum 06.12.2013 in Untersuchungshaft im Justizvollzugskrankenhaus.

5. Über die zugrunde gelegte Zahl der Mordopfer

Die Anklage gegen Hans L. fußt bezüglich der zugrunde gelegten Opferzahlen des Anklagevorwurfs gegen Hans L. vor allem auf Deportationslisten der SS und Gestapo. Sie enthalten die am Ort des Abtransportes erstellten Listen von Personen, die mit dem jeweiligen Transport nach Auschwitz gebracht wurden. Teils wurden die Opfer direkt vom Ort des Aufgreifens, anderenfalls über Zwischenlager nach Auschwitz verbracht. In den allermeisten Fällen wurden sie bei Mangelversorgung mit Wasser und Nahrung unter unmenschlichen hygienischen Bedingungen und vor Witterungseinflüssen ungeschützt nach Auschwitz transportiert. Nicht alle Menschen erreichten deshalb Auschwitz. Auf diesen Umstand im Hinblick auf die tatsächlich in den Gaskammern von Auschwitz ermordeten Menschen (wofür der Beschuldigte der Beihilfe angeklagt wurde) geht die Anklage ausführlich ein:

Wenngleich die Kenntnis über die Anzahl der Menschen, die das Ziel Auschwitz nicht erreichten, rudimentär sei, gäbe es Hinweise, dass einzelnen Menschen die Flucht gelang und andere einzelne Opfer bereits während des Transports starben. Fluchten seien ohnehin nur sehr vereinzelt vorgekommen. Die Fluchtmöglichkeiten seien von der SS bestmöglich durch Bewachung und technische Maßnahmen begrenzt worden. Auch habe die SS regelmäßig die Insassen des gesamten Transportes daraufhin gewiesen, im Falle von Fluchten einzelner Menschen hätten die anderen Transportinsassen dies zu büßen. Darauf hätten auch Opfer sich gegenseitig von der Flucht abgehalten.

Soweit die Ermittlungen Material zu Fluchten und Todesfällen während des Transportes ergaben, könne dies allein noch nicht als Grundlage einer verallgemeinernd gültigen quantifizierten Schätzung dienen, so die Anklage. Grundsätzlich gäbe es keine erhaltenen Dokumente, die einen direkten Vergleich der Anzahl mit einem Transport deportierter Menschen mit der Anzahl der in Auschwitz angekommenen Menschen dieses Transports zuließen. Erhoben werden konnten, laut Staatsanwaltschaft, nur vier Hinweise problematischer Aussagekraft, von denen nur die letztgenannten zwei Fälle beispielhaft für Tode auf den Transporten stehen würden: So sei erstens der Überfall auf einen belgischen Transport vom 19. April 1943 zur Fluchtermöglichung ein absoluter Ausnahmefall. Dies zeige die diesbezüglich von der SS gesondert gefertigte Liste. Eine solche Liste konnte in keinem anderen Fall erhoben werden. Zweitens lägen Funksprüche vor, die ausnahmsweise eine Gesamtankunftszahl konkreter Transporte nennen, deren Abfahrtszahl zugleich zugänglich sei. Aus der Gegenüberstellung der Daten von vier diesbezüglichen Transporten ergäbe sich, dass bei zweien sämtliche Deportierten Auschwitz erreichten, bei einem 29 Personen nicht mehr ankamen und bei einem sieben weniger. Bezüglich der exakten Übereinstimmung sei - jedenfalls zu Gunsten des Angeschuldigten - davon auszugehen, dass die Zahl der Toten nicht genau erfasst wurde. Denn auf letzteres gäbe es in Vernehmungen und historischer Literatur Hinweise.

Drittens sei eine KZ-interne Korrespondenz des Lagerarztes vom 08.07.1943 ermittelt worden, nach der von 1500 Insassen (je hälftig Frauen und Männer) eines Transportes aus Lublin fünf Frauen den Transport nicht überlebten. Dieser Transport finde seinen Niederschlag unter dem 08.07.1943 im Nummernbuch der Männer unter dem Absende-Stichwort „KL Majdanek". Majdanek als Vorort von Lublin sei seinerzeit synonymartig für „Lublin" verwandt worden. Im Nummernbuch der Frauen korrespondiere damit der Eintrag „KL Lublin Majdanek" vom 08.07.1943. Die aus den jeweils vergebenen Häftlingsnummern ermittelten Arbeitshäftlingszahlen entsprächen den in der Korrespondenz genannten.

Und viertens erwähne ein KZ-interner Schriftwechsel um den 11.07.1943, dass von einem Transport von 568 weiblichen und 763 männlichen Häftlingen ein männlicher Häftling tot sei. Der unter dem Stichwort „Kommandantur-Arbeitseinsatz KL Lublin" geführte Schriftwechsel kann sowohl im Nummernbuch der Männer als auch dem der Frauen unter dem jeweiligen Eintrag vom 11.07.1943 „KL Lublin Majdanek" in Einklang gebracht werden. Dabei stimmen sowohl der Ort des Abtransportes als auch die aus den vergebenen Häftlingsnummern ermittelte Zahl der Arbeitshäftlinge überein.

Die Berechnung der Opferzahlen ginge deshalb - laut Anklage - in der Gesamtbetrachtung davon aus, dass von etwa 500 deportierten Menschen jeweils 490 lebend Auschwitz erreicht hätten.[75]

6. Aufgabe der SS-Wachmannschaften in Auschwitz

Dazu führt die Anklage aus:

„Die SS-Wachtruppen in Auschwitz wurden im Jahre 1940 formiert und nach und nach unter Heranziehung von SS-Angehörigen aus anderen Konzentrationslagern, SS-Ergänzungskommandos und Einheiten der Waffen-SS ausgebaut. Die Wachtruppen bildeten den Ausgangspunkt des SS-Totenkopf-Sturmbanns KL Auschwitz.

Aufgabe der SS-Wachmannschaften war die Förderung und Aufrechterhaltung des zentralen Lagerzwecks mit dem Ziel der Vernichtung der dorthin deportierten Häftlinge. Dieser Aufgabe kam die SS-Mannschaft auch in Form des Wachbereitschaftsdienstes nach, der täglich Wachmänner zu stellen hatte. Diese besetzten die sog. Kleine und Große Postenkette, versahen Rampendienst, bewachten die Arbeitseinsätze der Häftlinge und bildeten dafür eine ständig verfügbare Bereitschaft. Die SS-Mannschaft war auch für den Betrieb der Gaskammern und Krematorien zuständig und hatte die in Form sogenannter Sonderkommandos eingesetzten Häftlinge anzuweisen und zu bewachen. Da das Lager rund um die Uhr bewacht wurde, stellten die Kompanien eine ständige Wachbereitschaft und gegebenenfalls weitere Bereitschaften.

Die Aufgabe der personellen Lagerbewachung wurde hauptsächlich mittels der zwei Postenketten sichergestellt. Durch diese wurde das Gebiet anhand fest-

---

[75] Anklageschrift der Staatsanwaltschaft Stuttgart in dem Verfahren 9 Js 94162/12 gegen Hans L. vom September 2013, S. 31 ff.

gelegter Linien abgesperrt. Die kleine Postenkette umfasste jeweils das umzäunte Gebiet des Stammlagers und des Lagers Birkenau und war durch Wachtürme gestützt. Tagsüber, wenn viele Häftlinge außerhalb des Lagers zur Zwangsarbeit eingesetzt waren, wurde die sog. Große Postenkette aufgestellt, die in einigem Abstand um beide Lager verlief. Sie wurde mit Wachtürmen, die etwa je 200 Meter Abstand zueinander hatten, verstärkt. Im Falle von Fluchten blieb die Große Postenkette bis zum Ergreifen der Häftlinge stehen, jedoch regelmäßig längstens 3 Tage.

Die Bereitschaften wurden auch zur Verfolgung entflohener Häftlinge eingesetzt. Das Innere des selbstverwalteten sogenannten „Schutzhaftlagers" durften die SS-Wachmannschaften zwar grundsätzlich nicht betreten, aber sie waren für die spezielle Sicherung gesonderter Bereiche und dortiger Arbeit innerhalb des Lagers zuständig wie des Geländes um die neue Rampe (im Lager) und um die Gaskammern und Krematorien.

Die einzelnen Tätigkeiten wurden auf Basis rotierender, ganzwöchiger, ununterbrochener Bereitschaftsdienste, aufgrund der Einteilung einer Kompanie als sogenannte Einsatzkompanie angeordnet. Die Kompanien, die Bereitschaftsdienst hatten, standen insbesondere für die o.g. Einsätze, geplante wie Posten- und Rampendienst, und ungeplante, wie Verfolgung im Fluchtfall zur Verfügung.

Das Bereithalten in Form des Bereitschaftsdienstes, also des Dienstes auf Abruf, leistete dem Tatgeschehen Vorschub. Es erleichterte, unterstützte und sicherte die Mordaktionen in den Gaskammern erheblich in Form der Arbeitsteilung."[76]

7. Die Aussagen des Angeschuldigten

Zur Tätigkeit von Hans L. in Auschwitz gibt es verschiedene Quellen. Die Anklage stützt sich im Wesentlichen auf die SS-Unterlagen, die dem Archiv des Museums Auschwitz entnommen werden konnten. Der Angeschuldigte selbst hat bei mehreren Vernehmungen und Erklärungen gegenüber Behörden unterschiedliche Angaben gemacht, zumeist gab er an, in Auschwitz nur Koch gewesen

---

[76] Zitiert aus Anklageschrift der Staatsanwaltschaft Stuttgart in dem Verfahren 9 Js 94162/12 gegen Hans L. vom September 2013, S. 45 ff.

zu sein. In diesem Verfahren machte er bei formellen Vernehmungen keine Aussage. Er äußerte jedoch auf der Fahrt zur Vorführung bei der Haftrichterin gegenüber begleitenden Beamten auf Nachfrage: Er sei in Auschwitz nicht nur Koch, sondern auch Wärter gewesen. Dabei sei er im Rahmen der Postenkette bzw. auf dem Wachturm eingesetzt worden. Er habe Häftlinge teils von der Rampe selbst abgeholt. Er habe keine Kinder wahrgenommen. Frauen und Männer seien getrennt voneinander im Lager untergebracht worden. Von den Vernichtungen habe er gehört, diese aber nicht selbst wahrgenommen. Er sei alt und erinnere sich schlecht. Er habe das Lager für ein Arbeitslager gehalten. Urlaub habe er in der gesamten Zeit nur einmal gehabt.

Bei seinem Ausweisungsverfahren vor dem Office of Special Investigations (OSI) des Justizministeriums in den U.S.A. sagte Hans L. mit anwaltlichem Beistand 1981/82 aus. Seine Aussage war von erheblichen Erinnerungslücken geprägt und teilweise nachweislich falsch.

Beispielsweise erklärte er 1981, er habe niemals die deutsche Staatsbürgerschaft beantragt, obwohl er diesen Antrag 1941 mit dem ausdrücklichen Begehren stellte, „in den deutschen Staatsverbund aufgenommen zu werden".

Bezüglich seiner Rolle in Auschwitz erklärte er, nach drei Monaten sei er zum Dienst in der Küche berufen worden und habe dort Dienst geleistet, „bis die Russen kamen".

8. Zeugenaussagen und Archivdokumente

Aussagen von Zeugen, die in diesem und anderen Verfahren vernommen wurden, ergaben nach der Anklage keine Erkenntnisse, die mit hinreichender Sicherheit einen konkreten Tatvorwurf zu stützen vermögen. Im Rahmen des genannten Ausweisungsverfahrens in den U.S.A. wurden ehemalige Häftlinge des KZ Auschwitz befragt. Die Aussagen hätten regelmäßig keine Auskünfte bezüglich des Beschuldigten enthalten. Lediglich zwei Zeugen identifizierten den Angeschuldigten bei einer Wahllichtbildvorlage als Wächter in Auschwitz, ohne dass sie ihm konkrete Taten zuordneten. Ein Zeuge gab nur an, er komme ihm als SS-Mann bekannt vor.

Aus den erhalten gebliebenen Personalakten des Hans L. ergibt sich, dass er am 23.10.1941 im Alter von 21 Jahren als SS-Schütze zur Waffen-SS eingezogen und unmittelbar in die Konzentrationslagerverstärkung zur 6. Kompanie des SS-Totenkopf-Sturmbanns des Konzentrationslagers Auschwitz übernommen wurde. Ob er sich freiwillig gemeldet hatte, lässt sich nicht mehr feststellen. Am 1.02.1943 wurde er zum SS-Sturmmann ernannt und von der 6. zur 4. Kompanie und am 01.04.1943 zur 1. Stabskompanie des SS-Totenkopf-Sturmbanns in Auschwitz versetzt. Am 27.02.1943 wurde ihm die deutsche Staatsangehörigkeit verliehen. Erst im 8. September 1943 sei er als Koch zur SS-Standortverwaltung/ Abteilung IV a 1 Verpflegung kommandiert worden.

Archivunterlagen weisen aus, dass der Angeschuldigte in der Zeit vom 23.10.1941 bis 31.01.1943, während seiner Zugehörigkeit zur 6. Kompanie des SS-Totenkopf-Sturmbanns zumindest in den Zeiträumen vom 06. - 13.12.1942, vom 13.12.1942 - 20.12.1942, sowie vom 17.01.1943 - 24.01. 1943 Dienst in Form des Wachbereitschaftsdienstes gehabt hätte. Während der Zeit vom 01.04.1943 bis 08.09.1943 bei der 1. Stabskompanie hätte er zumindest vom 16. 05. 1943 bis zum 23. 05. 1943 und vom 20.06.1943 bis zum 27.06.1943 Wachbereitschaftsdienst gehabt. Während dieser Zeiten fanden die in der Anklage bezeichneten Tötungen der Häftlinge aus den angekommenen Transporten statt.[77]

9. Befehlsnotstand / rechtliche Wertung

Die Anklage hebt bei der rechtlichen Würdigung nochmals ausdrücklich hervor, dass ein Fall des Befehlsnotstandes nicht gegeben war. Die Lagerbediensteten der SS konnten - wie einige Beispiele auch zeigten - konkrete Befehle verweigern, was ihnen auch bekannt war. Eine Verweigerung war jedenfalls nicht mit Gefahr für Leib oder Leben bedroht. Sie konnten sich auch dem Gesamtgeschehen durch Versetzungsgesuch zu entziehen suchen, denn es bestand die realistische Möglichkeit, sich aus den SS-Truppen Auschwitz versetzen zu lassen.

Das Ableisten von Bereitschaftsdienst war nach der Anklage vorsätzliches und schuldhaftes Hilfeleisten zu den Vernichtungsaktionen, insbesondere auch in der

---

[77] Anklageschrift a.a.O. S. 56 ff.

grausamen und heimtückischen Begehungsweise im Sinne von § 27 StGB. Insbesondere läge kein Fall des § 47 MiStGB (Militär-Strafgesetzbuch) vor. Denn ungeachtet der Frage von dessen Anwendbarkeit auf die paramilitärische Lager-SS erfasste dieser nach § 47 Abs. 2 MiStGB keine Befehle, die auf die Begehung von Verbrechen zielen. Wie der Haupttäter könne sich der Angeschuldigte insbesondere nicht auf Befehlsnotstand oder Irrtum über die Rechtswidrigkeit der Haupttaten oder Beihilfeleistungen berufen.

10. Der Einstellungsbeschluss des Gerichts

Das zuständige Landgericht in Ellwangen, bei dem die Anklage gegen Hans L. erhoben worden war, fasste am 27. Februar 2014 einen insgesamt 67-seitigen Beschluss, in dem es mit sehr weit ausholenden juristischen Argumentationen eine endgültige Einstellung des Verfahrens verfügte.

In dem folgenden Teil soll dieser Beschluss[78] mit den wesentlichen Begründungen des Gerichts wiedergegeben werden. Damit ist nicht die Bewertung verbunden, dass diese Argumentationen als akzeptabel angesehen werden. Es entsteht vielmehr der Eindruck, das Gericht habe - über den eigentlichen juristischen Entscheidungsgegenstand hinaus - ein Zeichen gegen die Durchführbarkeit derartiger Verfahren 70 Jahre nach dem Holocaust setzen wollen. Das gilt insbesondere für die Ausführungen über die „Rechtsstaatlichkeit" und die Ablehnung von rechtsstaatswidrigen „Schauprozessen", bei denen der Angeklagte „zum bloßen Objekt" reduziert werde[79].

Anzunehmen, dass die Gefahr eines solchen Schauprozesses bestand, ist schlicht absurd.

In dem Tenor des Beschlusses lehnte das Gericht nicht nur die Eröffnung eines Hauptverfahrens ab, sondern ordnete dazu an, dass der Angeschuldigte Hans L. „für den Vollzug der Untersuchungshaft vom 6. Mai 2014 bis 6. Dezember 2014 dem Grunde nach zu entschädigen" sei.

---

[78] Az.: LG Ellwangen Az.: 1 Ks 9 Js 94162.
[79] unten Ziffer 21. Fazit des Gerichts: „Gefahr der Rechtsstaatswidrigkeit".

In der Zusammenfassung seiner ausführlichen Gründe führte das Gericht mehrere Punkte für seine Entscheidung an[80]:

a.) Verhandlungsunfähigkeit

Der heute 94 Jahre alte Angeschuldigte könne sich - nach Auffassung des Gerichts - „wegen seiner vor allem altersbedingten kognitiven Schwächen" und „unzureichenden psychomentalen Leistungsfähigkeit" nicht ausreichend mit den gegen ihn erhoben Tatvorwürfen der zwölffachen Beihilfe zum Mord auseinandersetzen und sei deshalb verhandlungsunfähig. Dies ergebe sich aus sachverständiger Beratung und eigenen Feststellungen der Schwurgerichtskammer.

b.) Rechtliche Problematik

Das Gericht sieht eine „besondere Problematik" darin, dass sich Hans L. gegen Vorwürfe zur Wehr setzen müsse, die nunmehr 70 Jahre zurückliegen und die wegen der Verjährung aller anderen in Betracht kommenden Straftatbestände nur dann zu einer Strafbarkeit führen könnten, wenn ihm konkret nachgewiesen werden könne, dass er nicht nur Kenntnis von den Vernichtungsvorgängen im Konzentrationslager hatte und diese unterstützte, sondern dass ihm auch die - so das Gericht - angenommene heimtückische und grausame Tötung der Opfer durch die Haupttäter bekannt war. Dazu reiche es nicht aus, die objektive Förderung der Haupttaten und die „subjektive Kenntnis des Gewichts des eigenen Tatbeitrags hierzu festzustellen. Vielmehr müsse dem Angeschuldigten die Kenntnis der Umstände, die die Mordmerkmale der Heimtücke und Grausamkeit begründen, nachgewiesen werden.

c.) Tatbegriff

Das Gericht betont, dass es „trotz der unverrückbaren Überzeugung, dass in Auschwitz (und während der Zeit des Nationalsozialismus im Rahmen des Holocaust und anderswo) unfassbare Gräueltaten geschehen" seien, an dem „Erfordernis des Nachweises der individuellen Tatschuld jedes Einzelnen an konkretisierten Taten" festhalten will. Dies ergebe sich aus der ständigen Rechtsprechung des Bundesgerichtshofs und „ein ‚Sonderweg' bei NS-Verbrechen" werde damit nicht beschritten, so das Gericht. Bei „verständiger

---

[80] Beschluss des Landgerichts Ellwangen vom 27. Februar 2014, Az.: 1 Ks 9 Js 94162, S. 4 ff.

Würdigung des Urteils" habe auch das Landgericht München II in der Sache „Demjanjuk" diesen Grundsatz nicht verlassen.

d.) Beweismittel

Das Landgericht bemängelt, dass zum Nachweis der individuellen Tatschuld nicht auf unmittelbare Beweismittel zurückgegriffen werden könne. Vielmehr stünden nur indirekte Beweismittel in Form von Urkunden und Protokollen früherer Zeugenaussagen sowie „allgemeine historische Erkenntnisse" zur Verfügung. Auf Erkenntnisse, die in früheren Urteilen zu den Taten in Auschwitz zugrunde gelegt wurden, könne nicht ohne „eigene Sachprüfung" zurückgegriffen werden. Vor allem die Beweise zur subjektiven Tatseite, also der Kenntnis des Angeschuldigten von den genauen Umständen der Vernichtungsvorgänge, müssten neu erhoben werden.

e.) Verstoß gegen rechtsstaatliches Verfahren

Das Gericht sieht schließlich bei Durchführung des Prozesses die Gefahr eines Verstoßes gegen verfassungsrechtliche Anforderungen für ein „faires, rechtsstaatliches Verfahren", insbesondere wegen der „eingeschränkten Leistungsfähigkeit des Angeschuldigten". Die Verfassung verlange die Berücksichtigung der persönlichen Situation, „wenn der der Angeschuldigte nicht zum bloßen Objekt eines staatlichen Verfahrens herabgewürdigt werden" solle. Bereits angesichts des bloßen Alters des Angeschuldigten von jetzt 94 Jahren sei in absehbarer Zeit eine weitere beträchtliche Minderung der Leistungsfähigkeit zu erwarten. Dies mache, so das Schwurgericht - eine Aufklärung des Tatgeschehens mit Beteiligung des Angeschuldigten als „Subjekt des Strafverfahrens" schon für sich hochgradig unwahrscheinlich. Auch bei der Aufdeckung und Ahndung von NS-Verbrechen und der damit einhergehenden Verpflichtung des Staates, diesen Anspruch wirksam durchzusetzen, müssten „die Individualrechtsgüter eines Angeschuldigten geachtet werden". Es wäre, führt das Gericht aus, „rechtsstaatlich nicht zu verantworten", sich darüber hinwegzusetzen, nur „um die Strafverfolgung um ihrer selbst willen durchzuführen". Das Wertesystem des Grundgesetzes erlaube dies nicht.

f.) Endgültige Einstellung

Weil angesichts des Alters von Hans L. von einem nicht nur vorübergehenden Verfahrenshindernis auszugehen sei, erfolge nicht nur eine vorläufige Einstellung des Verfahrens gemäß § 205 StPO. Vielmehr habe eine Prozessentscheidung in Form des Nichteröffnungsbeschlusses gemäß § 204 StPO zu ergehen.[81]

11. Die Einstellungsbegründung des Landgerichts im Einzelnen:

a.) Bewertungsgrundlage: Aussagen von Hans L.

Das Gericht verweist in seinem Einstellungsbeschluss nicht ausschließlich auf die Vorvernehmungen des Beschuldigten (vor allem durch das O.S.I. in USA), sondern zieht auch seine Angaben in zwei Explorationsterminen mit medizinischen Sachverständigen heran.

Der Angeschuldigte hatte sich im Verfahren nicht förmlich eingelassen, sondern über seine Verteidiger im Wesentlichen geltend gemacht, er könne sich unter den gegebenen Umständen nicht wirksam verteidigen. Zusätzlich hatte er - wie oben beschrieben - insbesondere die Problematik eines Befehlsnotstandes und insgesamt die Frage der subjektiven Tatseite herausgestellt.

Das Landgericht Ellwangen vermerkt außerdem, dass der Angeschuldigte während seiner Haftzeit im Justizvollzugskrankenhaus Hohenasperg einem anderen Häftling gegenüber geäußert haben soll: „Hätten wir die nicht getötet, wären wir getötet worden, wegen Befehlsverweigerung".

Bei den Explorationsterminen vom November und Dezember 2013 durch die psychiatrischen Sachverständigen habe Hans L. erklärt, dass er - wie auch andere Familienangehörige - 1941 vor den anrückenden Russen aus Litauen nach Deutschland emigriert sei. Hier habe er bald einen Einberufungsbescheid zur SS bekommen, ohne recht zu wissen, was dies bedeutet habe; man habe ihn gleich nach Auschwitz gebracht. Er habe sich nicht dagegen wehren können, weil es „Hitler-Zeit" gewesen sei. Er selbst habe nur litauisch gesprochen. Später habe er erfahren, dass die Waffen-SS ein Teil der Wehrmacht gewesen sei. In Auschwitz habe er am Tor Wache stehen müssen. Er sei - so Hans L. - „schwer zu sagen", ob im Lager Menschen umgebracht worden seien. Er habe ankommende Menschen

---

[81] A.a.O.

von den Zügen zu den „Gefängnissen" begleitet. Das Lager habe aber niemand betreten dürfen. Später sei er in Birkenau in der Küche eingesetzt und kein Wachsoldat mehr gewesen. Durch heimliches mithören von Gesprächen anderer habe er von der Existenz von Gaskammern erfahren, auch dass unschuldige Menschen erschossen worden seien. Wenn man etwas gesehen habe, habe man schweigen müssen. Für die Arbeit bei den Gaskammern wären andere Soldaten bestimmt gewesen; die anderen hätten hingedurft. Im Hinblick auf seine erlittene britische Kriegsgefangenschaft machte der Angeschuldigte noch geltend, er habe „seine Strafe abgesessen".

b.) Bewertungsgrundlage: rechtliche Voraussetzungen der Verhandlungsfähigkeit

Zur Frage der Verteidigungsfähigkeit in einer Hauptverhandlung führt das Landgericht Ellwangen zunächst aus, welche rechtlichen und tatsächlichen Kriterien es zugrunde legen will. Nach Ansicht des Gerichts entziehen sich die Anforderungen an die Verhandlungsfähigkeit einer pauschalen Feststellung, sie seien auch nach der Rechtsprechung eines Oberlandesgerichts (Stuttgart) je nach Verfahrensart und Verfahrenslage unterschiedlich. So könne je nach den Anforderungen für die anstehenden Prozesshandlungen eine unterschiedliche Beurteilung erforderlich sein. Der Angeschuldigte müsse nicht nur, soweit er sich zur Sache äußern will, vernehmungsfähig sein, sondern auch „psychisch und physisch in der Lage sein, die in einer Hauptverhandlung stattfindenden verschiedenen Interaktionen wahrzunehmen, gedanklich einzuordnen und auf sie sachgerecht zu reagieren"[82].

Stünde die Beurteilung der Verhandlungsfähigkeit in den Tatsacheninstanzen - anders als im Revisionsverfahren - in Rede, könnten die Anforderungen nicht niedrig bemessen werden, weil die Einlassung des Angeklagten wesentliches Beweismittel ist, er selbst Anträge stellen und Zeugen befragen kann, vor Entscheidungen des Gerichts neben seinem Verteidiger gehört wird sowie sich persönlich äußern kann - etwa zu strafzumessungserheblichen Umständen und im letzten Wort. Diese Rechte gäben ihm die Möglichkeit, das Verfahren unabhängig von der Verteidigung mitzugestalten und sich zu verteidigen. Das Gericht zitiert dazu mehrere höchstrichterliche Urteile und das Landgericht München in einem Ver-

---

[82] Beschluss des Landgerichts Ellwangen vom 27. Februar 2014, Az.: 1 Ks 9 Js 94162, S. 13, 14.

fahren gegen einen 91-jährigen früheren Kompanie-Führer wegen 1944 begangenen Mordes an Zivilisten in Italien.

Diese Rechte eines Angeschuldigten - so das Gericht - könnten durch gesundheitliche Beeinträchtigungen in unterschiedlichem Umfang tangiert werden. Entscheidend sei dabei, in welchem Ausmaß eine Erkrankung seine in der konkreten Verfahrenssituation zu gewährleistende Mitwirkungsmöglichkeiten beeinträchtigt. Des Weiteren habe das Gericht die Schwierigkeit des Verhandlungsgegenstandes und den jeweiligen Verfahrensstand in seine Beurteilung einzubeziehen.

c.) Keine Verjährung / Mordmerkmale „heimtückisch und/oder grausam"

Das Gericht Ellwangen setzte sich auch ausführlich mit der Frage der Verjährung der angeklagten Taten auseinander. Das Verteidiger-Vorbringen war darauf gestützt, dass alle in Frage kommenden Taten jeder Begehungsform bis auf Mord und Beihilfe zum Mord längst verjährt seien. Auch bezüglich der sogenannten „täterbezogenen" Merkmale, wie niedrigen Beweggründen, sei auch die Beihilfe zum Mord verjährt, wenn diese bei dem Angeschuldigten nicht vorlägen. Hier sei die Verjährungsfrist im Jahre 1969 bereits abgelaufen gewesen.

Hinsichtlich der tatbezogenen Merkmale bei der Beihilfe zum Mord, nämlich der heimtückischen und grausamen Begehung, wie sie hier angeklagt waren, kommt das Gericht zu dem Ergebnis, dass keine Verjährung eingetreten ist. Hier greife die Regelung des 16. Strafrechts-Änderungs-Gesetzes vom 16.07.1979, mit der die Verjährung für Mord endgültig aufgehoben wurde.

d.) Weitere konkrete Feststellungen zur Förderung der Tat erforderlich

Das Gericht hatte Bedenken, die im Prozess zu treffenden Feststellungen allein auf die Tätigkeit des Angeschuldigten zu beziehen. Allein durch eine solche Tätigkeit, etwa als Wachmann oder auch als Koch, könne nach der Rechtsprechung eine strafrechtliche Verantwortlichkeit wegen Beihilfe zum Mord nicht ohne weiteres begründet werden, so das Gericht. Vielmehr sei es nach der seitherigen höchstrichterlichen Rechtsprechung auch bei nationalsozialistischen Gewaltverbrechen in einem KZ erforderlich, Feststellungen dazu zu treffen, dass der Beschuldigte eine bestimmte Haupttat konkret gefördert habe.

Wegen der Ablehnung des Begriffs des Massenverbrechens durch die Rechtsprechung für die Beurteilung der Beihilfehandlung sei eine klare zeitliche und räumliche sowie „opferbezogene" Begrenzung vorzunehmen. Die Rechtsprechung mit der Betonung des konkreten Tatbegriffs und dem Erfordernis einer dazu individuell zuordenbaren Beihilfehandlung sei nach dem 09.08.1954 erfolgten Beitritt der Bundesrepublik Deutschland zur Völkermordkonvention ergangen. In Kenntnis des weiter gefassten Tatbegriffs des Völkermordes in dem dadurch eingefügten § 220 a StGB a.F. - heute § 6 Völkerstrafgesetzbuch(VStGB) - habe für die Rechtsprechung keine Veranlassung bestanden, hiervon abzuweichen. Diese folge aus der Unterschiedlichkeit des Schutzzwecks der Strafvorschrift des Völkermords, die im Gegensatz zu den Tatbeständen der §§ 211 StGB gerade nicht dem Schutz individueller Rechtsgüter dient, sondern dem überindividuellen Schutz der sozialen Existenz einer der in §§ 220 a StGB a.F. bzw. § 6 VStGB näher bezeichneten Gruppen.

Weil die Vorschriften der §§ 220 a StGB a.F. bzw. § 6 VStGB zur hier relevanten Tatzeit nicht bestanden hätten und gem. § 2 StGB nicht rückwirkend angewendet werden dürfen, könnten die im Rahmen der nationalsozialistischen Vernichtungsprogramme begangenen Taten nur nach den Tatbeständen der §§ 211 ff. StGB beurteilt werden. Diese aber dienten dem Schutz höchstpersönlicher Rechtsgüter, so das Landgericht unter Berufung auf den BGH, und eine Zusammenfassung mehrerer Handlungen zu einer Tat im Rechtssinne sei hierbei nur in engen Grenzen möglich.

Zur weiteren Begründung führt das Gericht mehrere rechtskräftig gewordene Urteile gegen Wachleute in Konzentrationslagern, insbesondere in Auschwitz, an, bei denen es um den Tatvorwurf des Mordes bzw. der Beihilfe ging:

– Mit Urteil des Landgerichts Frankfurt vom 26.02.1976 (4 Ks 2/73) sei ein Wachmann aus Auschwitz-Birkenau freigesprochen worden, weil ihm mit Tatzeiten 1943/44 vorgeworfene konkrete Tathandlungen bei Selektionen auf der „Rampe" nicht nachgewiesen werden konnten.

– Mit Urteil des Landgerichts Stuttgart vom 11.08.1983 (9 Ks 11/82) sei ein Wachmann aus Auschwitz, der nachweislich auf Wachtürmen und in der Pos-

tenkette eingesetzt war, mangels Tatnachweis vom Vorwurf individueller Tötungen freigesprochen worden. Seine Tätigkeit als Wachmann sei ihm überhaupt nicht angelastet worden. [eine unfassbare Entscheidung, Anm. des Verf.]
- Im Urteil des BGH vom 23.03.1987 (3 StR 574/86) würde hervorgehoben, dass - auch soweit es sich um nationalsozialistische Gewaltverbrechen im Konzentrationslager handele - strafbar nur derjenige sein könne, der eine bestimmte Haupttat gefördert habe.
- Mit Urteil des Landgerichts Siegen vom 24.01.1991 (K 130 Js 2/84) [Verfahren ./. E.A. König wegen Morden an Sinti und Roma, Anm. des Verf.] sei ein SS-Mann, der in Auschwitz auch als Blockführer eingesetzt war, wegen individueller Tötungen verurteilt worden. Soweit er darüber hinaus angeklagt war, an der Tötung von Häftlingen durch Verbringung in die Gaskammern beteiligt gewesen zu sein, sei er mangels Tatnachweis freigesprochen worden.

Demgegenüber hält das Landgericht Ellwangen allerdings fest: Soweit in der höchstrichterlichen Rechtsprechung eine strafrechtliche Verantwortlichkeit von Beteiligten an Vernichtungsmaßnahmen insbesondere gegenüber Juden bejaht worden sei und dabei ein scheinbar weiterer Tatbegriff zugrunde gelegt wurde, liege dies darin begründet, dass es sich bei den insoweit betroffenen Personen um jeweils höherrangige NS-Angehörige gehandelt habe, die als Täter oder Teilnehmer an Aktionen der massenhaften Deportation und Vernichtung von ganzen, hauptsächlich geographisch näher eingegrenzten Gruppen zur Rechenschaft gezogen worden seien. Deren Tathandlungen hätten sich schon wegen ihrer Stellung in der NS-Hierarchie notwendigerweise nicht auf einzelne Tötungshandlungen, sondern auf die jeweils näher bezeichnete Gruppe von Opfern bezogen. Dies habe etwa zur Verurteilung eines Referatsleiters im Auswärtigen Amt wegen Unterstützungshandlungen von Vernichtungsprogrammen geführt, die vom Reichssicherheitshauptamt (RSHA) ausgingen und auf jeweils eine bestimmte Aktion (Erschießung oder Verschleppung und Tötung) bezogen gewesen seien.

e.) Bewertung des Demjanjuk-Urteils

Das Landgericht Ellwangen äußert Bedenken, soweit das sog. „Demjanjuk-Urteil" des Landgerichts München II (Urteil vom 12.05.2011, 1 Ks 115 Js 12496/08) in seiner nicht rechtskräftig gewordenen Entscheidung eine abweichende Ansicht zum Erfordernis des Nachweises der konkreten Förderung einer bestimmten Haupttat vertreten haben soll, weil nach den dortigen Gründen (allein) eine Tätigkeit des Angeklagten im Wach-/Bereitschaftsdienst, ohne weiteren konkreten Tatnachweis, für ausreichend erachtet wurde:[83]

Nach den Feststellungen des vorgenannten Urteils seien im Konzentrationslager Sobibor, wo Demjanjuk seinen Dienst verrichtete, bei Eintreffen eines Transportes alle verfügbaren Angehörigen der etwa 100-150 sog. „Trawniki-Männer", wozu Demjanjuk gehörte, als (Bereitschafts-)Wachen zum Empfang der Transporte oder zum Geleit auf dem Weg zur Vergasung eingesetzt worden. Dagegen sei für Auschwitz nach den Feststellungen im Urteil des Landgerichts Frankfurt vom 19./20.08.1965 wie auch weiterer Urteile zu diesem Konzentrationslager und nach allgemeinzugänglichen historischen Erkenntnissen zu bedenken, dass von der Gesamtmannschaftsstärke der SS und damit auch der Wachleute von mindestens deutlich über 2000 bis zu 4500 Mann nur ein kleiner Anteil bei den ankommenden Transporten hätte eingesetzt werden müssen. In einem Fall seien dies nachweisbar nur 30 Wachleute aus Mannschaftsdienstgraden und ein Unteroffizier gewesen.

Während nach den Feststellungen des Urteils des Landgerichts München II in Sobibor nur etwa 600 Arbeitshäftlinge „interniert" gewesen seien, seien dies in Auschwitz nach allgemein bekannten Quellen mehr als 120 000 Personen gewesen. Dies könne Auswirkungen auf die Frage der Erkennbarkeit der Funktion als ausschließliches Vernichtungslager oder auch als Gefangenen- und Arbeitslager haben. Schließlich erlaube auch die Größenordnung von Auschwitz mit ca. 40 Quadratkilometer (sog. Interessengebiet einschließlich Außenlager) im Gegensatz zu 0,25 Quadratkilometer von Sobibor keinen direkten Vergleich, insbesondere was die Frage der möglichen Kenntnis von konkreten Vernichtungsvorgängen betreffe. Vor allem aber sollten die Wachmannschaften in Auschwitz keinen Zugang zum inneren Bereich des Lagers II/Birkenau mit den Vernichtungsanlagen gehabt haben. Dabei beruft sich das Gericht auf die Aussagen mehrerer SS-Wachleute aus den 1960er Jahren im Frankfurter Auschwitz-Verfahren.

Außerdem sei nach „durchgängigen Feststellungen" in den „Auschwitz-Urteilen" der Führung der Konzentrationslager auch sehr daran gelegen gewesen, die

---
[83] A.a.O. S. 19.

eigentlichen Vernichtungsvorgänge nach außen hin geheim zu halten. Das habe auch für die Wachmannschaften gegolten.[84] Daraus schlussfolgert das Gericht, somit liege eine „Vergleichbarkeit der Sachverhalte, insbesondere in Bezug auf die objektive und subjektive Teilnahme der Wachleute am Vernichtungsprozess, nicht vor".

Im Ergebnis meint das Gericht, dass in dem Demjanjuk-Urteil eine „Abkehr" vom Erfordernis des konkreten Nachweises nicht festzustellen sei, ebenso wenig wie eine Aufgabe des Tatbegriffs im Sinne einer konkret bestimmbaren Handlung. Die Schwurgerichtskammer habe auf dieser Grundlage eine in Frage kommende konkrete Beteiligung des Angeschuldigten an einzelnen individuellen Taten zu prüfen. Dies könnten für den Personenkreis der nachgeordneten SS-Mannschaften, etwa der Wachleute, nach obigen Grundsätzen „einzelne Transporte" von Häftlingen sein, so das Gericht, auf die sich insbesondere auch der Vorsatz des einzelnen Täters konkret beziehen lasse.

f.) Erfordernis der „objektiven Förderung und subjektiven Beteiligung"
bei den Mordtaten

Das Ellwanger Gericht verlangt, in einer Hauptverhandlung müsse vor allem geklärt werden, inwieweit der Angeschuldigte durch seine Tätigkeit als Wachmann oder - insoweit dem Ansatz der Anklage folgend - insbesondere im Bereitschaftsdienst mit Einsatz oder zumindest Rufbereitschaft bei ankommenden Transportzügen das objektive Tatgeschehen bewusst gefördert habe und inwieweit er „ausreichende Kenntnis" vom konkreten Ablauf der Vernichtung der Häftlinge gehabt habe, wodurch die Taten als heimtückisch und grausam gekennzeichnet würden.

Das Gericht geht davon aus, dass in objektiver Hinsicht eine Beihilfe zur vorsätzlich und rechtswidrig begangenen Haupttat nur anzunehmen sei, wenn diese objektiv gefördert oder erleichtert wird. Auf das Gewicht des tatfördernden Beitrags komme es dabei nicht an. Eine objektive Förderung käme insbesondere

---

[84] Während die überlebenden Häftlinge „durchgängig" berichteten, dass jeder Häftling, einschließlich der Kinder, gewusst habe, was in den Gaskammern und Krematorien tags und nachts geschah und der permanente beißende Rauch der verbrannten Menschen unerträglich gewesen sei, Anm. des Verf..

durch eine Tätigkeit des Angeschuldigten im Bereitschaftsdienst in Frage, wenn dieser „für die einzelnen Tatpunkte nachweisbar" sei, der Angeschuldigte tatsächlich im Dienst gewesen sei und wenn dadurch die Vernichtung der Opfer, etwa durch das Bewachen der Rampe, erleichtert worden sei.

Konkret bezogen auf den Angeschuldigten Hans L. bedeute dies - nach Auffassung des Gerichts - aber, dass er in der Lage sein müsse, sich gegen den Tatvorwurf verteidigen, als Wachmann während seiner Dienstzeit, gegebenenfalls auch in Form des Bereitschaftsdienstes, das „Vernichtungsgeschehen in Auschwitz unterstützt zu haben." Dazu sei es erforderlich, dass er sich zu seiner Verwendung in Auschwitz (Wachmann/Koch) und zu den insoweit in Frage kommenden Zeiten äußern könne. Er müsse sich für den Fall, dass eine Tätigkeit als Wachmann in Frage kommt, zu seinen Dienstzeiten erklären können, insbesondere ob er zu den angegebenen Bereitschaftszeiten seiner Kompanie auch Dienst verrichtet habe oder „ggf. aus verschiedenen Gründen nicht am Dienst beteiligt gewesen sei. Bejahendenfalls müsse er sich zu der Art und Weise der Durchführung des Dienstes äußern können, insbesondere im Hinblick auf eine damit verbundene Kenntnis von den konkreten Umständen, die die Tötung der Häftlinge bekannt werden und sie insbesondere als heimtückisch und grausam erscheinen ließen. Dazu bedürfe es auch einer näheren Erörterung der örtlichen Verhältnisse im Bereich des insgesamt großen Lagers mit vielen Angehörigen der SS überhaupt und der SS-Wachmannschaften speziell. Der Ablauf der Vernichtungsaktionen zwischen der Ankunft der Züge im Bereich des Bahnhofs Auschwitz (sogenannte alte Rampe) bis zum Führen der Häftlinge in die Gaskammern im Lager II/Birkenau sei im Hinblick darauf aufzuklären, auf welche Art und Weise die Wachmannschaften des Sturmbanns, im Gegensatz zur Tätigkeit sonstiger SS-Angehöriger, daran beteiligt gewesen seien, so das Landgericht Ellwangen. Und weiter: Es sei zu klären, ob die Wachleute des Sturmbanns, die grundsätzlich ein Betretensverbot des sog. Schutzhaftlagers bzw. des Innenbereichs von Birkenau gehabt hätten (dabei beruft sich das Gericht auf ein Urteil des Landgerichts Frankfurt vom 19./20.08.1965), dennoch „in einer räumlichen Nähe der Vernichtungsvorgänge tätig gewesen seien, damit sie diese im Einzelnen hätten wahrnehmen können. Auch eine mögliche Kenntniserlangung durch Berichte anderer Personen sei aufzuklären, wobei die „anzunehmenden schwachen Sprachkenntnisse des Angeschuldigten, dessen Muttersprache litauisch sei, zu beachten" seien.

Da sich der Angeschuldigte auf einen „Befehlsnotstand" berufe, meint das Gericht, er müsse in der Lage sein, eine „zumindest subjektiv empfundene Ausweglosigkeit" darzutun, unabhängig von der Frage, ob dies anzuerkennen sei.

Des Weiteren müsse der Angeschuldigte in der Lage sein, sich gegen den Vorwurf zu verteidigen, er habe die konkreten Umstände gekannt, die eine „Bewertung der Taten als heimtückisch und grausam erlauben." Dazu stellt das Gericht fest: Selbst der etwaige Nachweis einer Tätigkeit als Wachmann, der über den Bereitschaftsdienst bei den ankommenden Transportzügen eingesetzt war, könne hierfür nicht ausreichen. Die „weitläufigen örtlichen Verhältnisse" erlaubten nicht ohne weiteres einen zwingenden Schluss auf die Kenntnis der genauen Umstände der Tötungen. Vielmehr müsste aufgeklärt werden, „zu welcher Zeit und in welcher Entfernung zu den Transportzügen, vor allem aber zu den Gaskammern, der Angeschuldigte möglicherweise Dienst verrichtet habe.

g.) Keine zweifelsfreien Feststellungen über Einsatz im Bereitschaftsdienst

Das Landgericht setzt sich anschließend bezüglich aller zwölf angeklagten Tatkomplexe mit den vorliegenden Dokumenten über die Einsatzorte und -zeiten von Hans L. auseinander. Ausgewertet werden die Dienstpläne, Meldungen, Sturmbannbefehle und andere Dokumente über die Bereitschaft- und Einsatzzeiten im Zusammenhang mit den ankommenden Häftlingstransporten, die in der Anklage näher bezeichnet wurden. Auf diesen Prozessgegenstand ist das Verfahren beschränkt worden.

Das Gericht kommt bezüglich aller zwölf Taten zu dem Ergebnis, anhand der vorliegenden Dokumente lasse sich „nicht zweifelsfrei der Nachweis führen", dass die Einheit des Angeschuldigten bzw. er selbst zu den in der Anklage genannten Zeiten und Orten in Auschwitz Bereitschaftsdienst oder Wachdienst gehabt habe. Bezüglich der Taten 11. und 12. der Anklage sei dieser Nachweis „zumindest fraglich".

h.) Fragen zum Dienst beim SS-Wachsturmbann und Kenntnis der Tötungen

Für die Frage, ob ein Nachweis über die Aufgaben der Wachmannschaften und vor allem deren „Kenntnis von dem konkreten Vorgehen bei der Tötung der

Häftlinge", welches die Taten als grausam und heimtückisch beurteilen ließe, zog das Gericht umfangreiche Vernehmungsprotokollen, insbesondere früherer SS-Leute, aus dem Verfahren der Staatsanwaltschaft Frankfurt (4 Js 444/59; großes Auschwitz-Verfahren) heran. Vier Vernehmungen ehemaliger Häftlinge wurden berücksichtigt.

Die Schwurgerichtskammer kam zu dem Schluss, dass sie sich bei einer Gesamtschau der oben aufgeführten Aussagen zunächst bewusst sei, dass die Zeugen, soweit sie der SS angehörten, zugleich mögliche Tatverstrickte gewesen seien. Deshalb komme in diesen Fällen auch in Betracht, dass sie sich selbst schützen wollten. Aber auch bei den Häftlingen sei zu berücksichtigen, dass sie „teilweise eine Sonderstellung eingenommen" hätten, wie insbesondere die „Funktion eines Kapo" zeige.

Dennoch könne, so das Gericht, mit einer „gewissen überwiegenden Wahrscheinlichkeit" angenommen werden, dass die Wachmannschaften - jedenfalls vor Fertigstellung der neuen Rampe im Lager Birkenau - auch die Aufgabe gehabt hätten, bei ankommenden Transportzügen die Rampe beim Bahnhof Auschwitz zu umstellen. Weil jedoch Mannschaftsstärken von 20 - 50 Mann genannt würden, sei es jedoch fraglich, ob immer die ganze Kompanie eingesetzt worden sei.

Es gäbe weiter deutliche Anzeichen dafür, dass den Angehörigen des Wachsturmbanns das Betreten des „Schutzhaftlagers", in dem die Krematorien lagen, verboten gewesen sei. Für den Transport zu den Krematorien wären nach diesen Aussagen „möglicherweise andere Einheiten (Fahrbereitschaft bzw. Sonderkommando) eingesetzt worden. Insgesamt ergäbe sich für das Gericht aus den Aussagen, dass „großer Wert auf Geheimhaltung" gelegt und eine „grundsätzlich unterschiedliche Einbeziehung der SS-Angehörigen bei der Tötung der Häftlinge" vorgenommen worden sei. Die Wachmannschaften hätten, soweit man diese Aussagen zugrunde legen wollte, „nicht zu diesem engeren Kreis" gehört. Deshalb bleibe nach derzeitigem Ermittlungsstand offen, inwieweit auf Seiten der Wachmannschaften, insbesondere bei dem Angeschuldigten, eine Kenntniserlangung der Einzelheiten des Vernichtungsgeschehens gegeben war.

Unter Hinweis auf verschiedene Kommandantur-Befehle betont das Gericht nochmals, dass sich daraus „ein Bild größter Geheimhaltung nach außen" ergäbe. Die Schwurgerichtskammer müsse sich deshalb mit der Frage befassen, welche

Auswirkungen die anzunehmende Geheimhaltungspflicht nach außen für den „inneren Betrieb des Konzentrationslagers" gehabt habe und der Angeschuldigte müsse sich hierzu erklären und den Ermittlungen folgen könne.

Hinsichtlich der Tatörtlichkeiten im engeren Sinne müsse nach Auffassung des Gerichts bedacht werden, dass die "jeweilige Lage der Gaskammer" für die Erkennbarkeit der die Mordmerkmale begründenden Umstände eine Rolle gespielt haben könne. Dies müsse in einer Hauptverhandlung erörtert und der Angeschuldigte müsste in der Lage sein, sich hierzu zu äußern.

i.) Feststellungen zur Verhandlungsunfähigkeit

Das Gericht stützt sich dafür auf ein ausführliches psychiatrisches Gutachten und weitere ärztliche Untersuchungen und Stellungnahmen.

Nach den Ergebnissen der gutachterlichen Feststellungen des Psychiaters vom 18.12.2013 sei die Auffassungsgabe des Angeschuldigten für einfache Sachverhalte zwar erhalten, nicht aber für komplexe und abstrakte Zusammenhänge, wobei die Konzentration für etwa eine Stunde aufrechterhalten bleibe. Das Langzeitgedächtnis sei lückenhaft und die kurzzeitige Merkfähigkeit erheblich eingeschränkt. Eine testpsychologische Zusatzuntersuchung habe kognitive Wahrnehmungs- und Verarbeitungsstörungen aufgrund eines demenziellen Abbauprozesses von leichter bis mittelgradiger Schwere ergeben. Bei den Untersuchungen sei die zeitliche und räumliche Orientierung nur bruchstückhaft vorhanden gewesen.

Bezüglich der Verhandlungsunfähigkeit kommt das psychiatrische Gutachten zu dem Ergebnis, dass diese zu bejahen wäre, wenn es ausreichend wäre, dass „wesentliche Punkte von Geschehnissen wiedergegeben und in ihren Auswirkungen auf Recht und Unrecht zu beurteilen seien".

Wenn jedoch der Unrechtsgehalt differenziert erfasst werden müsste, wenn Strategien entwickelt werden müssten, um die eigene Position und Sichtweise möglichst günstig darzustellen und wenn Vorwürfen differenziert entgegen getreten werden müsse, lägen die Voraussetzungen für eine Verhandlungsunfähigkeit vor. Der Angeschuldigte sei aus psychiatrischer Sicht „nicht in der Lage, die Bedeutung aller Umstände des Anklagevorwurfs zu erkennen", Verfahrenshandlungen zu folgen und sich selbst im Verfahren zu äußern. Er könne seine Verfahrensbefugnisse nicht ausüben, seine Interessen nicht vernünftig vertreten und „seine Verteidigung nicht in verständlicher Weise führen".

Diesen Feststellungen schloss sich das Gericht an. Dabei habe die Schwurgerichtskammer, so heißt es im Einstellungsbeschluss vom 27.02.2014, insbesondere bedacht, dass das Verhalten des Angeschuldigten mit seinen eingeschränkten kognitiven Fähigkeiten vorgetäuscht sein könnte. Mit dem Sachverständigen sei jedoch anzunehmen, dass beim Angeschuldigten neben der demenziellen Veränderung auch ein gewisser Verdrängungsmechanismus wirken könne. Dagegen seien seine Äußerungen bei den Anhörungen nicht bewusst zu Täuschungszecken gewählt, sondern hätten seine tatsächliche psychische Verfassung ausgedrückt. Dies folge, so das Gericht, aus seiner Unfähigkeit, eine etwaige differenzierte Verteidigungsstrategie zu entwickeln, sie durchzuhalten und intellektuell den Sinn von Fragen ausreichend zu erfassen.

Deshalb stehe nach Überzeugung der Schwurgerichtskammer fest, dass der Angeschuldigte allenfalls im Groben erfassen könne, dass ihm ein „strafrechtlich relevanter Vorwurf wegen seiner Zeit in Auschwitz" gemacht werde. Dass er wegen Beihilfe zum Mord beschuldigt werde, weil er konkret zu den ihm bekannten heimtückisch und grausam begangenen Tötungen Hilfe geleistet habe, vermöge er geistig nicht mehr umzusetzen, geschweige denn, sich verteidigungsmäßig darauf einzurichten.[85]

j.) „Fazit" des Gerichts: „Gefahr der Rechtsstaatswidrigkeit"

In einem „Fazit" nimmt das Gericht am Ende seines endgültigen Einstellungsbeschlusses nochmals explizit zu seinen „Abwägungsgesichtspunkten" Stellung:

Die Schwurgerichtskammer messe die Frage, ob es der Zustand des Angeschuldigten erlaube, das Strafverfahren durchzuführen, an dem Konflikt zwischen der Pflicht des Staates zur Gewährleistung einer funktionstüchtigen Rechtspflege und damit zur Durchsetzung des staatlichen Strafanspruchs mit dem „Anspruch des Angeschuldigten auf ein faires Verfahren, bei dem er nicht zum bloßen Objekt gemacht" werden dürfe, sondern die Fähigkeit haben müsse, in und außerhalb

---

[85] A.a.O. S. 47.

der Verhandlung seine Interessen vernünftig wahrzunehmen, die Verteidigung in verständiger und verständlicher Weise zu führen, sowie Prozesserklärungen abzugeben oder entgegenzunehmen.

Die Schwurgerichtskammer betont, sie sich bei ihrer Entscheidung bewusst, dass der Zweck vorliegenden Strafverfahrens zur Aufdeckung und Ahndung von NS-Verbrechen es gebiete, eine besonders sorgfältige Prüfung vorzunehmen, „ob nicht Rechtsgüter der Allgemeinheit dem Schutz des von dem Verfahren Betroffenen vorgehen". Die „besondere Bedeutung der Strafverfolgung in Fällen schwerster Kriminalität" dürfe nicht dazu führen, dass „unbegrenzt ein Vorrang des öffentlichen Interesses" angenommen werde. Vielmehr könne und müsse es „zur Vermeidung eines rechtsstaatswidrigen Verfahrens" geboten sein, das Verfahren gegen einen Angeschuldigten einzustellen, wenn dieser bei dessen Durchführung „zum bloßen Objekt des Verfahrens" gemacht würde.[86]

Ein Aspekt könne nach Auffassung des Gerichts auch die „Verfahrensdauer" sein. Es müsse, so das Landgericht Ellwangen, aber nicht entschieden werden, ob dem Umstand eine Verfahrens hindernde Bedeutung zukommen könnte, dass bereits seit der Ausweisung des Angeschuldigten aus den USA und Wohnsitznahme in Deutschland im Jahre 1983 die wesentlichen tatsächlichen Umstände bekannt seien und bei einer damaligen Überprüfung durch die Zentrale Stelle der Landesjustizverwaltungen ein Anfangsverdacht verneint und erst jetzt ein Ermittlungsverfahren gegen des Angeschuldigten eingeleitet wurde. Jedenfalls, so das Gericht, dürften „Versäumnisse der Strafrechtspflege" auch dann nicht zu Lasten eines Angeschuldigten gehen, wenn er verdächtig ist, an der „Ausrottung von vielen tausenden Personen" mitgewirkt zu haben.[87]

---

[86] A.a.O. S. 51 ff.
[87] A.a.O. S. 53.

Anhang

Presse 2014:
Weitere ehemalige Auschwitz-Wachmänner aufgespürt

Am 20. Februar 2014, knapp eine Woche vor dem - oben wiedergegebenen - endgültigen Einstellungsbeschluss gegen Hans L. durch das Landgericht Ellwangen, berichtete die Presse in ganz Deutschland, dass die Polizei drei weitere mutmaßliche ehemalige SS-Wachmänner es Vernichtungslagers Auschwitz verhaftet, der älteste von ihnen bereits 94 Jahre alt.

70 Jahre nach Ende des Zweiten Weltkrieges erlebe die Jagd nach noch lebenden Nazi-Tätern eine letzte heiße Phase, schrieb ein großes Nachrichtenmagazin.[88] Fahnder hätten in mehreren Bundesländern Wohnräume von mutmaßlichen ehemaligen SS-Angehörigen durchsucht und in Baden-Württemberg drei von ihnen verhaftet. Die Ermittlungen seien auf Recherchen der Zentralen Stelle zur Aufklärung von NS-Verbrechen in Ludwigsburg zurückgegangen. Die Zentrale Stelle habe im November 2013 entsprechende Fälle an Anklagebehörden in mehreren Bundesländern abgegeben.

Laut Presse richteten sich die Ermittlungen gegen sechs Männer im Alter von 88 bis 94 Jahren. In den Wohnungen in den Kreisen Rottweil, Freiburg, Rhein-Neckar, Ludwigsburg, Enz und Karlsruhe seien diverse Unterlagen sichergestellt worden. Fünf Personen hätten sich nicht zu den Vorwürfen geäußert. Ein 88-jähriger aus dem Enzkreis habe erklärt, in Auschwitz gewesen zu sein. Eine Beteiligung an der Tötung von KZ-Insassen habe er nach Angaben der Staatsanwaltschaft bestritten. Der Mann sei zusammen mit dem 92-jährigen aus dem Rhein-Neckar-Kreis sowie dem 94-jährigen aus dem Raum Ludwigsburg in das Justizvollzugskrankenhaus Hohenasperg eingeliefert worden.

Der Leiter des Simon-Wiesenthal-Zentrums in Jerusalem begrüßte die Festnahmen. Das hohe Alter der Verbrecher dürfe eine strafrechtliche Verfolgung nicht verhindern, wird Efraim Zuroff in der Presse zitiert. Die Verbrecher hätten kein Mitleid verdient, so der Nazi-Jäger Zuroff. Sie hätten kein Mitleid mit ihren Opfern gehabt, die damals oft noch älter waren als sie heute selbst, sagte der Lei-

---

[88] FOCUS-Magazin vom 20.02.2014, Überschrift „Jagd auf greise Nazi-Täter - Drei ehemalige Auschwitz-Wachmänner aufgespürt".

ter des Wiesenthal-Zentrums in Israel. Er betonte, er wolle keine Rache, sondern Gerechtigkeit.[89]

DER SPIEGEL vom 25.08.2014
Titel:

DIE AKTE AUSCHWITZ – Schuld ohne Sühne: Warum die letzten SS-Männer davonkommen

Die Schande nach Auschwitz

1,1 Millionen Menschen starben im größten Vernichtungslager der Nazis, die meisten Täter wurden nie bestraft. Jetzt verstreicht die letzte Chance, das Menschheitsverbrechen zu ahnden: Es geht um 30 SS-Angehörige.

Von Klaus Wiegrefe

Die Aktion war präzise organisiert. Die Landeskriminalämter von Nordrhein-Westfalen, Bayern, Hessen und Baden-Württemberg schlugen gemeinsam zu, am 19. Februar dieses Jahres, um Punkt neun Uhr. An zwölf Orten fuhren die Ermittler in Zivilautos vor und präsentierten den Verdächtigen Durchsuchungsbeschlüsse. Vorab hatten die Beamten geklärt, ob ihre Zielpersonen über Waffenscheine oder die Erlaubnis verfügten, mit Sprengstoff zu hantieren.

Gegenwehr war von den Verdächtigen freilich kaum zu erwarten. Der Jüngste war 88 Jahre, der Älteste fast ein Jahrhundert alt. Dennoch wurden in Wiernsheim, Gerlingen und Freiburg drei der Beschuldigten vorübergehend festgenommen.

Am folgenden Tag verkündeten die zuständigen Staatsanwaltschaften in Presseerklärungen: „Durchsuchung bei mutmaßlichen ehemaligen SS-Angehörigen des Konzentrationslagers Auschwitz."

---

[89] FOCUS-Magazin a.a.O.

Drei Schlüsselwörter in einem Satz: „Durchsuchung", „SS-Angehörige", „Auschwitz". Die Wirkung war ungeheuer. Ob Los Angeles Times, Le Figaro oder El País - weltweit berichteten die Medien über die „größte konzertierte Aktion gegen mutmaßliche NS-Verbrecher seit Jahrzehnten" (Die Welt).

Auch knapp 70 Jahre nach seiner Befreiung löst Auschwitz Emotionen aus wie kein anderer Ort, an dem die Nazis mit industrieller Effizienz Menschen töteten. Unter den fast sechs Millionen Holocaust-Opfern waren mindestens 1,1 Millionen Juden, die im größten Vernichtungslager des „Dritten Reichs" umgebracht worden waren, zudem mehrere Zehntausend nichtjüdische Polen, sowjetische Kriegsgefangene, Sinti und Roma. Die Ermordeten stammten aus fast allen Ländern Europas, der Großteil wurde unmittelbar nach der Ankunft in Auschwitz-Birkenau vergast.

Die Knochen der Leichen ließ die SS zerkleinern und verkaufte das Knochenschrot an eine Düngemittelfirma in der Nähe. Die Asche der verbrannten Körper wurde zum Straßenbau verwendet, das Haar der Frauen zu Garn gesponnen und Filz verarbeitet, das Zahngold herausgebrochen, eingeschmolzen und der Reichsbank überlassen.

Der Polizeieinsatz am 19. Februar war Teil einer größeren Operation in elf Bundesländern, die sich zunächst gegen 30 ehemalige SS-Angehörige aus dieser Menschenvernichtungsfabrik richtete. Die „Zentrale Stelle der Landesjustizverwaltungen zur Aufklärung nationalsozialistischer Verbrechen" in Ludwigsburg hatte die Fälle identifiziert.

Auf der Liste standen 24 Männer und 6 Frauen, ausschließlich untere Chargen, ehemalige SS-Sturmmänner (entspricht dem Rang eines Gefreiten) oder SS-Rottenführer (entspricht einem Obergefreiten). Sie waren in Auschwitz als Buchhalter tätig, als Sanitäter, Fernschreiberinnen oder - überwiegend - als Wachpersonal. Und viele von ihnen dienten in dem KZ, als 1944 der Transport mit der 15-jährigen Anne Frank eintraf, dem wohl bekanntesten Holocaust-Opfer.

Dass die Beschuldigten eher Befehlsempfänger als Befehlsgeber waren, mindert die Bedeutung der neuen Verfahren keineswegs. Schließlich standen sie alle im Verdacht, als Teil der Mordmaschinerie Beihilfe in insgesamt vielen Tausenden Fällen geleistet zu haben.

Der konzertierte Aufschlag aus Ludwigsburg verfehlte seine Wirkung nicht. Mit Beachtung quittierte die Öffentlichkeit, dass die deutsche Justiz noch einmal versuchte, die wohl beschämendste Bilanz ihrer Geschichte aufzubessern.

Denn die juristische Verfolgung des Jahrhundertverbrechens Auschwitz stand bislang in krassem Gegensatz zum Ausmaß des Vergehens. Der Historiker Andreas Eichmüller hat nachgezählt: Von den 6500 SS-Leuten, die in Auschwitz Dienst getan und den Krieg überlebt hatten, wurden in der alten und neuen Bundesrepublik nur 29 verurteilt (und rund 20 in der DDR).

Längst gilt das Versagen der Justiz als Teil jener „zweiten Schuld", die der Schriftsteller und Holocaust-Überlebende Ralph Giordano den Deutschen bereits 1987 vorhielt - weil sie die Hitlerjahre allzu lange verdrängt und die eigene Schuld verleugnet hätten.

Inzwischen ist ein gutes halbes Jahr seit der Polizeiaktion verstrichen, und immer klarer zeichnet sich ab, dass die Annahme fehlging, die Strafverfolger würden mit einem letzten Aufbäumen den Massenmord in Auschwitz zumindest in Ansätzen sühnen. Beinahe im Wochenrhythmus werden die neuen Verfahren eingestellt: weil einige ehemaligen SS-Männer verstarben, weil viele sich als verhandlungsunfähig erwiesen, weil einer entgegen den Ludwigsburger Ermittlungen doch nicht zur Lagermannschaft von Auschwitz zählte, weil ein anderer bereits in den Nachkriegsjahren von einem polnischen Gericht bestraft worden war.

Die in Baden-Württemberg und später in Mecklenburg-Vorpommern verhafteten einstigen SS-Männer sind längst wieder zu Hause. War das Vorgehen der Staatsanwaltschaft also „völlig überzogen", wie Peter-Michael Diestel kritisiert? Der letzte Innenminister der DDR, der heute als Strafverteidiger tätig ist, vertritt den ehemaligen Unterscharführer Hubert Z.

Ernsthaft ermittelt wird allenfalls noch in acht Fällen. So scheint ein besonders unwürdiges Kapitel der deutschen Nachkriegsgeschichte ein ihm entsprechendes Ende zu finden. Und natürlich steht der Verdacht im Raum, die Strafverfolger in Ludwigsburg und einige Staatsanwaltschaften hätten billig PR-Punkte sammeln wollen, indem sie einige Rollatorfahrer mit brauner Vergangenheit einbuchteten.

Auschwitz und die deutsche Justiz. Es ist die Geschichte eines Scheiterns, über dessen Gründe gerätselt wird, zumal das Angebot an Erklärungen groß ist - und voller Widersprüche:

Sind die Versäumnisse vor allem in der Adenauer-Ära zu finden, wie Christoph Safferling behauptet? Safferling zählt zur Historikerkommission, die im Auftrag des Bundesjustizministeriums dessen Umgang mit der Nazizeit beleuchtet. Der Rechtsprofessor sagt, man habe später nicht mehr korrigieren können, was Politik und Justiz in den ersten Nachkriegsjahrzehnten versäumt hätten.

Oder befand sich die deutsche Justiz noch in den letzten Jahrzehnten im „Blindflug", wie sein Kölner Kollege Cornelius Nestler erklärt?

Lag es an den vielen Nazis, die nach Kriegsende ihre Karriere im Justizdienst fortsetzten? Aber warum kam es nach der Pensionierung dieser Generation in den 1980er-Jahren nicht zu einer neuen Prozesswelle? Die letzte Hauptverhandlung in Sachen Auschwitz endete vor über 20 Jahren.

Vielleicht ist das deutsche Strafrecht auch grundsätzlich ungeeignet, „staatlich betriebenen, bürokratisch organisierten Massenmord zu erfassen", wie der US-Historiker Devin O. Pendas schreibt. Möglicherweise ist die Antwort aber auch in der Konrad-Adenauer-Straße 20 in Frankfurt am Main zu finden. Dort sitzt jene Staatsanwaltschaft, die den Großteil der Verfahren zu Auschwitz führte - und sie meistens einstellte.

Der hat auf seiner Spurensuche Unterlagen aus Ermittlungsverfahren eingesehen und in Archiven recherchiert. Er hat mit Historikern und Rechtsgelehrten gesprochen, mit Staatsanwälten und Richtern aus Auschwitz-Verfahren, mit Verteidigern der ehemaligen SS-Angehörigen und mit einer Auschwitz-Überlebenden.

Die Ahndung von Auschwitz scheiterte zumeist nicht daran, dass einige Politiker oder Juristen sie hintertrieben hätten. Sie scheiterte, weil sich zu wenige fanden, die entschlossen die Täter überführen und bestrafen wollten. Der Massenmord von Auschwitz war vielen Deutschen vor 1945 egal - und danach auch.

Dass es schwierig werde, die Untaten der Nazis zu ahnden, hatten die Alliierten bereits während des Krieges vorausgesehen: Die Zahl der Täter war groß, die rechtliche Lage diffizil. Durften die Alliierten etwa juristisch verfolgen, was Hitler jüdischen und anderen Deutschen angetan hatte? Nach internationalem Recht müsse man daran zweifeln, räumte Londons Außenminister Anthony Eden 1942 während einer Kabinettssitzung ein, so etwas könne leider „nicht als Verbrechen angesehen" werden.

Um das „Wirrwarr eines rechtsstaatlichen Verfahrens" zu vermeiden, wollte Großbritanniens Premier Winston Churchill zumindest die führenden Nazis „ohne Überweisung an eine höhere Gewalt" erschießen lassen. Später unterschrieb er die berühmte Moskauer Erklärung von 1943. Danach behielten sich die Siegermächte die „Hauptverbrecher" vor. Ansonsten galt: Wer „Grausamkeiten, Massaker und Exekutionen" zu verantworten hatte, sollte in jenem Land vor Gericht gestellt werden, in dem er die Taten begangen hatte.

Während des Krieges gehörte der Teil Schlesiens, in dem Auschwitz liegt, zum „Dritten Reich". Nach 1945 fiel die Region an Polen zurück. Und so lieferten die Westmächte jene SS-Leute, die sie bei Militärkontrollen oder in Kriegsgefangenenlagern fassen konnten, an die Regierung in Warschau aus.

Als berühmtester Fall gilt der langjährige, brutale Lagerkommandant Rudolf Höß, der sich auf einem Bauernhof bei Flensburg versteckt hatte. Ein britisches Ermittlerteam soll der Ehefrau gedroht haben, den ältesten Sohn den Sowjets zu übergeben; da habe Hedwig Höß ihren Mann verraten. Höß wurde in Warschau zum Tode verurteilt und vor seinem ehemaligen Kommandantenhaus gehenkt.

Knapp 700 SS-Angehörige aus Auschwitz sind von polnischen Richtern zur Verantwortung gezogen worden, und nach Einschätzung des Historikers Aleksander Lasik ließen diese sich „nicht von Rache leiten". Manche Urteile fielen sogar erstaunlich milde aus. Allerdings sprachen die Gerichte in Krakau, Kattowitz oder Wadowice auch dann mehrjährige Freiheitsstrafen aus, wenn sich lediglich die Mitgliedschaft in der SS-Mannschaft eines Lagers nachweisen ließ.

Mitgefangen, mitgehangen.

Der deutschen Justiz blieb zunächst nur vorbehalten, jene Verbrechen zu sühnen, die von Deutschen an Deutschen begangen wurden. Doch auch dies erwies sich als schwierig, wie Edith Raim vom Institut für Zeitgeschichte festgestellt hat: Im zerbombten Nachkriegsdeutschland fehlten Räume, Kohle zum Heizen, Telefone, Schreibmaschinen. In einigen Städten musste der Justizbetrieb bei Einbruch der Dunkelheit mangels Glühbirnen eingeschränkt werden. In Hamburg konnten aufgrund der Papierknappheit zeitweise keine Urteile ausgefertigt werden.

Viele Straßen und Bahngleise waren zerstört, das Land war in Besatzungszonen aufgeteilt, zwischen denen man nur mit Erlaubnis der Alliierten reisen durfte. Wollte ein Staatsanwalt aus Süddeutschland einen Zeugen in Hamburg befragen, dauerte allein der Postweg für eine Strecke sechs Wochen.

Und doch wird niemand behaupten können, dass die Strafverfolgung an Glühbirnen scheiterte. Der Holocaust stieß im Gegensatz zu anderen NS-Verbrechen von Beginn an auf geringes öffentliches Interesse. Als die Amerikaner im Oktober 1945 eine Meinungsumfrage in ihrer Besatzungszone durchführten, erklärten 20 Prozent der Befragten, „mit Hitler in der Behandlung der Juden" übereinzustimmen; weitere 19 Prozent fanden seine Politik gegenüber den Juden zwar übertrieben, aber grundsätzlich richtig.

Obwohl Experten schätzen, dass einige Zehntausend Auschwitz-Opfer aus Deutschland stammten, standen bis zur Gründung der Bundesrepublik 1949 nicht einmal ein halbes Dutzend SS-Leute aus Auschwitz vor Gericht. Und als die Alliierten der westdeutschen Justiz die Verfolgung aller NS-Verbrechen überließen, wurde es zunächst auch nicht besser.

Bereits in den ersten Verfahren ist ein beträchtlicher Mangel an Empathie zu beobachten, selbst wenn es zu einer Verurteilung kam. Das Landgericht Nürnberg-Fürth etwa beschrieb die Häftlinge eines Außenlagers von Auschwitz als „schwer erziehbare polnische Juden", denen es an „Konzentrationslagererfahrung" gefehlt habe.

Konzentrationslagererfahrung - auf so ein Wort muss man erst mal kommen.

Zwei Jahre später sprach das Landgericht Wiesbaden Gerhard Peters frei, den Geschäftsführer der Firma Degesch, die Zyklon B an die SS geliefert hatte. Peters' Ansprechpartner bei der SS hatte ausgesagt, er habe das angelieferte Gift zum Desinfizieren verwendet. Das Gericht erkannte auf „erfolglose Beihilfe".

Womöglich gingen Staatsanwälte und Richter mit einer braunen Vergangenheit eher unwillig an NS-Verbrechen heran. In Niedersachsen oder Nordrhein-Westfalen lag ihr Anteil bei über 80 Prozent. Selbst der Bundesgerichtshof wies lange ähnliche Werte auf.

Andererseits hat der Historiker Ulrich Herbert auf den „geduckten Opportunismus" ehemaliger Nazis verwiesen, die sich nicht trauten, offen zu opponieren. Bislang ist jedenfalls kein Fall eines belasteten Staatsanwalts oder Richters bekannt geworden, der die Ahndung von Auschwitz aktiv verhindert hätte.

Es war viel einfacher: Nichtstun genügte. „Der Friede mit den Tätern wurde auf den Rücken der Opfer geschlossen", bilanziert der Hamburger Rechtsprofessor Ingo Müller in der Neuauflage seiner berühmten Generalabrechnung mit dem eigenen Berufsstand („Furchtbare Juristen").

Und wenn es doch einmal zum Prozess kam, zeigten auch unbelastete Juristen große Kreativität. Besonders beliebt: Täter als Gehilfen einstufen, was das Strafmaß deutlich senkt. Reihenweise kamen hochrangige SS-Angehörige der Vernichtungslager mit niedrigen Strafen davon. Frustrierte Ermittler formulierten die Faustregel, pro ermordeten Juden gebe es zehn Minuten Haft.

Der SS-Lagerarzt Johann Kremer aus Münster verließ 1960 das dortige Landgericht sogar als freier Mann, obwohl er kranke oder erschöpfte Häftlinge hatte ermorden lassen. Kremer benötigte Organe für seine medizinische Forschung, in seinem Tagebuch notierte er am 10. Oktober 1942: „Lebendfrisches Material von Leber, Milz und Pankreas entnommen und fixiert".

Doch das Gericht befand, dem ehemaligen SS-Obersturmführer habe ein „eigenes Interesse an der Tat" gefehlt, daher sei er nur Gehilfe - und nicht Täter. Kremer erhielt zehn Jahre Zuchthaus statt lebenslänglich, was sich vermutlich nicht zufällig genau mit jener Strafe deckte, die er in Polen bereits abgesessen hatte.

Hinter der sogenannten Gehilfenkonstruktion stand die Wunschvorstellung, nur Hitler und seine Entourage seien für den Holocaust verantwortlich gewesen. Alle Übrigen, spottete der legendäre hessische Generalstaatsanwalt Fritz Bauer, betrachteten sich als „vergewaltigte, terrorisierte Mitläufer oder depersonalisierte und dehumanisierte Existenzen, die veranlasst wurden, Dinge zu tun, die ihnen vollkommen wesensfremd gewesen sind".

Die Deutschen als Hitlers Opfer. So sah es der Zeitgeist, der noch in der Ära Willy Brandts den Tätern beistand. Selbst ausgewiesene Nazigegner wie Kanzler Konrad Adenauer glaubten, auf die Schlussstrichmentalität Rücksicht nehmen und das Legalitätsprinzip brechen zu müssen. Zu den erstaunlichsten Dokumenten, die in den vergangenen Jahren bekannt wurden, zählt der Vermerk eines Gesprächs Adenauers mit einem israelischen Diplomaten 1963. Israel drängte auf die Aufnahme diplomatischer Beziehungen, und Adenauer deutete an, diesem Begehren nachzukommen – wenn Israel im Gegenzug akzeptiere, dass die Bundesrepublik die NS-Strafverfolgung einstelle. Diese sei „für das Ansehen Deutschlands in der Welt unerträglich".

Vermutlich wäre es Anfang der Sechzigerjahre nie zu dem großen Frankfurter Auschwitz-Prozess gekommen, wenn sich nicht Generalstaatsanwalt Fritz Bauer des Themas angenommen hätte. Der Sozialdemokrat aus Schwaben war in vielfacher Hinsicht ein Außenseiter: ehemaliger KZ-Häftling, Emigrant, Jude, Homosexueller. Er wollte nicht nur Gerechtigkeit für die Opfer, sondern auch die „Feststellung und möglichst allseitige Erkenntnis der Wahrheit". Der Zigarrenraucher plante, mit einem großen Auschwitz-Prozess das kollektive Schweigen zu durchbrechen.

Eine Folge glücklicher Umstände spielte Bauer in die Hände. Ein Journalist der Frankfurter Rundschau übergab ihm Unterlagen, die er von einem Auschwitz-Überlebenden bekommen hatte. Es handelte sich um Schreiben, in denen die Lagerleitung das SS- und Polizeigericht XV in Breslau 1942 ersuchte, Ermittlungsverfahren gegen 37 namentlich genannte SS-Männer einzustellen, die Häftlinge erschossen hatten. Solche Ermittlungsverfahren gehörten zur scheinlegalen Fassade des Vernichtungslagers.

Mit den Namen der Schützen hatte Bauer einen Hebel in der Hand. Er erwirkte beim Bundesgerichtshof, dass dieser die „Strafsache gegen die früheren Angehörigen der Kommandantur des Konzentrationslagers Auschwitz" dem Landgericht Frankfurt übertrug. Damit war die Bauer unterstellte Anklagebehörde zuständig.

Dann beauftragte Bauer einige unbelastete Staatsanwälte mit den Ermittlungen. Und die jungen Männer zeigten, wie leicht es war, die Causa Auschwitz voranzutreiben – wenn man nur wollte. Sie baten jüdische Organisationen um Hilfe, riefen in Zeitungen Zeugen auf, sich zu melden, sichteten in Auschwitz Dokumente. Innerhalb weniger Monate hatten die Juristen knapp 600 SS-Angehörige ermittelt, wie Bauer-Biograf Ronen Steinke berichtet.

Jetzt wurde systematisch und über die Medien gefahndet, was zu Richard Baers Enttarnung führte, des letzten Auschwitz-Kommandanten, der unter falschem Namen auf den Ländereien der Bismarcks im Hamburger Sachsenwald arbeitete.

Bauer wies die Ankläger an, einen „Querschnitt durchs Lager" vor Gericht zu stellen. Er wollte die Täter nicht in Einzelprozessen aburteilen, bei denen die „Ermordung von A durch X, B durch Y oder von C durch Z" (Bauer) verhandelt wurde. Eine solche Prozessführung hätte verschleiert, warum der Holocaust auf so fürchterliche Weise effizient war: weil die Nazis in der Menschenvernichtungsfabrik arbeitsteilig vorgingen.

Das Reichssicherheitshauptamt, die Terrorzentrale der SS in Berlin, kündigte per Funkspruch oder Fernschreiben die Ankunft eines Zuges mit Juden an. Die Kommandantur unterrichtete die zuständigen Abteilungen. Dem Dienstplan ließ sich entnehmen, wer Rampendienst leisten musste. Zu Fuß, mit dem Fahrrad oder Motorrad kamen die SS-Leute zur Rampe, die bis 1944 an einem Nebengleis des Güterbahnhofs von Auschwitz stand.

Dort wurden die ahnungslosen Häftlinge in zwei Gruppen geteilt. Die einen kamen ins Lager und mussten fortan als Zwangsarbeiter schuften. Die anderen bestiegen Lastwagen, die zu den Gaskammern fuhren, oder marschierten dorthin. Die SS suchte den Eindruck zu erwecken, es handle sich um Duschräume. Sogenannte Desinfektoren warfen von außen Zyklon B durch Schächte; SS-Ärzte warteten in der Nähe - um zu helfen, falls sich die Mörder versehentlich vergifteten.

Und Bauer legte diese Struktur offen.

Am 20. Dezember 1963 begann im Frankfurter Römer der bedeutendste deutsche NS-Prozess der Nachkriegsgeschichte: „Strafsache gegen Mulka und andere". Die Hauptverhandlung war ein Meilenstein historischer Aufklärung. Insgesamt 20?000 Besucher folgten ihr, die Gerichtsgutachten wurden Bestseller, täglich berichteten die Medien von den Aussagen der über 350 Zeugen - und brachten das Wissen um den Holocaust in die Wohnzimmer.

Zuschauer brachen in Tränen aus, wenn ehemalige Häftlinge wie der ungarische Arzt Dr. Lajos Schlinger ihr Schicksal erzählten. Der nichts ahnende Jude hatte bei der Ankunft an der Rampe unter den SS-Leuten Dr. Victor Capesius ausgemacht, den Leiter der Lagerapotheke. Vor dem Krieg war Capesius als Vertreter der Pharmafirma Bayer mehrfach bei Schlinger gewesen. Und so lief der Arzt freudig auf den SS-Mann zu, um ihn zu fragen, wo man sei und was nun geschehen werde, denn Schlingers Frau war krank. Capesius beruhigte ihn, alles werde gut: Frau Schlinger und die 17-jährige Tochter mögen sich bei den Schwerkranken anstellen. Mit den Worten „Du sollst dort hinübergehen" schickte Schlinger seine Liebsten in den Tod.

Heute wird Bauer dafür gefeiert, den Prozess gegen alle Widerstände durchgesetzt zu haben; ebenso ließe sich argumentieren, Bauers Beispiel sei ein Beleg dafür, dass Wille und Entschlossenheit eines Einzelnen ausreichen. Und Standfestigkeit.

Ermittler wie Staatsanwälte wurden noch Jahrzehnte nach Hitlers Untergang von Vermietern schikaniert, erhielten Morddrohungen, hatten mit Schmierereien im Hausflur zu leben. Bauer bekam eine Pistole Kaliber 6,35 Millimeter, sein Fahrer fungierte zugleich als Leibwächter.

Zu den wenigen, die noch über die damalige Stimmung in der Justiz erzählen können, gehört der ehemalige Untersuchungsrichter im Auschwitz-Verfahren Heinz Düx, 90. Der kleine Mann mit dem Musketierbart ist bis heute ein bekennender Linker. Er hat ein ums andere Mal „Geheimvermerke" geschrieben, wenn wieder ein Kollege versuchte, die Ermittlungen zu hintertreiben, etwa mit dem geheuchelten Vorwand, das sei doch alles zu viel Arbeit für das Landgericht.

Da waren die beiden Landgerichtsräte, die vorschlugen, den geplanten Großprozess in Einzelverfahren aufzulösen und einen Teil dann an andere Staatsanwaltschaften abzugeben - Bauers Konzept eines Mamutverfahrens wäre geplatzt. Da war der Regierungsdirektor, der eine Anfrage Düx' an die sowjetische Botschaft wochenlang mit dem Hinweis blockierte, in dem Schreiben müsse die DDR als Sowjetische Besatzungszone bezeichnet werden. Da waren der Landgerichtspräsident und ein Staatssekretär, die sich weigerten, eine Dienstreise von Düx nach Auschwitz zu bewilligen.

Düx kann von Kollegen berichten, die Zeugen aus dem Vernichtungslager intern als „Berufs-Auschwitzer" diffamierten. Allerdings sagt er auch, das Verfahren sei zu keinem Zeitpunkt ernsthaft gefährdet gewesen. Bauer, Düx und einige Gleichgesinnte - das genügte, um einen solchen Prozess auf die Beine zu stellen.

Auf das Urteil allerdings hatte Bauer keinen Einfluss, und erst kürzlich ist Werner Renz vom Fritz Bauer Institut dem fatalen Erbe des Urteilsspruchs nachgegangen. Dieser lieferte jenen Richtern und Staatsanwälten einen Vorwand, die unwillig waren, sich der Verbrechen in Sachen Auschwitz anzunehmen. Die wenigen anderen entmutigte es.

Denn die Strafen gegen einige hochrangige Lagerfunktionäre fielen „empörend niedrig" (Renz) aus, wovon deren Untergebene profitierten. Die Staatsanwaltschaft Frankfurt stellte etwa das Verfahren gegen 14 Lkw-Fahrer ein, die Zyklon B und die Opfer zu den Gaskammern gekarrt hatten. Begründung: Gemessen an den Schuldsprüchen gegen SS-Angehörige, die an der Rampe selektiert hatten, erscheine die Schuld der Fahrer „gering".

Vor allem aber scheiterte Bauer mit einem juristischen Kniff, der alles verändert hätte: Der Generalstaatsanwalt hatte nämlich argumentiert, der Judenmord von Auschwitz bestehe nicht aus einer Vielzahl einzelner Straftaten, sondern sei als eine Tat zu werten. Was akademisch klingt, hätte erhebliche Konsequenzen gehabt: Jedes Mitglied der SS-Lagermannschaft wäre, so Bauer, prinzipiell wegen „Mitwirkung am Morde" schuldig gewesen: „von der Wachmannschaft angefangen bis zur Spitze".

Aber sowohl das Frankfurter Landgericht als auch der Bundesgerichtshof im Revisionsverfahren verwarfen die Konstruktion, was sich als Befreiungsschlag für jene Tausende SS-Leute erwies, denen nur nachzuweisen war, dass sie in Birkenau Dienst getan hatten. Rädchen im Getriebe gewesen zu sein reichte für eine Verurteilung demnach nicht aus.

Fortan orientierten sich Staatsanwälte und Gerichte an diesem Karlsruher Spruch zu Auschwitz - obwohl der Bundesgerichtshof bei anderen Vernichtungslagern eine Position vertrat, die sich im Einklang mit der Bauer-Linie befand, wie Rechtsprofessor Nestler herausgefunden hat.

Statt einer Anklagewelle gegen die niederen Chargen folgten auf den großen Auschwitz-Prozess lediglich eine Handvoll Hauptverfahren. Und zumeist erwies es sich als unmöglich, einen konkreten Tatbeitrag nachzuweisen.

Das Verstreichen der Zeit wurde zum mächtigsten Verbündeten der SS-Veteranen. So endete der Prozess um ein besonders fürchterliches Verbrechen 1976 mit einem Freispruch des SS-Führers Willi Sawatzki, weil der wichtigste Belastungszeuge nicht mehr vernehmungsfähig war. Es ging um den Mord an rund 400 ungarischen Kindern. Den SS-Leuten war das Zyklon B ausgegangen, und so fuhren sie die Kinder zu Gruben und warfen sie lebend ins Feuer. Mit Fußtritten trieben SS-Männer die Kleinen zurück in die Flammen, wenn diese sich zu retten suchten. Ein Augenzeuge berichtete später von „kleinen Feuerbällen, die man aus den Scheiterhaufen kriechen sehen konnte".

Weil der Bundesgerichtshof Auschwitz-Verfahren routinemäßig an die Frankfurter Staatsanwaltschaft verwies, wurde beinahe die gesamte Strafverfolgung der Lagerverbrechen zur Angelegenheit von nicht einmal einem Dutzend spezialisierter Juristen. Nach einer Erhebung des Instituts für Zeitgeschichte führten die Frankfurter 1060 Verfahren - und stellten fast alle ein. Noch hat niemand die Akten im Hessischen Hauptstaatsarchiv in Wiesbaden systematisch ausgewertet, doch es scheint, dass mit jedem Misserfolg die Motivation der Ankläger sank.

Wie anders lässt sich der Zynismus in Vermerken erklären, die dem vorliegen? Etwa zu einem SS-Wachmann im Jahr 1982. Der Mann hatte einige Male an der Rampe gestanden, um die Flucht ankommender Juden zu verhindern. Doch Oberstaatsanwalt Hans Eberhard Klein befand, die Opfer hätten nicht gewusst, was ihnen bevorstand. Folglich wollten sie nicht fliehen, der Wachmann habe sie daher an einer Flucht nicht hindern können.

Die Logik von Juristen, die einen Notausgang suchten.

Oder 2005, als es um einen Angestellten der „Häftlingsgeldverwaltung" ging, die für die Habe der Ermordeten zuständig war. Deren Ausplünderung sei nicht Ursache des Verbrechens, sondern „lediglich ein willkommenes Nebenprodukt für die Kriegswirtschaft" gewesen, argumentierte Staatsanwalt Eberhard Galm. Im Übrigen müsse in Zweifel gezogen werden, dass dem SS-Unterscharführer die „Grausamkeit des Todeseintritts durch qualvolles Ersticken an Blausäuredämpfen bewusst war".

Fall erledigt, Akte zu.

Irgendwann erlahmte auch das Engagement der Zentralen Stelle (ZSt) in Ludwigsburg, deren Vorarbeiten die Frankfurter Verfahren zumeist auslösten. „Auschwitz war bei der Justiz gedanklich abgeschlossen", räumt ZSt-Chef Kurt Schrimm ein. Und vermutlich wäre es im Februar nie zu der Polizeiaktion gegen die ehemaligen SS-Leute gekommen, wenn der Ludwigsburger Ermittler Thomas Walther 2008 nicht den Versuch unternommen hätte, den ehemaligen SS-

Wachmann John Demjanjuk aus dem Vernichtungslager Sobibór vor Gericht zu bringen.

Walther war neu in Ludwigsburg, furchtlos und wunderte sich über die intellektuelle Trägheit vieler Kollegen. Lange lächelten sie über ihn, doch zur allgemeinen Überraschung sprach das Landgericht München Demjanjuk - der nach dem Krieg in den USA lebte, aber ausgeliefert worden war - schuldig. Das Urteil gegen den gebürtigen Ukrainer, dem man keine konkrete Einzeltat nachweisen konnte, wirkte wie ein Startsignal. Auf einmal waren die niederen SS-Chargen von Auschwitz wieder ein Thema:

- Plötzlich entdeckten Ludwigsburger Juristen Parallelen zwischen Auschwitz und den Anschlägen vom 11. September 2001. Ihr Fokus richtete sich dabei auf den Hamburger Studenten Mounir al-Motassadeq. Der Marokkaner wurde seinerzeit als Komplize des Terrorpiloten Mohammed Atta der Beihilfe zu tausendfachem Mord angeklagt. Motassadeq hatte Attas Abwesenheit in der Hansestadt kaschiert und geholfen, Geld an die Attentäter in den USA zu transferieren. Aber er hat niemanden umgebracht, im Gegensatz zu SS-Leuten in Auschwitz war er sogar Tausende Kilometer vom Tatgeschehen entfernt. Und wie niedere SS-Chargen konnte er behaupten, die Morde wären auch ohne seine Mitwirkung durchgeführt worden. Dennoch hielt der Bundesgerichtshof Motassadeq 2006 der Beihilfe für schuldig.

- Jetzt stellten die Ludwigsburger fest, dass es nicht nur das Frankfurter Auschwitz-Urteil gab, sondern dass Gerichte bereits in den 1960er-Jahren gewöhnliche Hilfskräfte von anderen Vernichtungslagern zur Verantwortung gezogen hatten. So musste ein SS-Buchhalter aus Sobibór auch wegen seiner Verwaltungstätigkeit ins Zuchthaus.

- Nun erinnerten sich die Ermittler an Listen Tausender SS-Leute aus Auschwitz, die schon zu Fritz Bauers Zeiten angelegt worden waren.

Wie bei der Rasterfahndung sortierten die Strafverfolger alle aus, die vor 1912 geboren waren, weil diese vermutlich nicht mehr lebten. Die verbliebenen Daten legten die Ermittler der Renten- und anderen Versicherungen vor. Am Ende hatten die Ludwigsburger 30 Namen und Adressen, die sie im Herbst 2013 an die zuständigen Staatsanwaltschaften in den jeweiligen Wohnorten weitergaben.

Anhang

Es sind üble Gestalten darunter, die schon vor Jahrzehnten von den Alliierten oder in der DDR hohe Haftstrafen erhielten. Ins Visier der Ludwigsburger gerieten sie alle jedoch nicht aufgrund konkreter Tatbeiträge, sondern weil sie Teil der Maschinerie waren, die das systematische Töten betrieb.

Wie Hermine G., die als Sekretärin in der Fernschreibstelle der Kommandantur arbeitete, von der aus Mitteilungen über die ermordeten Juden nach Berlin gingen. Oder wie der Wachmann Jakob W., der zweieinhalb Jahre im Lager Dienst tat, vorwiegend auf dem Turm. „Klar, wenn wir nicht dort gewesen wären, hätte es Auschwitz nicht gegeben", räumt er ein. Aber schuldig fühlt sich der spätere Architekt und deutsche Beamte weder im strafrechtlichen noch im moralischen Sinn.

Das Greisenalter der Beschuldigten spielt in der juristischen Bewertung keine Rolle. Natürlich erscheint es vielen Betrachtern absurd, 88-Jährige nach dem Jugendstrafrecht für Taten zu verurteilen, die 70 Jahre zurückliegen.

Aber was ist gerecht?

Ein Besuch bei Esther Bejarano, der 89-jährigen Vorsitzenden des Auschwitz-Komitees. Sie kam als junge Frau in das Vernichtungslager. Sie hat dort überlebt, weil sie musikalisch ist. Die SS brauchte sie für das Mädchenorchester des KZ.

Bejarano lebt in einer kleinen Wohnung in Hamburg. Sie sprüht trotz ihres hohen Alters vor Energie, in Prozessen gegen ehemalige SS-Leute möchte sie allerdings nie auftreten. Sie sagt, sie ertrage eine solche Belastung nicht. Natürlich begrüßt sie die neuen Ermittlungen, wenn auch voller Bitterkeit: „Das ist doch eine Farce, man hätte gleich nach 1945 diese Leute bestrafen müssen." Bejarano wird der Justiz das Versagen nie verzeihen, egal was jetzt noch in deutschen Gerichtssälen geschieht.

Für die zierliche Auschwitz-Überlebende kommt es darauf an, wie sich die ehemaligen SS-Leute vor Gericht präsentieren: Wer weiterhin der „schrecklichen Ideologie" anhänge, müsse „schwer bestraft werden". Wer Reue zeige, solle mit Milde rechnen dürfen.

Nur eines würde die kluge, quirlige Musikerin unerträglich finden: Freisprüche. „Symbolisch müssen sie auf jeden Fall verurteilt werden", sagt sie. „Denn sie waren dabei und haben mitgemacht, selbst wenn sie sich persönlich nichts zuschulden kommen ließen."

Doch so eine salomonische Lösung ist keine Option: In der deutschen Rechtsordnung sind symbolische Strafen nicht vorgesehen. Dort gibt es nur: schuldig oder nicht schuldig.

Eingeweihte rechnen damit, dass es am Ende allenfalls in zwei Fällen zu Gerichtsverfahren reichen könnte.

Sollten beide Greise dann noch verurteilt werden, stiege der Anteil der SS-Angehörigen aus Auschwitz, die in der Bundesrepublik schuldig gesprochen wurden, auf einen neuen Höchststand.

Auf 0,48 Prozent.

(DER SPIEGEL 35/2014)

Die Verurteilung des „Buchhalters von Auschwitz", Oskar Gröning, 2015

Im Dezember 2014 berichtete die Presse über einen neu anstehenden Prozess beim Landgericht Lüneburg.[90]

Dieses Verfahren richte sich gegen den heute 93-jährigen Oskar Gröning, den die *New York Times* den »Buchhalter von Auschwitz« nannte. Gröning sei 1944 in dem Vernichtungslager tätig gewesen und habe damals an der Rampe Dienst getan: Er habe den Menschen, die mit den Eisenbahn-Transporten ankamen, ihr Gepäck abgenommen, und es nach Geld durchsucht. Dies sei im Regelfall an die SS-Behörden in Berlin geschickt worden. 1944 wurden 425.000 Juden aus Ungarn nach Auschwitz deportiert und über 300.000 von ihnen in dem Lager ermordet, außerdem mehrere tausend Sinti und Roma verschiedener Nationalität.

Da er eine Banklehre absolviert hatte, wurde der Freiwillige der Waffen-SS 1942 in dem Konzentrationslager dafür eingeteilt, zurückgelassenes Geld der Verschleppten zu zählen und an die SS in Berlin weiterzuleiten. Im September 1944 wechselte er in eine Einheit, die an der Front kämpfte. Nach seinen Angaben geschah das erst nach dem dritten von ihm gestellten Versetzungsgesuch.

Nach dem Krieg kam Gröning zunächst in britische Gefangenschaft, dann lebte er mit Frau und Kindern ein bürgerliches Leben in der Lüneburger Heide. Gegen ihn wurde bereits 1977 ermittelt. Die Staatsanwaltschaft Frankfurt stellte das Verfahren im März 1985 aber mangels Beweisen ein. Eine Wiederaufnahme wurde später abgelehnt.

Gröning kam erst jetzt vor Gericht, weil die Justiz bis 2011 darauf bestand, dass KZ-Aufsehern eine direkte Beteiligung an den Morden nachgewiesen werden muss. Erst nachdem die Zentralstelle zur Aufklärung nationalsozialistischer Verbrechen ihre Beurteilung änderte, wurden die Ermittlungen wieder aufgenommen und später an die zuständige Behörde in Hannover abgegeben.

Lange ermittelte auch die Staatsanwaltschaft Hannover, bevor sie im September 2014 endlich Anklage erhob. Dass es nach Erhebung der Anklage noch fast

---

[90] Jüdische Allgemeine vom 18.12.2014 Überschrift *„Buchhalter von Auschwitz" kommt im Frühjahr vor Gericht* von Stefan Laurin.

ein halbes Jahr dauerte, bis der Prozess im Frühjahr beginnen könne, habe seine Gründe in der Überlastung des zuständigen Lüneburger Landgerichts. Ex-SS-Mann Gröning lebte zu Hause, deshalb bestand nach Auffassung des Lüneburger Landgerichts kein Grund für einen Haftbefehl. Daher verzögerte sich auch der Prozessbeginn.

Dies kritisierte der Rechtsanwalt Thomas Walther. Er finde es völlig unverständlich, dass es bis zum Jahr 2015 dauere, um den Prozess gegen Gröning zu beginnen. Walther vertritt als Anwalt 46 der 49 Nebenkläger im anstehenden Prozess. Früher arbeitete er bei der Zentralen Stelle zur Aufklärung von NS-Verbrechen in Ludwigsburg. 2008 wirkte er an der Vorbereitung des Verfahrens gegen John Demjanjuk mit, damit die bloße Tätigkeit im KZ als Beihilfe zum Mord bewertet werden konnte - und nicht verjährte.

Schon damals, vor sechs Jahren, sagt Walther, hätten alle Kräfte darauf konzentriert werden müssen, die noch lebenden Täter zu verfolgen. Doch es sei bis zum Urteil gegen Demjanjuk 2011 gewartet worden. Aus der zunächst 50 Täter umfassenden Liste wurde eine mit 30 Namen. Nun seien noch drei Verfahren anhängig: eines davon sei das gegen Gröning in Lüneburg.

Obwohl sie alt und oft sehr krank sind, wollen viele der Nebenkläger im Frühjahr 2015 nach Lüneburg zu dem auf 20 Verhandlungstage angesetzten Prozess kommen.

Was diesen Prozess von vielen anderen unterscheide, sei, der Angeklagte. »Oskar Gröning steht zu seinen Taten und ist bereit, Verantwortung zu übernehmen«, wird der Nebenkläger-Anwalt Walther zitiert. Dessen Verteidiger hätten dies zugesichert. Gröning wolle sich nicht, wie es Demjanjuk versucht hatte, als prozessunfähig aus dem Verfahren stehlen.

Am 15. Juli 2015 verurteilte das Landgericht Lüneburg Gröning zu vier Jahren Haft. Der 94-Jährige habe sich der Beihilfe zum Mord in 300.000 Fällen schuldig gemacht, urteilte das Gericht. Ob der gesundheitlich angeschlagene Gröning haftfähig ist, müsse die Staatsanwaltschaft aber noch prüfen. Die Anklage hatte dreieinhalb Jahre Haft für den 94-Jährigen gefordert. Die Nebenklage hatte dieses Strafmaß als zu niedrig kritisiert. Die Verteidigung hatte einen Freispruch gefordert, weil Gröning den Holocaust im strafrechtlichen Sinne nicht gefördert habe. Der Vorsitzende Richter Franz Kompisch sagte zur Begründung des Urteils, an Gröning gewandt: Der Dienst in Auschwitz „war Ihre Entscheidung. Sicherlich aus der Zeit heraus bedingt, aber nicht unfrei". Gröning sei es lieber gewesen, in Auschwitz zu sein als an der Front. „Ich will Sie hier nicht als feige bezeichnen, Herr Gröning, aber Sie haben sich hier für den sicheren Schreibtischjob entschieden". Gröning nahm das Urteil äußerlich unbewegt auf. [91]

Der ehemalige KZ-Aufseher wurde wegen Beihilfe zum Mord in mindestens 300.000 Fällen verurteilt. Der Gerichtsvorsitzende Kompisch ging in seiner mündlichen Urteilsbegründung zudem auf die Frage ein, inwiefern ein Prozess Jahrzehnte nach dem Holocaust sinnvoll ist. „Man kann auch nach 70 Jahren hier Gerechtigkeit schaffen. Man kann hier ein Urteil finden. Man muss es auch", sagte er. Hart ins Gericht ging Kompisch mit der deutschen Justiz. Nachdem am Betrieb des Konzentrationslagers beteiligte SS-Männer bis zur Mitte der sechziger Jahre wegen Beihilfe zum Mord verurteilt wurden, habe dann eine „merkwürdige Rechtsprechung" begonnen. Die Justiz habe die konkrete Beteiligung an einzelnen Morden zur Bedingung für eine Verurteilung gemacht, so der Gerichtsvorsitzende.[92] Damit habe sie den massenhaften Tötungsvorgang zerstückelt, wie es zuvor die Nazis bei der Planung des Lagerbetriebs getan hätten, um niemanden alleine verantwortlich werden zu lassen. In Folge dessen habe es kaum noch Verfahren gegen KZ-Schergen gegeben.

Zu Prozessbeginn hatte sich Gröning zu seiner „moralischen Mitschuld" bekannt. Gröning hatte ausgesagt, er habe regelmäßig Dienst bei der Selektion eintreffender Juden in dem Konzentrationslager geleistet. An der Rampe sei er während der sogenannten Ungarn-Aktion nur drei Mal im Einsatz gewesen. Dabei waren im Frühsommer 1944 binnen weniger Wochen mehr als 400.000 Juden aus Ungarn nach Auschwitz verschleppt und in den meisten Fällen sofort ermordet worden. Gröning leitete bei den Opfern gefundenes Bargeld nach Berlin weiter und bewachte in einigen Fällen deren Gepäck bei der Ankunft an der Rampe. Die Anklage hatte sich auf die etwa 137 Transporte aus Ungarn beschränkt.

Die Nebenkläger sind nach Presseberichten mit dem Urteil einverstanden. „Es erfüllt uns mit Genugtuung, dass nunmehr auch die Täter Zeit ihres Lebens

---

[91] FAZ online vom 16. Juli 2015.
[92] Zitiert aus DARMSTÄDTER ECHO vom 16. Juli 2015.

nicht vor einer Strafverfolgung sicher sein können", hieß es in einer Erklärung von Anwalt Thomas Walther. Erstmals habe sich in einem Prozess wegen NS-Verbrechen ein Angeklagter zu seiner Schuld bekannt.

Der Vorsitzende des Zentralrats Deutscher Sinti und Roma, Romani Rose, begrüßte am 16. Juli 2015 in einer Pressemitteilung ausdrücklich die Verurteilung des früheren SS-Manns durch das Landgericht Lüneburg wegen Beihilfe zum Mord im Vernichtungslager Auschwitz. Unter den Ermordeten waren auch 21 000 Sinti und Roma, die aus 11 Ländern Europas ab 1943 nach Auschwitz deportiert worden waren.

„Ohne die juristische Feststellung der Schuld gibt es in der Gesellschaft auch kein Bewusstsein dafür, dass es sich um heimtückische und grausame Mordtaten handelte, die das Ziel hatten, ganze Bevölkerungsgruppen vollständig zu vernichten", erklärte Rose. Man könne auch das Argument des Alters der Beschuldigten nicht gelten lassen, denn sie hätten damals keine Schonung gekannt gegenüber Menschen, die noch älter waren, als sie jetzt sind, so der Zentralratsvorsitzende.

Wichtig sei auch die Kritik des Gerichtsvorsitzenden in Lüneburg an der Nachkriegsjustiz, die die Täter zum Teil mit juristischen Winkelzügen weitestgehend außer Verfolgung setzte. Das gelte insbesondere für die Täter der Völkermordverbrechen an den Sinti und Roma, so Rose. Von den insgesamt 37 Ermittlungsverfahren, die allein der Zentralrat Deutscher Sinti und Roma seit 1982 angestrengt habe, habe es lediglich in einem Fall eine Verurteilung gegeben. In allen anderen Fällen wurden die Verfahren trotz eindeutiger Beweislage eingestellt. So sei zum Beispiel in dem Fall des SS-Manns Pery Broad, der als Angehöriger der sog. „Politischen Abteilung" in Auschwitz maßgeblich für die Durchführung der Massenmordaktion gegen die letzten 3000 Sinti und Roma in Auschwitz-Birkenau am 2. August 1944 verantwortlich war, das Verfahren über 25 Jahre lang bis zu seinem Tod verschleppt worden, kritisierte Romani Rose.

Auch der Präsident des Zentralrats der Juden, Josef Schuster, wertete die Haftstrafe als wichtiges Signal. „Die Versäumnisse der deutschen Justiz, die solche Verfahren jahrzehntelang verschleppt oder verhindert hat, lassen sich damit zwar nicht mehr gutmachen", wird Josef Schuster in der Presse zitiert. Dennoch habe die Verurteilung für die Opfer und ihre Angehörigen hohe Bedeutung. „Und wenigstens hat er eine moralische Mitschuld eingeräumt."

Das Simon-Wiesenthal-Zentrum in Jerusalem hat das Urteil als „wohlverdient" begrüßt. „Wir hoffen, dass dies die deutschen Behörden ermutigen wird, weitere Fälle zu verfolgen", sagte der Leiter Efraim Zuroff. Konkret nannte er beispielsweise ehemalige Mitglieder von Einsatzgruppen.[93]

Der Jüdische Weltkongress (WJC) teilte mit: „Obgleich verspätet, ist Gerechtigkeit geschehen. Herr Gröning war nur ein kleines Rädchen in der Nazi-Todesmaschinerie, aber ohne das Zutun von Leuten wie ihm wäre der Massenmord an Millionen von Juden und anderen nicht möglich gewesen." Im WJC sind jüdische Gemeinden aus aller Welt zusammengeschlossen.

Wegen der schlechten Gesundheit des 94-Jährigen musste der Prozess immer wieder unterbrochen werden, mehrere Verhandlungstage fielen aus.

---

[93] FAZ online a.a.O.

Chronologie des Völkermords an den Sinti und Roma

1933

Erste Einweisungen von Sinti und Roma in Konzentrationslager. Auf der Grundlage des „Gesetzes zur Verhütung erbkranken Nachwuchses" vom 14. Juli 1933 werden ab 1934 auch Sinti und Roma zu Opfern von Zwangssterilisationen.

22. September 1933

Errichtung der Reichskulturkammer als berufsständischer Zwangsorganisation unter Leitung von Goebbels. Der „rassisch" begründete Ausschluss aus einer der Kammern, etwa der Reichsmusikkammer oder der Reichsfilmkammer, bedeutet auch für zahlreiche Sinti und Roma Berufsverbot.

15. September 1935

Verkündung der „Nürnberger Rassengesetze". Sinti und Roma werden ebenso wie Juden zu Bürgern mit eingeschränkten Rechten herabgestuft, Verbindungen zwischen Sinti und Roma und „Deutschblütigen" verboten. Reichsinnenminister Frick verfügt hierzu am 3. Januar 1936: „Zu den artfremden Rassen gehören [...] in Europa außer den Juden regelmäßig nur die Zigeuner."

16. Juli 1936

Zwei Wochen vor Eröffnung der Olympischen Spiele werden Hunderte Berliner Sinti und Roma in ein KZ-ähnliches Zwangslager in Berlin-Marzahn eingewiesen. Ab Mitte der Dreißigerjahre richten zahlreiche weitere Städte solche Lager ein. Durch eine Vielzahl von Sonderbestimmungen werden Sinti und Roma schrittweise entrechtet und aus nahezu allen Bereichen des öffentlichen Lebens ausgegrenzt.

November 1937

Gründung der „Rassenhygienischen Forschungsstelle" unter Leitung von Dr. Robert Ritter in Berlin. Ritter und seine Mitarbeiter spielen in der Folge eine wichtige Rolle bei der totalen Erfassung der Sinti und Roma im Deutschen Reich.

1938/1939

Von Juni 1938 bis Juni 1939 werden mindestens 2.000 Sinti und Roma, darunter Kinder ab 12 Jahren, in die Konzentrationslager Sachsenhausen, Buchenwald, Dachau, Mauthausen und Ravensbrück verschleppt, wo sie Zwangsarbeit für SS-eigene Unternehmen leisten müssen.

1. Oktober 1938

Auf Weisung Himmlers wird im „Reichskriminalpolizeiamt" (RKPA) in Berlin eine zentrale Stelle („Reichszentrale zur Bekämpfung des Zigeunerunwesens") eingerichtet, die die Erfassung und Verfolgung der Sinti und Roma im Deutschen Reich steuert und koordiniert.

Das RKPA unter der Leitung von SS-Oberführer Nebe wird im September 1939 Teil des neu gegründeten „Reichssicherheitshauptamts" (RSHA), das bei der Planung und Organisation des Völkermords an Juden und an Sinti und Roma im besetzten Europa eine Schlüsselfunktion hat.

8. Dezember 1938

Grundlegender Erlass Himmlers: Es sei „die Regelung der Zigeunerfrage aus dem Wesen dieser Rasse heraus in Angriff zu nehmen." Mit dem Ziel der „endgültigen Lösung der Zigeunerfrage" ordnet Himmler an, alle Sinti und Roma im Deutschen Reich zu erfassen. Diese Aufgabe wird der „Rassenhygienischen Forschungsstelle" übertragen, die bis Kriegsende über 24.000 „Rassegutachten" von Sinti und Roma anfertigt. Die Gutachten bilden eine wesentliche Grundlage für die Selektion der Opfer und für ihre Deportation in die Konzentrations- und Vernichtungslager.

21. September 1939

Auf einer Besprechung der Amtschefs und der Leiter der Einsatzgruppen im „Reichssicherheitshauptamt" wird beschlossen, die Juden sowie „die restlichen 30.000 Zigeuner" aus dem Reichsgebiet in das besetzte Polen zu deportieren. Bei einem weiteren Treffen mit allen an dem Vorhaben beteiligten Stellen am 30. Januar 1940 wird diese Absicht bekräftigt und konkretisiert. Laut Protokoll soll „als letzte Massenbewegung die Abschiebung von sämtlichen Juden der neuen Ostgaue und 30.000 Zigeuner [sic!] aus dem Reichsgebiet in das Generalgouvernement erfolgen."

17. Oktober 1939

Himmlers „Festsetzungserlass" zur Vorbereitung der geplanten Deportationen: Allen Sinti und Roma wird unter Androhung von KZ-Haft verboten, ihre Wohnorte zu verlassen.

Mai 1940

Erste Massendeportation ganzer Familien in das besetzte Polen auf der Grundlage des Himmler-Befehls vom 27. April 1940. In Hamburg, Köln und Hohenasperg bei Stuttgart werden zu diesem Zweck provisorische Sammellager eingerichtet. Von dort werden etwa 2.500 Sinti und Roma in Zügen nach Polen deportiert, wo sie in Konzentrationslagern und später auch in Gettos (u. a. in Warschau oder Radom) unter mörderischen Bedingungen Zwangsarbeit leisten müssen. Der größte Teil der verschleppten Männer, Frauen und Kinder kommt gewaltsam ums Leben.

11. Februar 1941

Das Oberkommando der Wehrmacht ordnet „aus rassepolitischen Gründen" die „Entlassung von Zigeunern und Zigeunermischlingen aus dem aktiven Wehrdienst" an.

22. März 1941

Ein Runderlass des Reichsministers für Wissenschaft, Erziehung und Volksbildung schafft die formalen Voraussetzungen für den Ausschluss von Sinti- und Roma-Kindern vom Schulunterricht, wie er in vielen Städten bereits seit Ende der Dreißigerjahre praktiziert wird.

30. Mai 1941

Der deutsche Militärbefehlshaber in Serbien erlässt eine zweisprachige „Verordnung betreffend die Juden und Zigeuner". Darin heißt es: „Zigeuner werden den Juden gleichgestellt."

Ab Sommer 1941

Sinti und Roma werden nach dem Überfall auf die Sowjetunion hinter der Front systematisch von den „Einsatzgruppen der Sicherheitspolizei und des SD" sowie

Kommandos der Wehrmacht und der Polizei erschossen. SS-Einsatzgruppenleiter Otto Ohlendorf sagt später im Nürnberger Kriegsverbrecherprozess aus: „Es bestand kein Unterschied zwischen den Zigeunern und den Juden. Für beide galt damals der gleiche Befehl."

26. Oktober 1941

Die deutsche Militärverwaltung in Serbien ordnet an, „grundsätzlich in jedem Fall alle jüdischen Männer und alle männlichen Zigeuner als Geisel der Truppe zur Verfügung zu stellen." Tausende Juden und Roma werden in der Folge von Kommandos der Wehrmacht erschossen.
In einem Vortrag von Harald Turner, dem Leiter des Verwaltungsstabs der Militärverwaltung in Serbien, vom 29. August 1942 heißt es: „Judenfrage ebenso wie die Zigeunerfrage völlig liquidiert (Serbien einziges Land, in dem Judenfrage und Zigeunerfrage gelöst)."

November 1941

Etwa 5.000 Sinti und Roma aus dem österreichischen Burgenland, die Hälfte sind Kinder und Jugendliche, werden unter der Regie Eichmanns nach Litzmannstadt (Łódź) deportiert, wo man innerhalb des jüdischen Gettos ein abgetrenntes „Zigeunerlager" einrichtet. Etwa 600 Menschen sterben dort an Krankheiten und Seuchen. Alle übrigen Lagerinsassen werden im Januar 1942 ins Vernichtungslager Chełmno gebracht und in Vergasungswagen erstickt.

Dezember 1941

Kommandos der Einsatzgruppe D erschießen alle Bewohner des Roma-Viertels in Simferopol (Krim), nachdem man die Menschen in den Wochen zuvor namentlich registriert hat. In einer Meldung der Einsatzgruppe D vom 9. Januar heißt es: „In Simferopol außer Juden- auch Krimtschaken- und Zigeunerfrage bereinigt."

24. Dezember 1941

Der „Reichskommissar für das Ostland" (der nördliche Teil der besetzten Sowjetunion) Lohse in einem Schreiben an den Höheren SS- und Polizeiführer über „Zigeuner": „Ich bestimme daher, dass sie in der Behandlung den Juden gleichgestellt werden."

Februar 1942

Etwa 2.000 ostpreußische Sinti und Roma, meist Bauern mit Höfen und Vieh, werden in das Getto Bia?ystok und später von dort über Brest-Litowsk nach Auschwitz deportiert.

Mai 1942

Das kroatische Ustascha-Regime erlässt die Anweisung, alle „Zigeuner" festzunehmen. Tausende kroatische Roma werden in der Folge in das KZ Jasenovac und andere Lager verschleppt und ermordet.

28. Mai 1942

Anordnung des Kreishauptmanns Warschau-Land, „Zigeuner" in den „jüdischen Wohnbezirk" einzuweisen. Im Warschauer Getto müssen Sinti und Roma Armbinden mit der Aufschrift „Z" tragen. Die meisten werden später in Treblinka ermordet.

Juni bis September 1942

Über 25.000 rumänische Roma werden in die besetzte Ukraine (Transnistrien) deportiert, wo der Großteil der Menschen umkommt.

10. Juli 1942

Anweisung an die Behörden des „Protektorats Böhmen und Mähren", alle dort lebenden „Zigeuner" zu erfassen. Im August werden in Lety und Hodonin KZ-ähnliche Zwangslager für Sinti und Roma eingerichtet, in denen über 500 Menschen den unmenschlichen Lebensbedingungen erliegen. Ende 1942 beginnt der Abtransport der Lagerinsassen nach Auschwitz.
Insgesamt werden aus dem „Protektorat" etwa 4.500 Sinti und Roma nach Auschwitz-Birkenau deportiert und dort größtenteils ermordet.

14. September 1942

Reichsjustizminister Thierack protokolliert nach einer Besprechung mit Goebbels über die Auslieferung von Justizgefangenen an die SS: „Hinsichtlich der Vernichtung asozialen Lebens steht Dr. Goebbels auf dem Standpunkt, daß Juden und Zigeuner schlechthin [...] vernichtet werden sollen. Der Gedanke der Vernichtung durch Arbeit sei der beste."

16. Dezember 1942

Ein auf diesen Tag datierter Befehl Himmlers („Auschwitz-Erlass") bildet die Grundlage für die Ende Februar 1943 beginnende Deportation von 23.000 Sinti und Roma aus fast ganz Europa (darunter etwa 13.000 aus Deutschland und Österreich) in das Vernichtungslager Auschwitz-Birkenau. Dort richtet die SS im Lagerabschnitt B II e ein so genanntes „Zigeunerlager" ein.

30. Januar 1943

Erlass des „Reichssicherheitshauptamts" über die Einziehung des Vermögens der nach Auschwitz-Birkenau deportierten Sinti und Roma.

23. März 1943

Erste Massenvernichtungsaktion im „Zigeunerlager" Auschwitz-Birkenau: Etwa 1.700 Sinti und Roma aus der Region Bia?ystok werden in den Gaskammern ermordet. Zwei Monate später, am 25. Mai, werden über tausend weitere Sinti und Roma im Gas erstickt.

30. Mai 1943

Josef Mengele wird Lagerarzt im „Zigeunerlager", wo er Häftlinge für medizinische Versuche missbraucht. Vor allem Mengeles „Zwillingsforschung", an der das Kaiser-Wilhelm-Institut beteiligt ist und die von der Deutschen Forschungsgemeinschaft gefördert wird, fallen zahlreiche Sinti- und Roma-Kinder sowie jüdische Kinder zum Opfer.

16. Mai 1944

Der Versuch der KZ-Kommandantur, das „Zigeunerlager" zu „liquidieren" und die noch lebenden 6.000 Sinti und Roma in den Gaskammern zu ermorden, scheitert am Widerstand der Häftlinge, unter ihnen zahlreiche ehemalige Soldaten.

2. August 1944

Auflösung des „Zigeunerlagers" in Auschwitz-Birkenau: Die letzten 2.900 Überlebenden dieses Lagerabschnitts - meist Kinder, Frauen und Alte - werden in der

Nacht auf den 3. August in den Gaskammern ermordet. Etwa 3.000 Sinti und Roma sind in den Monaten zuvor als Zwangsarbeiter für die Rüstungsindustrie in andere Konzentrationslager ins Reichsgebiet verlegt worden.

26. September 1944

Im KZ Buchenwald werden etwa 200 vor allem jugendliche Sinti und Roma auf einen Transport nach Auschwitz geschickt und zwei Wochen später im Gas erstickt.

Ende 1944/Anfang 1945

Nach Machtübernahme der faschistischen „Pfeilkreuzler" am 15. Oktober 1944 werden im November und Dezember Tausende ungarischer Roma verhaftet und in das Sammellager Komárom gebracht. Die meisten werden von dort in Konzentrationslager nach Deutschland deportiert.
Auch slowakische Roma werden noch Anfang 1945 in deutsche KZs verschleppt. Sowohl in Ungarn als auch in der Slowakei fallen in der letzten Kriegsphase zahlreiche Roma Massenerschießungen zum Opfer.

1945

Viele Sinti und Roma kommen bei der Evakuierung der Konzentrationslager, den so genannten Todesmärschen, um oder sterben bald nach der Befreiung an den Folgen ihrer Haft.
Die Zahl der im nationalsozialistisch besetzen Europa und in den mit Hitler-Deutschland verbündeten Staaten ermordeten Sinti und Roma wird auf eine halbe Million geschätzt. Von den 35.000 bis 40.000 erfassten deutschen und österreichischen Sinti und Roma wurden etwa 25.000 ermordet.

17. März 1982

Beim Empfang des Zentralrats Deutscher Sinti und Roma gibt Bundeskanzler Schmidt folgende Erklärung ab: „Den Sinti und Roma ist durch die NS-Diktatur schweres Unrecht zugefügt worden. Sie wurden aus rassischen Gründen verfolgt. Diese Verbrechen haben den Tatbestand des Völkermords erfüllt." Damit wird der Völkermord an den Sinti und Roma nach Jahrzehnten der Verdrängung erstmals offiziell von einer deutschen Bundesregierung anerkannt.

16. März 1997

Anlässlich der Eröffnung des Dokumentations- und Kulturzentrums Deutscher Sinti und Roma in Heidelberg erklärt Bundespräsident Roman Herzog in seiner Festrede: „Der Völkermord an den Sinti und Roma ist aus dem gleichen Motiv des Rassenwahns, mit dem gleichen Vorsatz und dem gleichen Willen zur planmäßigen und endgültigen Vernichtung durchgeführt worden wie der an den Juden. Sie wurden im gesamten Einflussbereich der Nationalsozialisten systematisch und familienweise vom Kleinkind bis zum Greis ermordet."

2. August 2001

Der polnische Außenminister Wladislaw Bartoszewski eröffnet im Staatlichen Museum Auschwitz-Birkenau (Block 13 des ehemaligen Stammlagers) eine ständige Ausstellung zur Vernichtung der europäischen Sinti und Roma.

20. Dezember 2007

Einstimmiger Beschluss des Bundesrats, das nationale Denkmal für die im Nationalsozialismus ermordeten Sinti und Roma beim Berliner Reichstag entsprechend des künstlerischen Konzepts von Dani Karavan zu realisieren.

24. Oktober 2012

Feierliche Eröffnung des Denkmals im Beisein von Bundespräsident Joachim Gauck und Bundeskanzler im Angela Merkel.

Denkmal für die ermordeten Sinti und Roma auf dem Gelände des ehemaligen „Zigeunerlagers" im Konzentrationslager Auschwitz-Birkenau

Wie aus der Inschriftentafel in Deutsch und Polnisch hervorgeht, wurde das Denkmal vom damaligen Verband der Sinti in Deutschland (eine Vorgängerorganisation des späteren Zentralrats) gestiftet. Eine offizielle Baugenehmigung hat es niemals gegeben. Man benutzte für seine Errichtung bewusst Backsteine von allen ehemaligen Häftlingsblocks - bzw. von deren gemauerten Kaminen - auf dem Gelände des ehemaligen „Zigeunerlagers". Vinzenz Rose, der selbst Häftling in Auschwitz war, hat dort seine zweijährige Tochter und viele weitere Familienangehörige verloren.

Vinzenz Rose ließ das Denkmal mit eigenen finanziellen Mitteln auf dem Block errichten, in dem seine ermordeten Eltern inhaftiert gewesen waren (sein Vater Anton Rose kam in Auschwitz-Birkenau um, seine Mutter wurde in das KZ Ravensbrück verlegt und starb dort). Seit 1994 findet am Denkmal an jedem 2. August eine Gedenkveranstaltung statt, die an die Opfer der „Liquidierung" des „Zigeunerlagers" Auschwitz-Birkenau im Jahre 1944 erinnert.

Das Denkmal für die im Nationalsozialismus ermordeten Sinti und Roma Europas

Das Denkmal im Zentrum Berlins zwischen dem Reichstag und dem Brandenburger Tor wurde von dem renommierten israelischen Künstler Dani Karavan gestaltet. Es wurde von der Bundesrepublik Deutschland errichtet und am 24. Oktober 2012 im Beisein von Bundeskanzlerin Angela Merkel und Bundespräsident Joachim Gauck eingeweiht. Das Denkmal ist eine Gedenkstätte von nationaler und internationaler Bedeutung.

70 Jahre nach dem Ende des Nationalsozialismus hält es die Erinnerung an den jahrzehntelang verdrängten Völkermord an den 500 000 Sinti und Roma wach und ist ein symbolisches Bekenntnis der deutschen Politik und Gesellschaft, die aus dem Holocaust resultierende historische Verantwortung wahrzunehmen gegenüber den heute in Europa lebenden zwölf Millionen Sinti und Roma. Zur Einweihung kamen über 1000 internationale Gäste aus Politik, Wirtschaft und Kultur, darunter über 140 Überlebende des Holocaust an den Sinti und Roma. Medien aus aller Welt berichteten über dieses für die Minderheit so wichtige Ereignis.

Fotos von der Tagung in der Evangelischen Akademie Bad Boll am 20./21. Mai 1992

„Die justizielle Behandlung der NS-Völkermordverbrechen und ihre Bedeutung für die Gesellschaft und die Rechtskultur in Deutschland - Das Beispiel der Sinti und Roma"

Bild 1: Prof. Dr. Axel Azzola und Romani Rose

Anhang

Bild 2: v.l.: MD Ewald Bendel, Heiner Lichtenstein, Romani Rose

Bild 3: Zuzana Pivcova, im Hintergrund: Arnold Roßberg

Fotos

Bild 4: v.l.:
Waclaw Dlugoborski, (Gedenkstätte Auschwitz), MD Ewald Bendel, Heiner Lichtenstein

Bild 5: im Vordergrund: Jacek Wilczur, (Hauptkommission Polen), Hildegard Lagrene (verst.), Vorstand im Zentralrat Deutscher Sinti und Roma

Bild 6.: Mitte: Betty E. Shave

Bild 7.: v.l.: Gad Watermann (Oberst, Israel. Polizei), Arnold Roßberg

Bild 8: Andreas Freudenberg, Mitorganisator der Tagung

Bild 9: v.l.: Daniel Strauss, Vorsitzender des Landesverbands Deutscher Sinti und Roma in Baden-Württemberg, Zuzana Pivcova

Bild 10: Jacek Wilczur, Hauptkommission Polen

Bild 11: Martin Pfeifer

Bild 12:
vorne v.l.: Waclaw Dlugoborski, MD Ewald Bendel, Heiner Lichtenstein, Axel Azzola

Bild 13: v.l.: Herbert Heuß, Romani Rose